생각이 너무 많은 어른들을 위한 심리학

후회 없는 삶을 살고 싶은 당신에게 해 주고 싶은 말들

생각이 너무 많은 어른들을 위한 심리학

김혜남 지음

메이븐
MAVEN

스페셜 에디션을 펴내며

작년 가을에 출판사로부터 기쁘고 반가운 소식을 듣게 되었습니다. 《어른으로 산다는 것》이 10만 부 넘게 판매되었으니, 스페셜 에디션을 펴내면 어떻겠느냐는 얘기였습니다. 책을 읽어 준 독자들이 그렇게나 많다는 사실이 참으로 놀랍고 감사했습니다. 그동안 펴낸 책들 가운데 가장 아끼는 책이다 보니 더 기뻤던 것도 사실입니다.

하지만 막상 개정판을 내려고 보니 이 책을 쓴 2011년의 어른과 2023년의 어른이 처한 상황과 처지가 많이 다르다는 생각이 들었습니다. 그래서 괜히 개정판을 낸다고 약속했나 싶어 잠깐 후회가 되기도 했습니다.

그럼에도 제가 용기를 낼 수 있었던 것은 독자들이 남겨 준 수많은 리뷰들과 이메일 덕분이었습니다. 《만일 내가 인생을 다시 산다면》을 읽고 나서 다른 책들도 궁금해서 찾아봤다는 사람들이 꽤 있었고, 그중 가장 많이 언급한 것이 이 책이었습니다. 사회가 급속도로 변화한 만큼 와닿지 않는 이야기도 꽤 있었을 텐데 '좋았다'고 말해 준 독자들이 참 많았습니다. 그만큼 어른으로 살면서 풀어 가야 할 인생의 숙제들이 많고, 그것을 짊어지고 가는 것이 쉽지 않다는 뜻이겠지요.

그래서 기왕이면 지금 독자들이 가장 궁금해하고, 힘들어하는 문제들에 대한 이야기들을 중심으로 내용을 다시 정리하는 게 맞겠다는 생각이 들었습니다. 그러다 보니 꽤 많은 부분을 수정하게 되었고 책을 펴내는 것 또한 많이 늦어졌습니다.

저는 그동안 파킨슨병 환자로서 꽤 성실하게 하루하루 살아왔고 아들과 딸이 결혼해서 할머니, 시어머니, 장모 등의 이름이 새로 생겼습니다. 당연히 나이도 그만큼 더 먹었고요. 그리고 다행히 저는 나이 드는 게 좋습니다. 파킨슨병이 계속 진행 중이라 몸은 여러모로 더 불편해졌지만 그 덕분에 바꿀 수 없는 것들에 매달리는 대신 바꿀 수 있는 것에만 집중하며 살 수 있었고, 그로 인해 제 삶은 더욱 행복해졌습니다.

그러니 용기를 내어 어디로든 한 발자국을 떼어 보세요. 저는 몸의 균형을 잡기가 어려워 한 발자국을 떼고 그다음 발을 뗼 때 조심해야 합니다. 발을 잘못 디디면 균형을 잃고 넘어질 수도 있으니까요. 하지만 넘어지면 좀 어떻습니까. 상처 난 데에는 약을 발라 주면 될 일입니다. 그래서 저는 일어나 또 한 발자국을 뗍니다. 세상을 좀 더 알고 싶고, 그 안에 있는 삶의 경이로움과 재미를 놓치고 싶지 않기 때문입니다. 가끔은 제가 뗀 발자국 수만큼 세상을 이해하고, 사람들을 사랑하게 되는 건 아닐까 하는 생각이 듭니다.

후회되는 일이 없냐고요? 많습니다. 하지만 후회를 하느라 오늘을 망치고 싶지는 않습니다. 그래서 저는 그냥 오늘을 재미있게 살아가려고 합니다. 이 책을 읽는 당신도 걱정과 고민이 많겠지만 오늘은 그것들을 모두 내려놓고 그냥 당신 자신을 챙기기를 바랍니다. 하고 싶은 일을 하나라도 더 하고, 그래도 시간이 남는다면 소중한 사람들에게 안부를 전할 수 있었으면 좋겠습니다. 그렇게 하루하루를 산다면 초조와 불안, 그리고 두려움이 결코 당신을 해치지 못할 것입니다.

결코 완벽한 때는 오지 않는 법입니다. 그러니 당신도 걱정과 고민을 내려놓고 어디로든 가 보기를 바랍니다. 그만큼 당신의 인생은 분명 더 단단해질 테니까요.

2023년 가을에
김혜남

후회 없는 삶을 살고 싶다면

학창 시절에는 좋은 대학에 들어가는 것을 목표로 살고, 대학 시절에는 좋은 데 취직하는 것을 목표로 산다. 그 목표를 이루기만 하면 뭐든 되어 있을 것이라 생각하면서. 아니, 적어도 이 지긋지긋한 공부는 더 이상 안 해도 되겠지. 그런데 막상 취업을 하고 나니 다시 출발선에 선 느낌이다. 왜 세상에는 나보다 잘난 사람들이 이렇게나 많은 걸까. 왜 그들은 저만치 앞서가고 있는 걸까. 왜 나만 잘하는 게 하나도 없는 것처럼 느껴질까. 남들에게 뒤처지지 않기 위해 이것저것 해 보지만 마음은 너무 조급하고 그럴수록 시행착오에 민감해진다. 지금도 뒤처진 것 같아 불안한데 발을 잘못 디뎠다가 세상의 낙오자가 되어 버릴까 봐 두렵다.

그뿐이 아니다. 세상은 어른이 되었으니 어른답게 행동하라고 요구한다. 일, 직장, 결혼, 아이 문제 등등 모든 건 선택의 자유이니 알아서 결정하고, 알아서 책임지라는 식이다. 그래 놓고는 한편으로는 "취업했으니 이제 좋은 사람 만나서 결혼해야지. 더 늦기 전에"라고 말한다. 아이는 하루라도 빨리 낳는 게 좋기 때문에 어차피 할 거면 결혼은 서두르는 게 낫다는 말도 친절하게 덧붙인다. 아직 경제적 자립도 제대로 못 했고, 어떤 일을 하면서 살아야 할지 막막하기만 한데 결혼과 아이라, 그 길을 가는 게 맞는 걸까. 그럼에도 결혼을 하면 좀 더 안정적인 삶을 꾸릴수 있지 않을까 기대한다. 하지만 막상 결혼을 하고 나면 이상과 현실의 괴리감을 온몸으로 느끼게 된다. 든든한 내 편이 생긴 것은 좋지만 결혼을 했다는 이유로 감당해야 할 것들이 너무나 많고, 팍팍한 현실과 여전히 불투명한 미래 앞에 한숨이 절로 나온다. 초보 어른들의 생각과 고민이 깊어질 수밖에 없는 이유다.

우리는 살면서 무수한 선택의 기회를 맞이한다. 그리고 그것이 인생을 결정짓는 중요한 선택일수록 신중해지게 마련이다. 그런데 문제는 생각을 많이 할수록 생각의 함정에 빠지게 된다는 데 있다. 불필요한 감정 소모도 싫고, 쓸데없는 시간 낭비도 싫은데 한번 시작된 부정적인 생각들은 멈출 줄을 모른다. 자꾸만 사람들한테 휘둘리는 내가 못마땅하고, 너무 쉽게 상처받는 내가 싫고, 같은 실수를 계속하는 내가 한심하게 느껴지고, 갖은 핑계를 대 보지만 결국 실패할까 두려워 아무것도 도전하지 못하는 내가 비겁하게만 느껴진다. 부정적인 생각의 늪에 빠져 버린 사람들은 결국 '나는 도대체 왜 이 모양인 걸까' 하며 스스로를 비하하고 과도하게 자기 비난을 하게 된다.

나는 지난 30여 년 동안 정신분석 전문의로 일하며 수많은 환자들을 만나 왔다. 그들은 대부분 자신과 타인과 세상에 대해 부정적이었다. 그리고 자신은 사랑받을 만한 가치가 없는 사람이라며 스스로를 비하하고, 내일이 오지 않았으면 좋겠다고 했다.

그런데 놀랍게도 그들은 정신분석 치료를 받으며 매번 부정적인 생각을 하게 되는 원인들을 찾아냄으로써 캄캄한 동굴을 스스로 빠져나왔다. 불행한 어린 시절, 사랑받지 못한 과거 등 바꿀 수 없는 것들을 바꾸려고 해 봐야 고통스러울 뿐임을 깨닫게 된 것이다. 그러자 똑같은 상황을 다르게 바라볼 수 있게 되었고, 그 결과 그들은 달라지기 시작했다.

그러므로 한번 부정적인 생각에 빠지면 멈출 줄을 모르고, 사소한 일들을 할 때조차 걱정과 고민이 너무 많다면, 자꾸만 불안하고 미래를 부정적으로 바라보게 된다면 이제는 매번 당신의 발목을 붙잡고 놔주지 않는 것이 무엇인지, 무엇이 당신을 이토록 옭아매어 꼼짝도 못 하게 만드는지를 찬찬히 들여다볼 때다. 부정적인 생각을 하게 되는 근본 원인을 찾아 그것을 해결해야만 생각의 함정에 빠지지 않을 수 있고, 좀 더 후회 없는 인생을 만들어 갈 수 있기 때문이다.

당신의 발목을 붙잡고 있는 것은 무엇인가. 그것은 오래된 상처일 수도 있고, 부모의 지나친 기대일 수도 있고, 가지고 싶은 것들을 갖지 못한 데서 오는 분노와 시기심일 수도 있고, 사랑받고 싶었던 사람에게 사랑받지 못한 과거일 수도 있고, 견디기 힘든 이별일 수도 있다. 그리고 어쩌면 하루 더 살면 죽음이 하루 더 앞으로 오는 인생에 대한 허무함이 당신의 발목을 붙잡고 있을 수도 있다.

어쨌든 두려움의 실체를 파악하고 나면 적어도 더 이상 두려움에 압도당하지 않게 된다. 캄캄한 방에서 스위치가 어디 있는

지 모를 때는 두렵지만 어디에 있는지 알게 되면 바로 가서 켜면 되듯이, 부정적인 생각의 원인을 알게 되면 스위치를 찾아 끌 수 있게 된다. 그래서 생각이 많아질수록 부정적인 생각을 하게 되는 근본 원인을 찾는 일은 매우 중요하다.

욕망이 좌절되었을 때 우리는 상처를 입는다. 자존심이 상하고 모욕감이나 수치심을 느낄 때도 상처를 입는다. 스스로 할 수 있는 게 아무것도 없다는 무력감을 느낄 때, 또 사람들로부터 사랑받지 못하고 아무도 자신을 원하지 않는다고 느낄 때 우리는 상처를 받는다.

다시 말해 우리가 무엇인가를 절실히 원하기 때문에 상처받는 것이다. 기본적인 생존의 욕구 말고도 우리는 사랑받고 싶어 하고, 최고가 되고 싶어 하고, 안전하게 있고 싶고, 또 자율성을 지키고 싶어 한다. 하지만 다른 사람들이 가진 욕구와 충돌하면서 때로 나의 욕구는 채워지지 않은 채로 남게 되고 상처를 입는다. 그처럼 예측하지 못한 크고 작은 상처를 받을 때마다 우리의 몸과 마음은 피눈물을 흘린다.

그런데 돌이킬 수 없는 상처를 입었다고 주저앉아 한탄만 한다면 우리는 그 대가로 소중한 현재와 미래를 잃어버리게 된다. 그러므로 상처를 입고 무너져 버리는 것도 나 자신이고, 그것을 통해서 배우고 성장하는 것도 나 자신이라는 사실을 잊지 말아야 한다.

우리는 행복해지기 위해 이 세상에 태어나지는 않았다. 태어난 것은 내 뜻과는 무관한 것이었다. 그러나 이 세상을 살아가면서 우리는 행복해지기를 바란다. 그것이 결코 지나친 욕심은 아니다. 포근한 어머니의 품을 잃고, 행복한 어린 시절을 잃고, 꿈 많은 학창 시절을 잃고, 젊음을 잃어 가면서도 꿋꿋이 살아온 우리는 충분히 행복해질 권리가 있다. 그리고 그것은 그저 나를 짓누르는 과거의 무게와 사람들에 대한 기대를 조금씩만 덜어 내도 얻을 수 있다.

마흔두 살에 불치병 중 하나인 파킨슨병 진단을 받았을 때 나는 도저히 그 사실을 받아들일 수 없었다. 지금까지 딸로서, 아내로서, 맏며느리로서, 두 남매의 엄마로서, 의사로서, 교수로서 있는 힘껏 살아온 대가가 고작 이것인가 싶었다. 감당할 수 없는 분노가 밀려왔고, '지금은 바쁘니까 나중에 해야지' 하면서 미뤄 온 것들을 영영 할 수 없게 된 현실이 고통스러웠다.

"지금 그렇게 걱정한다고 문제가 해결될까요? 걱정한다고 문제가 해결되지 않는다면, 오히려 당신만 더 힘들어진다면 그 문제는 놓아 버리세요. 그리고 지금 해야 할 일과 하고 싶은 일을 먼저 생각하세요."

평소 내가 앞날을 걱정하며 불안해하는 환자들에게 잘하는 말이다. 그런데 부끄럽게도 정작 나는 그러지 못하고 있었다. 그렇게 침대에 누워 아무것도 하지 못한 채 한 달쯤 지났을까. 어느 날 문득 그런 생각이 들었다. '단지 몸이 조금 힘들고 불편해졌을 뿐인데, 왜 난 다가오지도 않은 미래를 상상하며 두려워하고 분노하고 있는 것일까.' 그로 인해 나는 시간을 무의미하게 흘려보내고 있었고, 세상과 나 자신에 대한 믿음과 희망마저 잃어버리고 있었다. 단지 조금 불편하고 힘들며, 미래가 불투명해졌다는 이유만으로 그 소중한 것들을 잃고 있는 것이었다.

나는 이제 그만 바꿀 수 없는 것에 대한 집착과 미련을 버리기로 마음먹었다. 그 집착으로 내게 남아 있는 것들마저 놓치고 후회하고 싶지는 않았기 때문이다. 그처럼 어쩔 수 없이 찾아든 병마를 손님처럼 받아들이기로 마음먹자 신기하게도 터질 것만 같았던 내 안의 분노와 슬픔이 사그라지고, 불안과 걱정도 잦아들었다. 그리고 어느 순간 지옥과도 같았던 마음이 평온해졌다.

그 후 나는 바꿀 수 없는 것들에 매달리는 대신 바꿀 수 있는 것들에 집중하는 삶을 살기 시작했다. 해야만 하는 일보다 그동안 여러 가지 이유로 미뤄 온 일들을 하기 시작했고, 책을 쓰기 시작한 것도 그때부터다. 사람들은 의아해했다. 몸도 안 좋은데 두 아이를 키우고, 환자들을 돌보며 언제 책 쓸 시간이 있느냐고.

예전 같으면 아마 나도 해야 할 일들에 치여 용기를 내지 못했을 것이다. 게다가 나는 의사로서, 두 아이의 엄마로서, 며느리와 아내, 딸로서 그 모든 역할을 보란 듯이 잘해 내고 싶었다. 하지만 파킨슨병에 걸리고 나서 내 한계를 명확히 깨닫자 모든 걸 잘하고 싶은 욕심을 내려놓을 수밖에 없었다. 그런데 이상하게도 그렇게 내려놓으니 행복이 찾아왔다. 삶이 단순해진 것은 물론이다.

마흔둘에 찾아온 파킨슨병은 나에게 가르쳐 주었다. 바꿀 수 없는 것들이 있음을 받아들이고, 바꿀 수 있는 것들에만 집중하는 삶이야말로 누구에게도 휘둘리지 않고 내가 원하는 방향으로 나아갈 수 있는 최선의 방법이라는 것을 말이다.

'나중에 후회하게 되면 어쩌지?'

오늘도 당신은 걱정과 고민으로 잠을 못 이루고 있을지 모른다. 그런데 1년 뒤를 한번 생각해 보라. 지금 아무것도 하지 않으면 1년 뒤 상황은 바뀌는 게 없을 테니 당신은 똑같은 걱정과 고민으로 고통받게 될 것이다. 그럴 바엔 뭔가 하나라도 더 시도해보는 게 낫지 않을까.

정신분석학에서 30대란 시간은 미지의 시기였다. 그저 경력을 쌓기 위해 앞으로만 내달리는 시간으로 이해되어 왔던 것이다. 나 또한 두 아이를 키우고 환자들을 돌보며 정신없이 살았고, 어느 순간 고개를 들어 보니 마흔이 되어 있었다. 그러나 이제는 알 것 같다. 지금 내 삶의 밑받침이 되어 준 것은 바로 30대에 쌓은 경험들이었다는 사실을 말이다.

20대가 앞으로 어디로 가야 할지 그 방향을 정하는 시간이라면, 30대는 선택한 방향으로 어디까지 갈 수 있을지 가늠해 보고 그 기반을 다지는 시간이다. 그러므로 30대에는 선택한 것이 아주 틀린 길이 아니라면 할 수 있는 한 최대한의 노력을 기울이는 것이 좋다. 시간은 정직해서 좋은 것이든 나쁜 것이든 우리가 쏟은 열정과 에너지의 양만큼, 딱 그만큼의 결실을 돌려주기 때문이다.

그러니 더 이상 걱정과 고민으로 소중한 시간을 허비하지 말고, 바꿀 수 없는 일들에 매달리느라 쓸데없이 에너지를 낭비하지 말고, 일이든 인간관계든 당신이 지금 할 수 있고 바꿀 수 있는 일에만 집중했으면 좋겠다.

그러면 적어도 과거를 후회하고 미래에 대한 걱정과 불안으로 소중한 오늘을 그냥 흘려보내지 않게 될 것이다. 또 중요한 일과 중요하지 않은 일을 자연스럽게 구분하게 될 테고, 바쁘다는 핑계로 하고 싶은 일들을 뒤로 미루는 일도 줄어들게 될 것이다. 쓸데없는 걱정으로 채웠던 시간을 소중한 사람들과 보내는 데 씀으로써 행복을 느끼게 될 것이다. 그런 하루하루가 모인다면 5년 뒤, 10년 뒤 당신의 삶은 몰라보게 달라져 있을 것이다.

그러니 후회 없이 살고 싶다면, 머뭇거리지 말고 어디로든 가 보라. 그리고 그 세상을, 그 사람들을 온몸으로 부딪혀 보라. 상처는 당신을 더욱 강하게 만들어 줄 테고, 그만큼 당신의 인생은 좀 더 단단해져 있을 것이다.

Contents

Chapter 3. 당신을 힘들게 만드는 문제는
따로 있을 수도 있다

Chapter 6. 이렇게 나이 들 수만 있다면

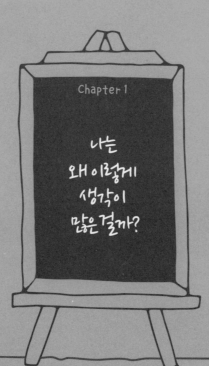

Chapter 1

나는
왜 이렇게
생각이
많은 걸까?

나는 왜 이렇게
생각이 많은 걸까?

딸아이는 가끔 내가 어떻게 남편을 만나 결혼하게 됐는지 얘기해 달라고 조르곤 했다. 언젠가 한번 우리가 처음 만난 대학 시절의 이야기를 해 주었더니 이렇게 말하는 것이었다.

"아빠가 재수 안 했으면 엄마를 만나지 못했을 테고, 그럼 내가 이 세상에 없었겠네? 휴, 아빠 재수하길 잘했어."

그러고는 쪼르르 달려 나가는 딸아이를 보며 나는 한참을 웃었다. 딸아이의 말처럼 단 한 번의 선택이 많은 것을 변화시킨다. 만일 내가 의대에 안 들어갔다면, 만일 남편이 재수를 안 했다면 나의 삶은 어떻게 달라졌을까?

그래서 우리는 선택의 순간에 신중하기 마련이다. 과연 어떤 선택을 하는 것이 최선일까? 이걸 선택했다가 나중에 후회하는 것은 아닐까? 만약 섣부른 결정을 내렸다가 일이 잘못되기라도 하면 어떡하지? 돌이킬 수 없는 실수를 하는 건 아닐까? 오늘도 선택의 기로에 선 사람들은 수많은 가능성 앞에서 흔들린다. 이 것저것 비교해 보고 충분히 고민했다 싶은데도 막상 선택의 순간이 되면 왠지 불안하고 초조해진다. 내 선택이 옳다는 확신이 들지 않기 때문이다.

게다가 불확실성이 커진 시대는 선택을 더욱 어렵게 만든다. 원래 불확실한 것은 우리의 호기심을 자극하고 그것을 탐구하고자 하는 모험심과 도전 정신을 자극한다. 만일 모든 것이 정해진 대로 흘러가고 예측이 가능하다면 굳이 어떤 의지나 희망을 갖고 노력할 필요가 없을 것이다. 그냥 그 길을 따라가면 되니까 내가 할 일은 아무것도 없기 때문이다.

불확실성이 가지는 가능성의 요소는 인간관계에도 해당된다. 상대의 마음이 어떤지 확실하지 않기 때문에 우리는 마음 졸이며 상대의 마음을 사로잡기 위해 온갖 노력을 다한다. 영화나 소설을 볼 때도 뻔한 결말은 어떠한 흥미도 유발하지 못한다. 그래서 우리는 끝까지 결말을 예측할 수 없거나 우리의 예측을 완전히 무너뜨리는 영화에 열광한다.

그런 의미에서 보자면 불확실성은 인간 존재의 한 전제 조건이며, 정신 발달의 추진력이다. 또한 불확실성이 어떤 큰 흐름이나 규칙 속에 존재할 때는 인생의 자극이 되고 즐길 수 있는 것이 된다. 그래서 우리는 지금 뒤처져 있다 하더라도 '끝날 때까지 끝난 게 아니다'라는 말을 되새기며 새로운 도전을 하고 무언가에 매달려 노력하게 된다. 정말 가 보기 전에는 누구도 모르는 게 인생이기 때문이다. 그래서 불확실성은 때로 우리에게 희망이 되기도 한다.

그러나 불확실성이 너무 클 경우, 우리는 넓은 사막에 혼자 남겨진 듯한 느낌을 받는다. 그러면 불안 지수가 높아지면서 다가올지도 모르는 위험에 대비해 자기방어적이고 공격적으로 되기 쉽다.

그런데 안타깝게도 우리 사회는 점점 불확실성이 커지고 있다. 세상은 너무 빨리 변하고 트렌드 또한 순식간에 바뀐다. 평생직장은 사라졌고, 어느 회사가 10년 뒤, 20년 뒤까지 살아남아 있을지 아무도 모른다. 게다가 전 세계가 촘촘히 연결되어 있다 보니 다른 나라에서 일어난 정치적, 경제적 변화는 아주 빠른 속도로 우리나라에 영향을 미친다. 코로나19 팬데믹과 러시아-우크라이나 전쟁으로 전세계가 몸살을 앓고 있는데 4년 전만 해도 우리는 이런 세상이 올 거라고 아무도 예측하지 못했다.

그러다 보니 절대로 잘못된 선택을 하고 싶지 않은 사람들은 쉽게 결정을 내리지 못하고 자꾸만 망설이게 된다. 주식을 사는 게 맞을지 파는 게 맞을지, 이제라도 부동산 공부를 하는 게 맞을지, 지금 회사를 관두고 창업하는 게 맞을지, 아니면 더 늦기 전에 이직하는 게 맞을지, 결혼은 언제 하는 게 좋을지 등등 인생의 중대한 결정을 앞두고 고민은 더욱 깊어진다. 하지만 24시간 그 고민만 하고 있을 수는 없다. 왜냐하면 그 고민 외에도 지금 당장 결정하고 선택해야 할 일들이 첩첩이 쌓여 있기 때문이다. 프로젝트 추진 일정이 꼬였는데 이건 누구와 상의하는 게 좋을지, 친구와 싸웠는데 어떻게 풀어 가야 좋을지, 점심은 뭘 먹을지, 몸이 안 좋은데 저녁 약속을 취소해야 할지 등등 우리는 하루에도 수백 가지 선택을 하고 그 선택의 결과를 마주하게 된다.

그래서일까. 사람들은 종종 선택의 기로에서 피로감을 호소한다. 그럴 때 우리는 보통 "좀 더 생각해 보자"며 결정을 뒤로 미루지만 그렇다고 뾰족한 수가 있는 것은 아니다. 내일까지, 혹은 모레까지 이런저런 정보들을 취합해 보고 결정하리라 마음먹지만 시간이 흐를수록 불안감만 커질 뿐이다.

그럼에도 사람들은 통계와 분석 자료를 바탕으로 이성적인 판단을 해야 탁월한 결정을 내릴 수 있다고 생각한다. 그러나 생각을 지나치게 하다 보면 해결 방법이 떠오를 여지를 막게 된다. 무의식중에 직관적으로 내린 판단이 옳았는데 그러한 직관의 지혜를 차단해 버리게 되는 것이다. 그래서 고민을 너무 길게 하면 오히려 자잘한 사항까지 신경 쓰게 되면서 그릇된 결정을 내릴 확률이 높아진다. 그렇다면 어떻게 해야 최선의 선택을 할 수 있을까?

1. 쓸데없이 많은 정보를 모으는 데 힘 빼지 말 것

정보가 많을수록 더 나은 의사 결정을 하게 된다는 믿음을 '정보 편향'이라고 한다. 의사 결정에 필요한 정보는 이미 충분히 가지고 있는데도 정보 자체에 중독돼 더 많은 자료를 찾아 나서는 현상이다. 하지만 너무 많은 정보는 쓸모가 없을뿐더러 오히려 잘못된 판단으로 이끌 확률이 높다. 정보에 질려 일을 시작도 하기 전에 포기하게 되는 경우도 있다.

이 문제에 대해 신경 과학자인 조나 레러는《탁월한 결정의 비밀》에서 지나친 심사숙고의 위험성을 경고하며 판단 기준을 줄여 보라고 권한다. 볼펜과 노트를 고르는 등 비교적 간단한 결정을 할 때는 여러 정보를 모아 꼼꼼히 비교 분석하는 게 정확도를 높이지만 어려운 결정을 할 때는 가장 중요하게 생각하는 기준을 네 가지 정도로 줄이는 게 좋다는 것이다. 이를테면 자동차를 살 때 가격, 브랜드, 디자인, 색상, 연비, 승차감 등 모든 요소를 고려할 것이 아니라 가장 중요시하는 요소 4가지만 고려해 선택할 경우 만족도가 훨씬 높다고 한다.

이처럼 복잡한 결정일수록 판단 기준을 몇 가지로 압축하는 것이 좋다. 그러니 더 이상 쓸데없이 많은 정보를 모으는 데 힘 빼지 마라. 그럴수록 스트레스만 가중될 뿐이니까.

2. '저걸 선택했다면 어땠을까?' 하는 미련부터 버릴 것

어느 것을 선택하든 각각의 장단점이 있게 마련이다. 그래서 선택하지 않은 것에 대한 미련이 생길 수밖에 없다. '아, 이게 아니라 저걸 선택해야 했나?'라며 자꾸 뒤돌아보게 되는 것이다.

하지만 하나를 선택했으면 다른 하나는 깨끗이 포기하는 게 맞다. 둘 다 가지려는 것은 지나친 욕심일 뿐이다.

예를 들어 첫 해외여행을 떠나는데 영국 런던에 가기로 결정했다고 해 보자. 그러면 런던에서 무엇을 보고 어떤 경험을 할지 정하는 게 순서다. 그런데 여전히 파리가 낫지 않을까, 아니 바르셀로나가 낫지 않을까 하며 고민하다가는 나중에 피곤해서 정작 런던 일정을 제대로 못 짤 수 있다. 그러므로 일단 결정을 내렸으면 다른 옵션에 대한 미련을 버리고, 내 선택을 최고의 것으로 만들기 위해 애쓰는 게 맞다. 법륜 스님도 말하지 않았던가. 결혼을 하느냐 혼자 사느냐 그게 중요한 게 아니라 결혼을 했으면 결혼 생활이 행복하도록 해야 하고, 혼자 살면 혼자 사는 것이 행복하도록 해야 한다고.

그리고 미련이나 후회 때문에 결정을 자주 번복할 경우 나 스스로를 믿지 못하게 되고, 나에 대한 타인의 신뢰도 함께 흔들리게 된다는 사실을 명심할 필요가 있다.

3. 최악의 경우를 떠올려 보면 답이 보인다

어느 날 텔레비전 채널을 돌리다 '유 퀴즈 온 더 블럭'을 보게 되었는데, MC인 유재석이 게스트와 이야기를 나누다 자신의 의사 결정 방법에 대해 얘기한 적이 있다. 그는 어려운 결정을 내려야 할 때 다음과 같은 생각을 해 본다고 한다.

"내가 만약에 이 선택을 했을 때 최악의 상황은 뭐지? 그걸 내가 받아들일 수 있나?"

그 두 가지 질문을 통해 그는 자신이 감당할 수 있겠다는 생각이 들면 그 길로 간다고 말했다. 나는 그 말을 들으며 고개를 끄덕일 수밖에 없었다. 왜냐하면 나 또한 그 질문들을 통해 선택한 적이 몇 번 있기 때문이다.

보통 사람들은 선택을 하면 장밋빛 미래부터 꿈꾼다. 이를테면 주식을 사면 '100만 원을 벌면 그걸로 뭐 하지?'라는 생각부터 한다. 그래서 주가가 1퍼센트라도 떨어지면 그때부터 초조해서 어쩔 줄을 모른다. 창업하기로 마음먹었을 때도 마찬가지다. 자신이 생각한 아이디어가 대박이 나면 그걸로 뭘 하면 좋을지부터 상상하고, 그동안 자신을 무시해 온 친구들의 코를 납작하게 해 주고 싶다는 생각부터 한다. 그래서 막상 사업을 시작했는데 장밋빛 미래가 펼쳐지기는커녕 뜻대로 잘 안 되면 남 탓, 세상 탓을 하며 주저앉아 버린다.

그런데 한 후배는 사람을 뽑을 때 '그가 나에게 5,000만 원 정도의 손해를 입혔을 때 그를 원망하지 않고 책임질 수 있을까?'라는 질문을 스스로에게 한다고 했다. 그러면 능력은 뛰어나지만 왠지 호감이 안 가는 사람과 능력은 조금 떨어지지만 태도가 굉장히 마음에 드는 사람 중 누구를 뽑을지가 선명해진단다. 그는 결국 태도가 좋은 사람을 뽑았고 덕분에 고생을 좀 하고 있지만 자신의 선택엔 후회가 없다고 했다.

이처럼 미리 최악의 상황을 그려 보면 내가 무엇을 중요하게 생각하는지, 무엇을 더 원하는지, 어떤 것들을 견딜 수 있고 어떤 것들을 못 견디는지를 분명히 알게 되어 후회 없는 선택을 할 수 있게 된다. 그러면 그 어떤 어려움이 닥쳐와도 쉽게 절망하지 않으며, 설사 일이 잘못되더라도 후회하거나 누군가를 원망하기보다 어려움을 어떻게 타개해 나갈지에만 집중하게 된다. 이미 감당하기로 마음먹었기 때문이다. 그러므로 중요한 선택일수록 최악의 상황을 그려 보면 후회 없는 결정을 할 수 있다.

만약 잘 모르는 분야에 도전할 경우에는 어떤 것이 최악의 상황일지 짐작이 안 갈 수 있다. 그럴 때는 그 분야에서 성공한 사람들의 이야기에 귀를 기울여 보라. 그 안에 분명 힌트가 있으니까 말이다.

4. 아무것도 하지 않으면 1년 뒤 반드시 후회하게 된다

남자 친구도 없는 여자가 어디서 결혼할지를 고민한다고 해보자. 그러면 아마도 당신은 그녀에게 "제발 남자 친구나 만들고 그런 고민을 해"라고 할 것이다. 그런데 의외로 수많은 사람들이 미리 앞서 고민을 한다. 로또를 사지도 않았으면서 당첨금으로 무얼 할지 고민하고, 대학원에 원서도 내지 않았으면서 직장과 대학원을 병행할 수 있을까 고민한다. 그런 고민은 로또를 산 뒤에 해도 늦지 않고, 대학원에 붙은 다음에 해도 늦지 않다. 즉 뭐라도 시작해야 그다음으로 나아갈 수 있다.

그런데 이상하게도 사람들은 그처럼 미리 앞서 걱정하고 불안해하다 결국 아무것도 하지 못한다. '시작'을 위한 첫걸음을 떼지 못하는 것이다. 물론 그들은 말한다. 준비를 철저하게 하고 싶다고, 완벽한 준비가 되면 시작하고 싶다고. 하지만 막상 무엇이든 시작을 하고 나면 준비 단계에서는 전혀 상상도 못 한 변수들이 나타나게 마련이다.

마흔한 살에 국립정신병원(현 국립정신건강센터)을 그만두고 개인 병원을 개업했을 때의 일이다. 당시 나는 나름 잘나가는 의사였기에 병원을 열면 환자들이 끝없이 몰려들 거라고 생각했다. 그런데 웬걸 환자가 아예 없는 날들이 이어지는 게 아닌가. 0명, 0명, 1명, 0명… 그런 날들이 3개월이나 지속되었다. 나는 그제야 그 많은 환자들이 나를 찾아온 게 아니라 국립정신건강센터라는 큰 조직을 보고 왔다는 걸 깨닫게 되었다. 그래서 부랴부랴 주위 사람들에게 부탁도 하고, 홍보 전단지를 만들어 뿌리며 병원 홍보를 하기 시작했다. 환자들이 한두 명씩 찾아오면서 정상적으로 병원이 운영되기 시작한 건 개업하고 나서 6개월 뒤였다.

나는 국립정신건강센터를 그만둘 때만 해도 환자가 안 올 수 있다는 생각을 미처 하지 못했다. 돌이켜 보면 당연히 체크해야 했던 부분인데 나의 실력을 과신한 탓에 그런 문제가 생기리라고는 전혀 예상치 못했다.

만약 조그만 커피숍을 차렸는데 몇 개월 뒤 바로 앞 건물에 대형 커피숍이 들어오면 어떻게 해야 할까? 결혼하기로 했는데 코로나19처럼 대형 악재가 터져 결혼을 미뤄야 한다면 어떻게 해야 할까? 아무리 완벽한 준비를 한다 해도 막상 실행하다 보면 예측하지 못한 변수들에 의해 계획은 수정되게 마련이다.

하지만 그렇다고 내가 국립정신건강센터를 그만둔 것을 후회해 본 적은 없다. 처음 6개월은 두렵기도 했지만 어쨌든 결과적으로 환자들을 돌보는 데 집중하고 싶다는 나의 바람은 이루어졌기 때문이다.

그러므로 시간을 가지고 생각을 더 해 보면 좋은 결과를 맞이하게 될 것이라는 환상을 버리고 무엇이든 조금씩이라도 해 보는 것이 맞다. 당신이 잘못된 선택을 할까 봐 두려워 결정을 미루는 사이 누군가는 용기를 내어 무언가를 시작한다. SNS나 블로그에 글을 올리자고 마음먹었지만 계속 미루는 사람과 일주일에 한두 개씩이라도 꾸준히 올린 사람의 1년 뒤는 다를 수밖에 없다. 그래서 나는 괜한 헛수고가 될까 봐 혹은 잘못된 선택을 할까 봐 두려워 아무것도 하지 않는 것이야말로 최악의 선택이라고 생각한다. 왜냐하면 아무것도 안 한 사람은 그 어떤 발전이나 성장을 이루지 못할 뿐더러 결국 도태될 수밖에 없기 때문이다.

긍정적인 생각과
부정적인 생각의 황금비율

진영 씨는 오늘 아침 눈을 떴을 때 시계를 보고는 깜짝 놀랐다. 시곗바늘이 출근 15분 전을 가리키고 있는 게 아닌가. 최악이었다. 허겁지겁 고양이 세수만 하고 나왔는데 오늘따라 택시가 안 잡힌다.

'역시 난 운이 없어.'

15분 만에 겨우 택시를 잡아탄 그녀는 뛰는 가슴을 진정시키며 메신저를 확인했다. 부장님께 죄송하다고, 얼른 챙겨서 가겠다고 메시지를 보냈는데 답이 없었다. 무서운 부장님의 얼굴을 떠올리자 가슴이 쪼그라드는 느낌이 들었다. 순간 백미러로 택시 운전사와 눈이 마주쳤는데 왠지 한심해하는 표정인 것 같았다. 슬쩍 손거울로 자신의 모습을 비춰 보니 머리는 산발이고 맨 얼굴은 도저히 봐줄 만한 상황이 아니었다.

회사원이라면 누구나 한 번쯤 이런 경험이 있을 것이다. 그런데 모든 것을 부정적으로 생각하는 진영 씨의 생각은 여기서 멈추지 않고 더 이어졌다.

'어제 일도 변변히 마무리를 못 지었는데 지각까지 하다니, 부장님이 엄청 화내시겠지? 원래부터 나를 안 좋아했는데 얼마나 화를 많이 내실까? 혹시 '이럴 거면 그냥 그만둬'라고 하시면 어떡하지? 동료들은 또 얼마나 나를 비웃을까. 지금도 내 뒷담화를 하고 있겠지? 왜 난 맨날 이 모양인 걸까? 책임감도 없고, 무능력하고, 게으르고…. 정말 이런 내가 너무 싫다. 나는 진짜 아무 쓸모가 없는 인간이야. 그냥 콱 죽어 버릴까.'

그러자 갑자기 눈앞이 캄캄해지면서 숨이 막혀 왔다. 아무런 희망이 없어 보였다. 그냥 어디론가 사라져 버리고 싶었다. 그녀는 택시에서 내렸지만 차마 사무실로 발걸음을 옮기지 못했다. 몸은 이미 기진맥진한 상태였다.

그녀는 어제 일을 제대로 마무리하지 못했고, 오늘 아침 지각을 했다. 그런데 보통 사람들은 지각을 하면 어떻게든 빨리 회사에 가서 다음부터는 절대 이런 일이 없도록 해야지 결심한다. 그런데 그녀는 심하게 자책하며 극단적인 상황으로 자신을 몰고 갔다.

진영 씨의 경우 자기 비하가 심한 편이지만 주변을 둘러보면 그녀처럼 모든 일을 부정적으로 생각하는 사람들이 의외로 많다. 이들은 남들과 똑같은 사건을 겪어도 부정적인 사건은 더 부정적으로 평가하고, 긍정적인 사건마저 부정적으로 바라보며 덜 긍정적으로 받아들인다. 그러다 보니 즐거운 일은 별로 없고 온통 불쾌한 일투성이다. 더 나아가 '내 인생은 엉망진창이다, 나는 내가 싫다'라며 스스로를 파괴한다. 조그만 일에도 자기 존재의 의미마저 부정하면서 자신을 전혀 쓸모없고 무가치한 인간이라고 규정해 버린다.

그런데 원래 부정적인 생각은 꼬리에 꼬리를 물고 이어지는 법이다. 그래서 한번 부정적인 생각에 빠지면 마치 브레이크가 고장 난 자동차처럼 그 생각을 멈추지 못한다. 부정적인 생각을 멈추기 위해서는 우선 부정적인 사고의 대표적인 패턴들을 알아둘 필요가 있다. 그래야만 그로부터 벗어날 방법을 찾을 수 있기 때문이다.

1. 나는 실패자요, 아무도 나를 사랑하지 않는다

진영 씨는 극단적인 흑백 논리에 따라 사물을 받아들인다. 그녀에게 중간이란 없다. 모든 것은 실패 아니면 성공이다. 그녀 같은 사람들은 대부분 완벽주의적인 성향을 가지고 있다. 그래서 조그만 실수나 실패도 잘 용납하지 못한다. 사실 요즘 그녀가 속한 팀은 하루가 멀다 하고 야근을 하는 처지였다. 그래서 조그만 실수쯤은 눈감아 주는 분위기였다. 심지어 그녀조차도 다른 사람이 지각하면 '피곤해서 그랬거니' 하고 넘어갔는데 자신의 지각은 '게으르고 무능해서'라고 단정 지어 버린다. 이와 같은 흑백 논리는 다른 부분에도 영향을 끼친다. 인간관계에서도 좋고 싫음만 있을 뿐 중간이 없다.

그러나 실제 인간관계에는 좋지도 싫지도 않은 그저 그런 관계가 훨씬 많다. 하지만 이분법적 사고를 하는 사람에게 중립 지대는 결코 존재하지 않는다. 그래서 분명한 호감을 보이지 않는 사람은 '나를 싫어하는 사람'이라고 생각한다. 그리고 그 '한' 사람을 어느새 '모든' 사람으로 확대해서 모든 사람이 자신을 싫어한다고 생각하고, 그 이유를 자신에게서 찾는다. 자신이 '게으르고 무능해서' 혹은 '못생겨서'라고 결론 내리는 것이다.

또 진영 씨는 한 가지 사건을 마치 전체인 양 받아들인다. 이를 '과잉 일반화'라고 하는데, 이를테면 1등만 하던 학생이 한 번 10등을 하고는 '나는 실패자'라고 결론짓는 것과 같다. 그 전에 수차례 1등을 했다는 사실은 무시하고 단 한 번의 실수를 일반화해 버리는 것이다. 사실 진영 씨는 회사에서 부지런하고 성실하기로 정평이 나 있다. 그런데도 지각 한 번 했다고 자신을 '게으름뱅이이며 회사에 해를 끼치는 사람'으로 일반화하는 오류를 범하고 있는 것이다. 이렇게 부정적인 방향으로 사고가 흘러가다 보면 어느새 좋은 것들은 다 흘려보낸 채 나쁜 것들만 건져 올리게 된다. 그러다 부정적인 것들만 가지고 전체를 판단하는 오류를 범하게 되는 것은 물론이다.

알고 보면 진영 씨는 업무에서 탁월한 능력을 발휘하는 사람이다. 그런데 최근 머리가 아프고 집중이 안 되던 차에 평소 같으면 절대 하지 않았을 실수를 하고 말았다. 꼼꼼하고 완벽하던 그녀가 실수를 하자 주위 동료들은 "진영 씨도 실수할 때가 있구나"라고 웃으며 넘어갔다. 그러나 그녀는 자신이 실패하기만을 다른 사람들이 학수고대했으며 한번 실수하자 자기를 비웃고 있다고 판단해 버렸다. 이처럼 그녀는 어떤 상황에서든 전체적인 맥락을 무시한 채 오로지 부정적인 것들만 건져 내 부정적인 방식으로 이해해 버린다.

2. 좋은 결과는 우연, 나쁜 결과는 내 탓

부정적인 사람들은 세상을 재는 잣대를 두 개 갖고 있다. 하나는 탄력성과 신축성이 좋아서 사물을 넉넉하게 잴 수 있다. 다른 하나는 쇠막대기인 데다가 눈금도 아주 촘촘해서 조금의 예외도 인정하지 않고 빡빡하게 사물을 잰다. 그들은 다른 사람을 평가할 때는 신축성 있는 자를 꺼내 든다. 그래서 남들이 실수를 하면 '그럴 만한 이유가 있었을 거야'라며 이해한다. 그러나 자신을 평가할 때는 쇠막대기 자를 꺼내 든다. 그러다 보니 혹독한 평가 끝에 '나는 역시 안 돼'라고 결론 내린다. 이러한 사고 성향을 '의미 확대' 혹은 '의미 축소'라고 한다.

그런데 의미 확대나 의미 축소의 오류에 빠질 경우 부정적인 일의 의미는 크게 확대하고 긍정적인 일의 의미는 축소하여 받아들이게 된다. 그래서 나쁜 결과가 나왔을 때는 지나치게 자신을 탓하고, 좋은 결과가 나왔을 때는 지나칠 만큼 우연으로 받아들인다. 진영 씨도 마찬가지다. 남들이 자신을 칭찬하면 그저 듣기 좋으라고 하는 소리라며 의미를 축소해 버리고, 남들이 자신을 조금이라도 비판하면 평소 생각을 드러낸 것이라며 의미를 확대 해석했다. 또 지금껏 일을 잘했던 것은 모두 우연이며 운이 좋았기 때문이고, 한 번 실수한 것은 바로 자신의 본모습이 드러난 것이라고 생각한다.

그녀는 '항상', '반드시', '완벽하게', '~해야 한다' 등의 당위성과 절대성을 지닌 말을 자주 쓰곤 한다. 그런 말들은 자연히 공포와 분노, 상처, 죄책감 등과 연결돼 우울함을 불러온다. 그러나 우리의 현실은 결코 '항상', '반드시', '완벽하게' 돌아가지 않는다. 행운이 따를 때도 있고, 불운이 따를 때도 있다. 그러므로 그에 맞는 유연하고 융통성 있는 사고가 필요하다. 물론 자신의 잘못에는 엄격하고 타인의 잘못에는 너그러운 것이 좋다지만 그것도 지나치면 병이 된다.

3. 나는 쓸모없는 인간이다

진영 씨는 최근 저지른 실수와 지각 한 번으로 그동안 자신이 쌓아 온 모든 것을 스스로 무너뜨려 버렸다. 자신을 인생의 실패자이자 쓸모없는 사람이라고 여긴 것이다. 이처럼 사고의 오류에 근거해서 부정적인 자기상을 만드는 것을 '잘못된 명명'이라 한다. 보통 사람들은 실수를 저지르면 '아, 내가 실수했구나. 다음부터는 이런 실수 하지 않도록 조심해야지'라고 생각한다. 그런데 진영 씨는 '난 타고난 실패자야'라며 스스로를 낙인찍어 버린다. 그러면 실수를 만회할 기회가 주어져도 그녀는 아무것도 할 수 없게 된다. 왜냐하면 타고난 실패자이기에 모든 것을 망칠 게 분명하기 때문이다.

마음상태분석 모형(States of mind model)에 따르면 긍정적인 생각과 부정적인 생각을 하는 황금 비율은 1.6 : 1이다. 그러면 긍정의 상태를 유지하는 동시에 스트레스를 일으키는 위험 요소들에 충분한 주의를 기울일 수 있는 대처 능력을 갖출 수 있다.

이때 중요한 것은 긍정적인 사람도 부정적인 생각을 한다는 사실이다. 우리는 흔히 긍정적인 사람은 부정적인 생각을 안 한다고 생각한다. 하지만 그것은 오해다. 왜냐하면 살다 보면 돌발 변수는 너무 많고, 언제 어디서든 위험한 상황이 생길 수도 있기 때문에 그에 대응하기 위해서는 부정적인 생각도 반드시 필요하다. 다만 긍정적인 사람들은 부정적인 생각을 절대 끝까지 고집하지 않는다. 우리의 바람과 상관없이 불행한 일이 벌어질 수도 있는 게 인생임을 알기에 아무리 부정적인 일이라도 긍정적으로 받아들이려고 노력한다.

그런데 어려서부터 크고 작은 상처와 고통을 겪으며 세상을 부정적으로 보기 시작한 사람들은 자신에게 닥친 모든 일을 부정적인 사고 패턴에 따라 해석하려고 한다. 아무런 희망도 없이 무기력하게 보낸 어린 시절처럼 지금도 그렇게 될 것이라고 미리 판단해 버리는 것이다.

만일 자꾸만 부정적인 생각이 꼬리에 꼬리를 물고 이어진다면 앞서 언급한 생각의 오류들을 참고하여 당신이 반복하고 있는 패턴이 무엇인지 파악해 보라. 패턴을 알게 되면 같은 상황이 반복될 때 '아하, 내가 또 습관대로 부정적으로만 생각하고 있구나' 하고 문제를 짚어 내 일단 부정적인 생각을 멈추게 할 수 있다. 그리고 사고의 방향을 돌렸을 때 당신의 삶이 어떻게 바뀌는지 그 효과를 실감하게 되면 서서히 부정적인 생각의 틀에서 빠져나오게 될 것이다.

한 늙은 인디언 추장이 어린 손자에게 말했다. "얘야, 우리의 마음속에는 두 마리의 늑대가 싸우고 있단다. 한 마리는 분노, 불안, 슬픔, 질투, 탐욕, 죄의식, 열등감을 가지고 있고, 다른 한 마리는 기쁨, 평안, 사랑, 인내, 겸손, 친절을 가지고 있지." 그러자 손자가 물었다. "어떤 늑대가 이기나요?" 이에 추장은 미소를 지으며 말했다. "네가 먹이를 주는 놈이 이긴단다."

이렇듯 우리의 마음속에 존재하는 두 마리의 늑대 중 어떤 늑대에게 먹이를 줄 것인지는 우리의 선택에 달려 있다. 그럼에도 자꾸만 부정적인 생각에 빠진다면 다른 사람이 만약 똑같은 실수를 했을 때 어떤 말을 해 줄지 생각해 보고, 그 말을 당신 자신에게 해 주어라. 아마도 그 말을 떠올려 보면 지금까지 얼마나 당신이 스스로를 괴롭혀 왔는지를 깨닫게 될 것이다.

지금 서른 살이
힘들 수밖에 없는 이유

"왜 제 삶은 남들처럼 쉽지 않은 거죠? 도대체 뭐가 문제일까요?"

서른이란 나이는 심리학에서 특별한 이름이 없는 무명의 나이이다. 심리학에서 인간의 발달을 설명할 때 인생의 큰 변화가 일어나는 시기를 중심으로 아동기, 사춘기, 20~40세까지의 초기 성인기, 40대의 중년기, 50대의 갱년기, 그리고 60대 이상의 노년기로 나누어 설명한다. 30대에 대한 다른 언급은 없다. 그저 초기 성인기에 묶여 20대의 뒤에 어정쩡하게 붙어 있을 뿐이다. 심리학자 에릭슨도 30대를 발달학상 뚜렷한 과제나 변화가 없기 때문에 '미지의 시기'라고 했다. 그러다 보니 청년이라고 하기엔 나이가 들었고 중년이라고 하기엔 젊은 서른 살은 아직까지 연구된 바가 거의 없는 실정이다.

그도 그럴 것이 예전의 서른 살은 우리네 인생에 있어서 크게 두드러지는 나이가 아니었다. 누구나 20대 중후반이면 직장에 들어가고 결혼을 했기 때문에 서른 살은 그저 일과 가정을 꾸려 나가기에 여념이 없는 나이일 뿐이었다. 한 직장에서 열심히 일하면 어느 정도 승진이 보장되었고, 지금처럼 40대 중후반에 은 퇴하라는 압박을 받지도 않았다. 그래서 정신없이 바쁘더라도 밝은 미래가 기다리고 있기에 힘껏 달리기만 하면 되었다.

하지만 지금의 서른 살은 고달프고 우울하다. 부모의 경제력이 뒷받침되지 않으면 대학을 졸업하자마자 학자금 대출이라는 빚더미에 올라앉는다. 게다가 4년 내내 취업 준비에 올인해도 심각한 취업난과 고용 불안으로 변변한 일자리를 찾기가 쉽지 않다. 취업 준비생으로 수십 수백 군데 떨어진 끝에 겨우 들어간 직장에서는 뭘 해도 실수투성이라 선배들의 따가운 눈초리를 받아야만 한다. 즉 지금의 서른 살들은 취업 준비로 젊음을 다 소진해 버리고 아무런 준비 없이 숨 가쁘게 차가운 현실로 내동댕이쳐진다.

2023년 한국청소년정책연구원의 발표에 따르면 30세가 되어서도 자신을 항상 성인이라고 느끼는 비율은 16퍼센트에 지나지 않았다. 40퍼센트가 자주 느낀다고 응답했고, 39퍼센트는 가끔 느낀다고 말했다. 그러면서 20년 전인 2003년과 비교해 볼 때 "내가 어른이다"라고 느끼는 자각이 5년 정도 늦어지고 있다고 분석했다. 즉 예전에는 25세가 되면 대부분 자신이 어른이라고 생각했는데 지금은 그렇지 않다는 얘기다.

그것은 대졸 신입사원 평균 연령이 31세로 올라가고, 초혼 연령이 남자 33.72세, 여자 31.26세(2022년 통계청 자료)로 높아진 것과 관련이 깊다. 스스로 경제적 독립을 책임지고, 결혼을 해서 가정을 꾸리는 것을 보통 어른의 삶이라고 봤을 때 그 시기가 늦어지면서 자신을 어른이라고 자각하는 나이 또한 늦어지고 있는 셈이다.

2003년 29세 여자는 당연히 결혼한 나이였고, 최소 한 명의 아이를 낳거나 낳을 준비를 하는 나이였다. 그런데 지금은 그 나이에 취업을 하는 것조차 쉽지 않다. 그리고 취업 후 경제적 독립을 하는 데 최소 3~4년이 걸린다고 보면 결혼을 하는 시기는 더 늦어질 수밖에 없다.

그런데도 우리는 초보 어른들에게 예전 나이를 들이밀며 지금도 늦었다고, 빨리 결혼하고 아이를 낳으라고 닦달한다. 이제 걸음마를 뗀 아이에게 빨리 걸으라고 독촉하는 꼴이다. 심지어 결혼을 안 한 사람은 '어른' 취급을 안 해 주며 인생을 모른다고 말한다.

결혼을 안 하고 아이를 낳지 않으면 평생 어른이 될 수 없는 것일까? 그럼 결혼 후 더 외롭다고 말하고, 아이를 낳고 '나'를 잃어버린 것 같다며 괴로워하는 사람들은 도대체 어떻게 설명할 수 있을까? 외롭고 괴로운 것이 어른의 삶인 걸까? 인생의 한 전환기로서, 미래의 방향을 결정짓는 중요한 선택의 시기로서, 홀로 서야 하는 독립의 시기로서, 꿈에서 현실로 내려오는 좌절의 시기로서 서른 살의 삶은 고되기만 하다.

물론 부모의 보호와 간섭으로부터 벗어나 삶의 주인이 되는 독립은 우리가 간절히 원하던 것이었다. 그러나 독립은 자유와 희망 못지않은 크기의 슬픔과 두려움을 내포하고 있다. 왜냐하면 부모로부터의 독립은 부모와의 이별을 뜻하며, 부모 밑에서 안전하게 보호받고 지내던 어린 시절과도 이별함을 뜻하기 때문이다.

독립은 또한 책임이라는 무거운 짐을 등에 지는 것을 의미한다. 어릴 때는 무언가 잘못해도 어리다는 이유로 책임지지 않아도 되었고, 많은 것을 용서받을 수 있었다. 그리고 20대의 객기와 실수는 오히려 청춘과 젊음의 증거로 받아들여진다. 그러나 서른 살이 넘으면 어떤 선택을 하든 내가 온전히 책임져야만 한다. 그것은 곧 투정을 받아 주거나 잘못을 돌이켜 줄 사람이 없음을 의미한다. 즉 권리보다 의무가 커지는 시기로 들어서는 것이다. 서른, 삶의 무게는 그렇게 다가온다.

그래서 서른 살은 자신에게 조언과 도움을 줄 '멘토'를 절실히 필요로 한다. 그러나 그 방면에서 그들은 고아나 다름없다. 부모와 스승의 권위가 바닥에 떨어진 지 이미 오래고, 노인들은 사회의 퇴물인 양 취급받는다. 이는 곧 가야 할 길을 비춰 주고, 잘못된 길로 들어섰을 때 꾸짖어 주는, 믿고 의지할 만한 어른들이 사라져 버렸음을 뜻한다. 그러다 보니 젊은이들은 자기 스스로 사는 법을 배울 수밖에 없다. 그들이 자기 계발이나 인간관계 관련 책들에 몰두하는 이유가 여기에 있다.

요시모토 바나나의 소설 《키친》에서 주인공인 스물세 살의 미카게. 그녀는 부모를 여의고 할머니와 단둘이 살고 있는데 어느 날 할머니의 죽음을 맞는다. 이 세상에 완전히 홀로 남겨진 것이다. 그런 미카게는 침대를 놔두고 굳이 냉장고 옆에서 잘 정도로 부엌을 좋아한다.

이때 부엌은 구강기적(정신분석가 프로이트에 따르면 아이는 생후 18개월까지 엄마 젖을 물고, 손으로 물건을 집어 입으로 빨면서 감각을 익힌다) 갈망을 의미한다. 아직 어른이 될 준비가 안 된 상태에서 홀로 서야 하는 그녀는 구강기로 퇴행하여 엄마의 품 안을 그리워하며 부엌에서 잠든다.

그러던 어느 날 미카게 앞에 이상한 가족이 나타난다. 무뚝뚝하지만 한없이 따뜻한 남학생 유이치와 원래는 남자였지만 성전환 수술을 받아 여자가 된 유이치의 엄마가 바로 그들이다. 그들은 부엌을 고집하는 미카게를 간섭하거나 재촉하지 않는다. 다만 자신들의 집에 놀러 오는 미카게가 슬픔을 이길 때까지 가만히 기다려 준다. 결국 미카게는 유이치 가족의 극진한 배려와 보살핌을 받으며 서서히 상처를 극복하고 세상에 대한 믿음을 회복해 나간다. 그리고 다시금 힘을 찾은 미카게는 세상으로 향하는 문을 열 채비를 한다.

어른이 되는 과정의 불안을 극복하기 위해서는 유이치의 집처럼 낯선 세계에 대한 두려움을 달래고 자신을 추스를 수 있는 중간 세계가 필요하다. 이 중간 세계를 정신분석에서는 '이행기'라고 부른다. '미운 세 살'이라는 말을 들어 본 적이 있을 것이다.

이때 아이들은 부모와 하나로 연결되어 있는 심리적 탯줄을 자르고 자신과 부모가 서로 독립된 존재임을 인식한다. 그러면서 부모와 분리되는 불안을 해소하기 위해 부모를 대신하는 물건에 집착한다. 세 살 아이들이 곰 인형이나 담요, 베개 등을 꼭 끌어안고 놓지 않으려 하는 것도 바로 그 때문이다.

그런 의미에서 보자면 예전에 20대는 앞으로 실질적인 어른이 되기 위해 여러 가지 연습을 하는 시기였다. 사람들과 사귀고 친해지는 법을 배우고, 평생을 같이할 배우자를 찾아 불같은 사랑에 몸을 던지기도 하고, 무엇보다 자신에게 맞는 직업을 찾아 여러 시도를 하면서 갖가지 시행착오를 겪는다.

그런데 요즘은 이러한 20대의 과도기적 성격이 사라진 지 오래다. 취업의 문이 좁아진 요즘, 대학 시절은 젊음의 발산과 실험이라는 본래의 의미를 잃어버리고 중고등학교 시절의 연장기가 되어 버렸다. 행동하며 배워야 할 시기에 도서관에 앉아 취업에 필요한 각종 스펙 쌓기에 몰두해야 하는 것이다. 그 결과 젊은이들은 준비 기간 없이 서른 살을 맞게 된다. 이것저것 시도해 보며 실질적인 어른이 되는 연습을 해야 할 20대 중후반을 심각한 취업난 때문에 책상 앞에서 보낸 이들이 서른이 되어 갑작스레 어른들의 사회로 내던져지는 것이다. 그것은 곧 두려움과 불안을 가라앉힐 수 있도록 다양한 경험을 하고 판타지를 가질 수 있는 중간 세계가 사라졌음을 뜻한다. 예행연습 없이, 미래의 땅에 대한 사전 조사 없이 떠밀려 들어간 어른의 삶은 낯설고 불안할 수밖에 없다.

그래서 멘토가 사라진 시대, 이행기마저 없는 서른 살은 뒤늦게 방황하게 되며, 그 방황은 쉽게 끝나지 않는다. '청춘은 눈부시다'는 말에 그들이 결코 동의하지 못하는 이유다.

인간관계가 너무 피곤하다는
사람들의 특징

미국의 심리학자인 윌리엄 제임스는 《심리학의 원리》에서 다음과 같이 말했다.

"사회에서 밀려나 모든 구성원으로부터 완전한 무시를 당하는 것 – 이런 일이 물리적으로 가능할지는 모르겠으나 – 보다 더 잔인한 벌은 생각해 낼 수 없을 것이다. 방 안에 들어가도 아무도 고개를 돌리지 않고, 말을 해도 대꾸도 안 하고, 무슨 짓을 해도 신경도 쓰지 않고, 만나는 모든 사람이 죽은 사람 취급을 하거나 존재하지 않는 물건을 상대하듯 한다면, 오래지 않아 울화와 무력한 절망감을 견디지 못해 차라리 잔인한 고문을 당하는 쪽이 낫다는 생각이 들 것이다."

다른 사람에게 무시를 당하고 싶어 하는 사람은 없다. 누가 나를 향해 얼굴을 찡그리면 상심하게 되고, 못났다고 하면 정말 내가 못난 것처럼 느껴진다. 버림받고 소외되는 것에 대한 불안이 엄습해 오기 때문이다. 반면 누가 나를 칭찬하면 기분이 좋고, 누가 나를 기억해 주면 갑자기 인생이 살 만한 것이 되기도 한다. 누가 나를 무시하든 조롱하든 그에 상처받지 않으면 얼마나 좋을까. 하지만 인간이라면 누구나 타인의 시선으로부터 자유롭지 못하다.

오늘도 파김치가 되어 집에 돌아온 재훈 씨는 몸은 피곤한데도 금방 잠이 들지 않아 한참 뒤척였다. 낮에 직장에서 있었던 일이 생각났기 때문이다. 그가 농담 삼아 던진 말에 옆 동료의 얼굴빛이 살짝 변했다. 동료는 곧 아무 일도 아닌 듯 평소처럼 대했지만 왠지 전보다 쌀쌀한 느낌이 들었다. 그는 내일 회사에 가서 그 동료와 마주치면 사과를 해야 할지, 말아야 할지 고민이 되어 괴로웠다.

소심한 그는 주위 사람들이 자신을 어떻게 대하는지에 지나치게 신경 썼다. 또 다른 사람의 말이나 행동에 쉽게 상처받았다. 어쩌다 동료가 무뚝뚝하게 대하면 갑자기 불안해지면서 자신이 뭘 잘못했는지 생각하느라 일이 손에 잡히지 않았다. 또 꼼꼼하고 완벽을 지향하는 성격이라 자신의 실수를 참지 못했다. 다른 사람에게 지적당하는 건 모욕이라고 생각해 더더욱 견디지 못했다.

그는 자신을 인정해 주는 상사나 다른 사람이 할 일을 정해 주면 일을 잘 해냈다. 특히 상사가 자신을 인정해 줄 때에는 능력을 200퍼센트 발휘하기도 했다. 그러나 위로부터 막연한 일이 주어지면 스스로 결정을 내리지 못하고 갈팡질팡했다. 일이 잘 못될까 불안해하며 늘 다른 사람이 대신 결정해 주길 원했다. 그렇다고 아랫사람에게 일을 시키지도 못했다. 이런 문제로 그는 한 직장에 오래 있지 못했다. 그래서 이제껏 1년 넘게 다닌 회사가 없었다. 그는 치료를 받는 과정에서 이렇게 말했다.

"누구나 다른 사람들한테 인정받고 싶어 하지 않나요?"

맞다. 누구나 다른 사람에게 인정받고 싶은 욕구를 가지고 있다. 인간은 타인에게 인정받으면서 자신의 존재 가치를 확인하고자 한다. 그래서 심리학자 에이브러햄 매슬로는 인간의 기본적 욕구 중 인정받고자 하는 욕구를 가장 높은 단계의 욕구라고 말하기도 했다. 하지만 인정 욕구를 충족시키기 위해 하는 행동은 사람마다 다르다. 그리고 늘 그렇듯 잘하고자 하는 노력도, 인정받고 싶은 마음도 과하면 독이 된다.

지민 씨는 사람들과 함께 있으면 그들의 사소한 반응까지 모두 신경 쓰느라 쉬이 피곤해지곤 했다. 혹시나 다른 사람들이 자신을 귀찮아하거나 싫어하면 어떡하나 늘 긴장 상태에 있기 때문이다. 친구나 회사 동료들과 모임이라도 한 날이면 집에 와서 '내가 이 말을 할 때 그 사람이 웃었는데 내가 바보 같아 보여서 그랬나?', '그 사람 표정이 안 좋던데 내가 뭐 실수했나?'라는 걱정으로 잠을 설친 적도 여러 번이었다. 그녀는 그런 자신이 한심해서 견딜 수가 없었다. 항상 당당한 다른 사람들과 달리 사람들의 눈치를 살피며 전전긍긍하는 자신이 부끄러웠다.

지민 씨의 문제는 '관계 사고'가 심하다는 데 있다. 관계 사고란 사람들이 자신을 따돌리고는 뒤에서 쑥덕거리며 욕을 한다고 생각하는 것을 말한다. 그래서 그녀는 회사 복도에서 몇 사람이 이야기를 하다가 갑자기 웃음을 터트리면 '혹시 저 사람들 나 보고 웃는 건가' 싶어 기분이 확 상하곤 했다. 옷에 뭐가 묻었나 싶어 유리에 자신을 비춰 본 적도 있었다. 이때 관계 사고는 열등감과 관련이 있다. 스스로 부족하고 모자란다고 생각하기 때문에 상대방도 분명 자신을 못났다고 생각할 거라 짐작하는 것이다.

그런데 인정 욕구를 건강하게 채우는 사람들은 같은 상황에 부딪혔을 때 "무슨 일이지? 뭔가 되게 재미있는 얘기 하나 보다"라고 생각하며 자기 갈 길을 간다. 그리고 금세 그 사람들을 잊어버린다.

놀랍게도 사람들은 우리가 생각하는 것만큼 다른 사람에 대해 신경 쓰지 않는다. 모두 자기 일에 몰두하느라 여념이 없다. 그래서 아주 이상한 일을 목격해도 3일 정도만 지나면 그 일을 까마득히 잊어버린다. 그러니 만약 당신이 실수를 하더라도 그것을 두고두고 기억하는 사람은 없다.

그리고 모든 사람은 각자 자기만의 사연을 갖고 있다는 사실을 명심할 필요가 있다. 만약에 회사에서 상사가 아침에 당신의 인사를 받지 않았다고 해 보자. 당신은 '내가 뭐 잘못한 게 있나' 싶겠지만 상사는 출근길에 아내와 말다툼을 해서 기분이 좋지 않거나 윗사람에게 불려 가 문책을 당했을 수 있다. 분명한 건 당신 탓이 아닐 가능성이 매우 높다는 것이다. 그럼에도 자꾸만 타인의 평가에 민감하게 반응하고, 남의 눈치를 심하게 보고, 상대방의 반응에 일희일비하고 있다면 한 번쯤 자신의 마음을 가만히 들여다볼 필요가 있다.

왜냐하면 타인의 시선이란 언제든지 떠날 수 있는 것으로, 그 시선에 과도하게 의미를 부여하는 경우 아무도 쳐다보지 않으면 그 즉시 나는 사랑받지 못하는 버림받은 존재가 되어 버린다. 그것은 마치 풍선에 매달려 있는 것과 같다. 타인의 환호와 감탄이 풍선을 채우고 있을 때는 하늘 높이 날 수 있지만, 타인의 시선이 사라지게 되면 풍선에서 바람이 빠져 땅으로 추락하고 만다. 그래서 타인의 시선을 지나치게 신경 쓰는 사람은 자신을 있는 그대로 사랑해 주지 않는 타인에 대한 분노와 타인의 사랑을 잃어버릴지도 모른다는 불안으로 공허감에 시달리게 된다.

어쩌면 당신은 모든 사람들이 당신을 좋아해 주기를 바라고 있는지도 모른다. 사랑받지 못했던 어린 시절의 기억 때문에, 사랑받지 못하는 것을 인생의 재앙이라고 생각하는 것이다.

그러나 어떻게 모든 사람들이 다 당신을 좋아하고 인정할 수 있겠는가. 그것은 불가능한 일이다. 당신을 알고 있는 사람들 중 30퍼센트가 당신을 좋아하고, 50퍼센트가 좋아하지도 싫어하지도 않고, 20퍼센트가 당신을 싫어한다면 성공한 인생이라고 부를 수 있다. 그리고 당신을 싫어하는 사람이 있다면 당신이 부족하거나 나쁘기 때문이 아니라 서로의 성격과 가치관이 맞지 않을 뿐이다. 솔직히 당신도 사람들을 다 좋아하는 건 아니지 않은가. 그러니 모든 사람과 잘 지내야 한다는 강박에 시달리며 자신을 닦달할 필요가 없다. 싫어하는 사람과 잘 지내려 너무 애쓸 필요가 없다는 말이다.

그리고 설사 누군가 당신에게 인상을 찌푸렸다고 해도 당신에게는 아무런 일도 일어나지 않는다. 만약 당신이 그와 친하다면 그 이유를 물어보면 될 일이다. 그러나 이래도 저래도 상관없는 사람이라면 그냥 신경을 꺼 버리고 그 에너지를 당신이 소중하게 생각하는 사람들에게 써 보라. 친구에게 오랜만에 안부 전화를 하면 그가 기뻐할 테고, 그 기쁨이 당신을 흐뭇하게 만들 것이다. 부모님한테는 잔소리를 들을 수 있겠지만 그 잔소리가 어쩌면 당신에게 깊은 위안을 줄 수도 있을 것이다. 그렇게 모든 사람에게 인정받고, 사랑받고 싶다는 마음을 버리고 나면 비로소 알게 될 것이다. 인생의 진정한 행복은 당신이 사랑하는 사람으로부터 사랑받을 때 온다는 것을 말이다.

'어른'이라는 이름의 무게

　고백하건대 10대 시절 나는 나이를 먹는 것이 너무 싫었다. 스무 살이 된다는 것은 마치 인생이 끝난 것처럼 생각만 해도 소름이 끼치는 일이었다. 하지만 스무 살이 그토록 두려웠던 나는 지금 예순도 한참 지난 나이가 되었다. 어렸을 때는 나이 든다는 것이 인생의 무덤처럼 느껴졌지만, 지금은 오히려 나이 듦의 감각이 훨씬 더 편하고 좋다. 다시 젊은 시절로 돌아갈 수 있다 해도 돌아가고 싶지 않다. 그 시절 바늘 끝처럼 예민했던 감각과 방황, 그리고 혼란을 두 번 다시는 겪고 싶지 않기 때문이다. 조금은 무뎌서 둔해지고 느려진 감각이 나를 더 여유 있게 만드는 지금이 좋다. 하지만 종종 '어른'이라는 말이 나를 곤란하게 만들 때가 있다.

아들이 초등학생일 때의 일이다. 어느 날 쪼르르 달려와서 뭘 물었다. 그런데 내가 "글쎄, 나도 모르겠는걸" 하고 대답하니까 아이는 "엄마는 어른이면서 그것도 몰라?" 하며 휙 돌아서 가 버렸다. "모를 수도 있지. 어떻게 그 모든 걸 아니?" 괜히 씩씩거리며 소리쳤지만 한편으로는 머쓱했다. 어른이라면 다 알아야 한다는 생각이 내 마음속에도 있었던 것이다.

그러고 보면 세상은 웬만큼 나이 들기 시작하면 우리에게 먹은 밥값을 하듯 나잇값을 하라고 독촉한다. 동생과 싸우면 "누나면 누나답게 나잇값 좀 해라" 하며 핀잔 듣기 일쑤고, 어릴 적 하던 대로 장난을 좀 치려 하면 "참 철없다. 언제 나잇값 할래?"라고 타박을 듣는다. 내가 먹고 싶어서 먹은 나이도 아니고, '어른'을 시켜 달라고 조른 것도 아닌데 세월은 자기 멋대로 내 안에 들어와 놓고 이제 그 값을 치르라고 나를 옥죈다.

그뿐일까. 나를 먹여 주고 재워 주던 부모님은 내가 컸다는 이유로 이제 그만 나잇값을 하라며 나의 등을 떠민다. 이때의 나잇값이란 그 정도 나이가 되었으면 이렇게 해야지 하는 기대치다. 그 기대치에서 얼마나 벗어났느냐에 따라 '나잇값도 못 하는 사람'이 될 수 있고, '나잇값을 하는 사람'이 될 수도 있다. 그렇기 때문에 나잇값은 나에게 지워진 책임과 의무의 양과 비례한다.

우리는 흔히 '아이는 아이다워야 하고, 어른은 어른다워야 한다'라고 말한다. 이 둘을 가르는 가장 큰 기준은 행동 방식이 자기 중심적인지, 현실 중심적인지에 따른다. 다시 말하면 쾌락 원칙에 따라 행동하면 아이이고, 현실 원칙에 따라 행동하면 어른이다. 그래서 아이가 하고 싶은 것을 참으며 현실의 이모저모를 너무 깊게 생각하면 '애늙은이'라 부른다. 반면 어른이 현실은 제쳐 두고 자기가 하고 싶은 것만 하려고 들면 '철이 덜 든 사람'이라 부른다.

그러다 보니 아이들은 어른을 속물로 생각한다. 꿈도 낭만도 없고 오로지 현실적인 것에만 관심을 두는 재미없는 사람인 것이다. 어른은 어른대로 자신에게 짐 지워진 나잇값에 짓눌리고 당혹해한다. 현실의 법칙에 순응하지 않으면 나잇값 못한다고 욕하고, 현실적으로 움직이면 또 속물이라고 비아냥댄다. 이처럼 어른의 나잇값에 대한 기대치는 막중하다.

어른이면 이러이러해야 한다는 명제는 어른이 된 순간부터 하나의 짐으로 다가온다. 우리는 어른에게 많은 것을 기대한다. 어른은 좋은 직장을 갖고 돈을 잘 벌어 가족들을 편안하게 해 줄 수 있어야 한다. 결혼도 해야 한다. 그래야 진정한 어른이 된다고들 사람들은 말한다. 또 어른은 성공하는 법도 알아야 한다. 어른이 되면 모든 것을 아우르고 제대로 살아가는 법을 알아야 하는 것이다.

한편 어른은 자신의 말과 행동에 책임을 져야 한다. 어떤 경우에는 자신이 하지 않은 일도, 단지 어른으로서 그 자리에 있었다는 이유만으로 책임져야 할 때도 있다. 그뿐만 아니라 어른은 쉽게 동요하거나 흥분해서도 안 된다. 언제나 이성을 유지하고 합리적인 판단을 할 수 있어야 한다. 아이들의 잘못은 너그럽게 허용되고 때로는 귀엽기까지 하다. 그러나 어른이 된 순간부터 실수는 용납되지 않는다. 심지어 실수 때문에 법적인 책임을 져야 할 때도 있다. 감정에 치우쳐 잘못된 판단을 해서도 안 되고, 사소한 일로 너무 좋아하거나 화내도 안 된다. 어른이면 자고로 진득해야 한다. 감정을 절제할 줄도 알아야 하며, 아무리 슬퍼도 우는 모습을 보여서는 안 된다. 모든 일에 있어 어른은 이래서도 안 되고 저래서도 안 되는 것이다.

이처럼 어른이 된 순간부터 우리에게는 많은 규제가 뒤따른다. 어릴 때 어른은 키도 크고 힘도 세고 뭐든지 하고 싶은 대로 할 수 있는 사람처럼 보였다. 그래서 빨리 어른이 되고 싶었다. 그런데 막상 어른이 되고 보니 그게 아니다. 세상은 하고 싶은 대로 하라고 말하면서도 모든 것에 조건을 단다. "멋있게 남 보란 듯이 살고 싶니? 그러면 열심히 돈 벌어야지!" 이런 투다. 그렇기 때문에 사람들은 그토록 바라던 어른이 된 뒤에 다시 어린 시절을 그리워하고 그 시절로 되돌아가고 싶어 하는 것이다.

우리는 무엇 때문에 어른에게 이토록 많은 것을 기대하고 짐을 지우는 것일까? 사실 아무리 어른이어도 모든 것을 알고 책임 질 수 있으며, 실수하지 않고 감정에 흔들리지 않으며 매사에 합리적인 사람은 없다. 아무리 어른이어도 빈틈이 있고 실수도 한다. 더구나 인간이기에 나이 들어도 감정의 영향을 받을 수밖에 없다. 어른도 운다. 어른도 겁이 나고 무서울 때가 있다. 어른도 아이 같은 면을 갖고 있다.

그런데도 우리는 어린 시절 우리가 원했던 이상적인 부모의 모습을 어른이란 이름에 덮어씌운다. 어떤 상황에서도 흔들리지 않고, 든든하게 우리를 지켜 줄 수 있는 완벽한 부모의 모습을 어른에게 기대하는 것이다.

하지만 세상에 완벽한 사람은 없다. 그래서 우리는 '어른이면 어른답게 행동하라'는 말 앞에서 멈칫거리게 된다. 차곡차곡 나이를 먹었을 뿐 스스로 어른이라고 생각지 않으며, 아직도 자신은 어리다고 생각하기 때문이다. 그러면서도 한편으론 한심한 어른은 되고 싶지 않다는 생각을 한다. 그래서 결과적으로는 '어른'이라는 이름의 무게에 짓눌려 이도 저도 못 하게 된다.

여기 멋진 신세계가 있다. '공유, 균등, 안정'이라는 표어를 내세우는 이곳에서 아이들은 체격과 지능, 성격 등의 특성은 물론이고 직업과 취미, 적성도 인공적으로 이미 정해진 채로 태어난다. 예를 들어 열대 지방에서 일하게 될 태아에게는 일찌감치 수면병과 발진 티푸스에 대한 면역력을 키워 준다. 그리고 로켓 조종사가 될 태아에게는 회전력을 키워 줌으로써 거꾸로 매달려 있는 것도 행복하게 느끼도록 만든다.

이처럼 철저한 인공 조작을 거쳐 대량 생산된 아이들은 성인이 된 뒤 이미 날 때부터 정해져 있는 일을 하기만 하면 물질은 필요에 따라 충분히 공급받는다. 또 최첨단 과학 설비들의 도움으로 편리한 생활을 누리며, 성생활도 자유롭게 한다. 따라서 육체적 고통이나 물리적 근심, 걱정, 불만이 있을 수 없다. 그럼에도 고민이나 불안이 생기면 행복한 감정을 일으키는 '소마(soma)'라는 알약을 먹으면 된다. 소마는 잠시 현실을 잊을 수 있고, 현실로 돌아올 때도 부작용이 없는 특효약이다.

이것은 올더스 헉슬리가 쓴 소설 《멋진 신세계》의 모습이다. 그러나 소설 속에서 존이라는 남자는 신세계의 지도자인 총통 무스타파 몬드에게 이렇게 말한다.

"불행해질 권리를 요구합니다."

"그렇다면 나이를 먹어 추해지는 권리, 매독과 암에 걸릴 권리, 먹을 것이 떨어지는 권리, 이가 들끓을 권리, 내일 무슨 일이 일어날지 몰라서 끊임없이 불안에 떨 권리, 장티푸스에 걸릴 권리, 온갖 표현할 수 없는 고민에 시달릴 권리도 원한다는 말인가?"

긴 침묵 끝에 존은 대답한다.

"네, 저는 그 모든 권리를 요구합니다."

인간 공학의 혜택으로 모든 사람이 안정과 행복 속에 살아가고 있는데, 왜 존은 굳이 불행해질 권리를 요구한 것일까. 모든 것이 타인에 의해 이미 결정되어 있고 그것을 따르기만 하면 되는 삶, 그것에는 인간을 규정짓는 가장 중요한 것이 빠져 있다. 그것은 설사 불행해지는 한이 있어도 나의 삶을 스스로 선택하고 실행할 자유이다. 존은 결국 결정지어진 미래가 아닌, 자신이 마음껏 선택하고 그것에 따라 스스로 개척해 나갈 수 있는 미래를 바랐던 것이다. 그래서 그것을 가질 수만 있다면 불행해질 권리마저 껴안겠다고 한 것이다. 자신의 미래를 선택할 수 있는 자유는 그만큼이나 인간에게 소중하다.

그 소중한 자유를 갖기 위해서 어른이 해야 할 일이 딱 하나 있다. 자기 인생의 짐을 스스로 들고 가는 것이다. 아직 힘이 없던 어린 시절에는 부모와 사회가 그 짐을 들어 준다. 하지만 어른이 되면 그 짐을 내가 들어야 한다. 그 짐은 무겁고 힘들지만 좋은 점도 참 많다. 부모가 내 짐을 들어 줄 때는 좋든 싫든 부모가 이 끄는 방향으로 가야만 했다. 그러나 그 짐을 직접 드는 순간, 나는 가고 싶은 길을 선택할 수 있는 자유를 얻는다. 나무 그늘에 서 잠시 쉬었다 가거나 시냇물에 발을 담글 수도 있다. 오솔길로 가도 되고 큰길로 가도 된다. 가다가 낮잠을 잘 수도 있고 마음에 드는 조약돌을 주울 수도 있다. 물론 그러다 짐을 잃어버릴 수도 있지만, 내 선택에 의한 것이기에 기꺼이 책임질 수 있다.

돌이켜보면 내 인생의 짐을 짊어지고 가는 것이 쉽지만은 않 았다. 때론 깊은 물구덩이에 빠져 허우적댈 때도 있었고, 때론 짐 이 너무 무거워 온몸이 아플 때도 있었다. 누군가 내 짐을 대신 들어 줬으면 하는 생각을 할 때도 있었다. 하지만 어떻게든 내 짐을 스스로 짊어지고 온 덕분에 인생을 내 마음대로 끌고 갈 수 있었고 소중한 사람들을 만날 수 있었다.

그러니 당신도 괜히 '언제쯤 철들래?', '나잇값 좀 해', '어른 답지 못하다'는 말들에 짓눌려 하고 싶은 일들을 뒤로 미루지 않 았으면 좋겠고, 하고 싶지 않은 일들을 억지로 하지 않았으면 좋 겠다. 무엇보다 남들과 비슷한 길을 가야 뒤처지지 않는다는 강 박에서 자유로워졌으면 좋겠다. 서른다섯에는, 마흔에는 꼭 이 렇게 되어야지 하는 결심을 하는 것도 어쩌면 남들이 바라는 당신의 모습이지 진짜 당신이 원하는 모습이 아닐 수도 있다.

생각할 게 많고 고려해야 할 게 너무나 많은 어른의 삶. 그러나 세상에는 무수한 종류의 어른이 있고, 그들은 각자 자기 방식을 유지하며 서로 어울려 살아간다. 그러니 당신은 당신의 짐을 기꺼이 짊어지고 당신의 인생을 살아가면 될 일이다. 《멋진 신세계》의 존처럼 불행마저 껴안을 준비가 되어 있다면 더 이상 당신이 두려워할 것은 없다.

걱정의 90퍼센트를 없애는
가장 단순한 방법

생각이 많은 사람들은 대부분 걱정이 많다. 생각을 오래 하게 되면 그것이 부정적인 방향으로 흐를 가능성이 커지는데 그 대표적인 증상이 바로 걱정이 많아지는 것이다. '만약 그 일이 일어나면 어떡하지?', '만약 잘못되면 어떡하지?', '만약 내가 예상한 것과 다른 결과가 나오면 어떡하지?' 등등 걱정을 하기 시작하면 머릿속이 걱정으로 가득 차게 되는 건 순식간이다. 그러면 아무것도 하지 않은 채 시간은 흘러가고 에너지 소모로 피로감만 커질 뿐이다. 또, 원래 우리가 걱정을 하는 이유는 어려움에 대비하기 위해서인데 그 어떤 행동도 하지 않기 때문에 해결해야 할 문제는 그대로 쌓여 있게 된다. 이처럼 걱정이 많은 이들에게 '잘될 거야', '별일 아닐 거야', '괜찮을 거야'라는 말은 전혀 위로가 되지 않는다. 왜냐하면 그들은 당장이라도 걱정하는 일이 일어나 자신을 덮칠 것만 같은 불안에 휩싸인 상태이기 때문이다. 그런데 세계적인 작가이자 라이프코치인 어니 젤린스키는 《모르고 사는 즐거움》에서 걱정에 대해 다음과 같이 말했다.

"우리가 하는 걱정의 40퍼센트는 현실에서 절대 일어나지 않는다. 걱정의 30퍼센트는 이미 일어난 일이며, 걱정의 22퍼센트는 사소한 것이다. 또한 걱정의 4퍼센트는 우리 힘으로 어쩔 수 없는 것이며, 겨우 4퍼센트만이 우리가 바꿀 수 있다."

즉 걱정의 96퍼센트는 해 봐야 아무 소용 없는 걱정이라는 것이다. 걱정이 얼마나 쓸데없는지는 이렇게 물어보면 알 수 있다.

"혹시 1년 전 오늘 무슨 걱정을 했는지 기억하나요?"

왜냐하면 사람들은 대부분 사흘 전에 무엇을 먹었는지조차 기억하지 못한다. 이와 관련해 19세기 독일의 심리학자 헤르만 에빙하우스는 사람의 기억에 관한 연구를 통해 '망각곡선'이라는 이론을 남겼다. 시간의 경과에 따른 기억의 손실 정도를 연구한 것이다. 에빙하우스는 '자음, 모음, 자음'으로 이루어진 의미 없는 알파벳 3개를 실험 참가자들에게 보여 주고 기억하게 한 다음, 그 기억이 얼마 만에 잊혀지는지를 조사했다. 참가자들은 20분 후 기억한 내용의 42퍼센트를 잊어버렸으며, 1시간 후에는 56퍼센트를, 30일 후에는 79퍼센트를 잊어버렸다.

즉 사람들은 한 달만 지나도 기억한 내용의 80퍼센트 가까이를 잊어버린다. 그러면 1년 뒤에는 어떨까? 어쩌면 대부분은 '어떤 실험을 했는데'라고만 기억할지 모른다. 사람은 그만큼 쉽게 잊어버리는 망각의 동물이다. 그러므로 지금은 심각하게 걱정하고 있더라도 1년 뒤에 돌이켜 보면 무슨 고민을 했는지조차 잊어버릴 수 있다. 그렇다면 쓸데없는 걱정으로 인생을 낭비하지 않기 위해서는 어떻게 해야 할까?

1. 통제 불가능한 것과 가능한 것부터 구분할 것

쓸데없는 걱정인지, 아니면 지금 해야 할 걱정인지 판단하기 어렵다면 '내가 그것을 통제할 수 있는가'라는 질문을 스스로에게 던져 보라. 내가 그 문제에 대해 대처할 수 있는 게 없다면 그것은 아직 일어나지 않은 일이거나 내가 통제할 수 없는 문제일 가능성이 높다. 이를테면 '가족들이 갑작스럽게 병에 걸리면 어쩌지?'라는 걱정은 지금 해 봐야 아무 소용 없다. 아직 일어나지 않은 일이기에 내가 할 수 있는 것이 없기 때문이다. 그러므로 그런 걱정은 지금 당장 과감히 쓰레기통에 버리는 게 맞다.

2. 불안은 당신이 허락하지 않는 한
당신을 결코 해치지 못한다

누구나 살다 보면 불안을 느낄 때가 있다. 그리고 불안은 보통 어느 정도까지 점점 강해지다가 시간이 지나면 스스로 사그라지게 마련이다. 불안을 느낀다고 해서 걱정하는 것처럼 무슨 큰일이 생기지 않는다는 말이다. 그러므로 불안을 느낄 때 두려워할 필요가 없다. 그런데 다가오는 불안을 억지로 막으려 하면 불안은 눈덩이처럼 커져서 어느 순간 우리를 잠식해 버린다. 별것아닌 일에도 손을 덜덜 떨고 심장이 미친 듯이 뛰며 눈앞이 깜깜해지게 되는 것이다. 즉 불안을 두려워하면 아무것도 할 수 없게된다. 만약 겁에 질려 도망쳐 버리면 그 상황을 생각할 때마다두려웠던 순간이 떠올라 다음번에는 그 상황으로 발을 들여놓기가 더 힘들어진다. 그러므로 불안을 극복하고 싶다면 불안을 회피하는 대신 불안과 마주할 수 있어야 한다.

이때 중요한 것은 아직 아무 일도 일어나지 않았다는 것이다. 이와 관련해 심리학자인 아들러는 "불안은 회피하고 싶은 마음이 만들어 낸 거짓 감정"이라고 얘기했다. 즉 일이나 대인 관계처럼 살아가는 데 피할 수 없는 과제를 '인생의 과제'라고 봤을때 그것을 감당하기 어려워 회피하고 싶은 마음이 바로 '불안'이라는 것이다.

그런데 알고 보면 인생의 과제라는 것도 우리가 주변과 세상에 인정받기 위해 스스로 만들어 낸 것일 뿐이다. 숙제를 낸 것도, 숙제를 하지 못할까 봐 불안해하는 것도 우리 자신인 셈이다.

그러므로 불안한 마음이 드는 것을 너무 두려워 마라. 불안은잠시 머물다 사라질 감정일 뿐이다. 즉 불안은 당신이 허락하지않는 한 결코 당신을 해치지 못한다. 그럼에도 불안을 마주할 용기가 나지 않는다면 불안이 찾아왔을 때 '괜찮아, 아직 아무 일도 일어나지 않았어'라고 스스로를 다독이는 것도 좋은 방법이다.

3. 지금 당장 무엇인가를 할 것

자기 계발 분야의 선구자인 데일 카네기는 어느 순간 모든 인생 문제의 주원인이 '걱정'임을 깨달았다고 한다. 왜냐하면 많은 사람이 쓸데없는 걱정을 하느라 소중한 인생을 낭비한다는 사실을 알게 되었고, 걱정 때문에 심지어 목숨을 잃은 사람들도 봤기 때문이다. 그래서 그는 걱정을 줄일 방법들과 노하우를 모아《데일 카네기 자기관리론》을 펴내며 다음과 같이 말했다.

"목표에 다가서지 못하고 계속 같은 자리에서 맴돌며 한 걸음도 나아가지 못한다면 누구나 신경 쇠약에 걸리고 지옥 같은 삶을 살게 될 것입니다. 저는 명확하고 확고한 결정을 내리는 순간 걱정의 50퍼센트가 사라진다는 사실을 알게 되었습니다. 40퍼센트는 결정을 실천에 옮길 때 사라지더군요. 결국 저는 다음 네 단계를 밟아 걱정의 90퍼센트를 사라지게 만들 수 있었습니다."

1) 내가 걱정하는 문제를 정확하게 써 본다.
2) 내가 무슨 일을 할 수 있는지 써 본다.
3) 무엇을 할지 결정한다.
4) 결정한 대로 즉시 실행한다.

그러므로 걱정을 끊어 내고 싶다면 지금 당장 그 문제에 어떻게 대처할지 결정하고 그것을 실행에 옮겨 보라. 중요한 것은 무엇인가를 하는 데에 있다. 그러면 문제 해결에 집중하게 되기 때문에 어느 순간 걱정이 사라지게 된다.

아마존 창립자 제프 베조스도 뭔가 일이 터져서 난감한 상황이 되면 일단 전화부터 한다고 한다. 그럴 때 전화의 내용은 그다지 중요하지 않다. 그저 전화를 하고 있다는 사실 자체가 도망가지 않고 문제를 수습하기 위해 무언가를 하고 있음을 의미하기 때문에 심리적인 안정감을 되찾을 수 있게 된다. 그것이 과연 효과적일지 의심된다면 지금 당장 해 보면 될 일이다.

결국 환자들을 울게 만든 말

살다 보면 참고 견디는 것 외에 더 이상 아무것도 할 수 없을 것 같은, 나를 구해 주고 상황을 바꾸어 줄 도움의 손길만 간절히 기다리게 되는 순간이 찾아올 때가 있다. 그러면 나 자신이 너무 초라하고 보잘것없게 여겨지면서 무력감을 느끼게 된다. 그것은 참 견디기 어려운 감정이다. 내가 내 인생의 주인이 아니라 주변의 상황에 따라 움직일 수밖에 없는 나약한 존재라는 느낌은 우리를 어두운 슬픔의 동굴로 숨어 버리게 만들기 때문이다.

특히나 피할 수 없거나 극복할 수 없는 환경에 반복적으로 노출될 경우 나중에는 충분히 극복할 수 있는 일인데도 자포자기해 버리게 된다. 그것을 심리학에서는 '학습된 무기력'이라고 한다. 이와 관련해 가장 유명한 것은 마틴 셀리그만 박사의 실험이다. 그는 커다란 상자 안에 개를 넣고 문을 닫은 다음 5분에 한 번씩 연속해서 전기 충격을 가했다. 처음에 전기 충격을 당한 개는 상자를 탈출하기 위해 몸부림쳤지만 계속 탈출에 실패하자 어느 순간 희망을 잃어버린 듯 가만히 있었다. 그런 일이 몇 번 반복된 어느 날, 상자의 문을 열어 놓고 전기 충격을 가하자 개는 도망칠 수 있는데도 그대로 상자에 머물렀다. 고통스러운데도 전기 충격을 피하지 않은 것이다.

이러한 현상은 사람에게도 똑같이 나타난다. 어릴 적 부모에게 오랫동안 학대를 당한 경우 아이는 어느 순간 도망치려는 노력조차 하지 않고 묵묵히 폭력을 견디며, 그저 자신이 아무것도 할 수 없는 존재라는 생각을 확신처럼 가지게 된다. 이 경우 성인이 되어 충격적이거나 긴장되는 상황에 부딪히게 되면 마음속에 박혀 있는 무력감이 되살아나게 된다. 무력감에 짓눌려 갑자기 아무것도 할 수 없는 사람이 되어 버리는 것이다. 마치 전기 충격을 피하지 않는 개처럼 말이다.

대학을 졸업한 후 번번이 취직에 실패한 승훈 씨는 진료를 시작한 첫날, 이렇게 말문을 열었다.

"저는 실패자입니다."

그는 슬프고 지친 목소리로 자신에게는 아무런 희망도 남아 있지 않으며, 앞으로 어떻게 살아야 할지 막막하다고 했다. 요즘엔 잠도 제대로 못 자고 이유 없이 살이 빠지면서 취업과 관련해서도 강한 회의가 느껴진다고 했다.

그에겐 비슷한 경험이 이전에도 몇 번 있었는데, 맨 처음은 고등학교 3학년 때였다. 대학 입시를 앞두고 공부에 집중이 안 되고, 자주 몸이 아프더니 결국 성적이 떨어져서 목표하는 대학에 가지 못했다. 물론 그때는 남들도 다 겪는 고3병이겠거니 하면서 대수롭지 않게 생각했다.

대학에 들어간 뒤 동아리 활동을 열심히 해서 선후배들로부터 인정을 받았고, 그러면서 학교생활이 즐거워지자 학점이 안 나와도 개의치 않았다. 그러나 3학년이 되었을 때 동아리 회장으로 추대되면서 불안해지기 시작했다. 우여곡절 끝에 회장직을 맡긴 했지만 회장이 되면 옆에서 도와주겠다고 약속한 친구들이 공부를 이유로 하나둘씩 동아리에 안 나오자 배신감이 들고 화가 치밀었다. 그는 동아리를 제대로 이끌 수 있을지 자신이 없어졌고, 급기야 동아리방 문만 봐도 가슴이 쿵쾅거렸다. 결국 그는 학기 중간에 덜컥 휴학계를 내고 군에 입대해 버렸다.

결과적으로 볼 때 그는 대학 입시, 동아리 회장 등 성취해야 할 일을 앞두고 자꾸만 뒷걸음질 쳤다. 취업하기 위해 여기저기 원서를 넣고 면접을 보고 있는 지금도 마찬가지였다. 왜 그는 중요한 기회가 주어질 때마다 자신감을 잃고 해낼 수 없을 거라 생각하며 뒷걸음질 친 걸까? 그의 습관적인 무기력은 어디에서 비롯된 것일까?

알고 보니 그 시작은 네 살 때부터였다. 그의 머릿속에는 당시 아버지의 사업이 부도를 맞으면서 사람들이 집으로 찾아와 행패를 부리고 어머니가 울던 장면이 또렷이 박혀 있다.

비교적 유복하고 어려움 없이 살던 아버지에게 경제적 몰락은 견딜 수 없는 충격이었다. 아버지는 그 충격을 이기지 못해 술에 절어 살면서 세상을 욕하고 자신의 실패를 모두 세상 탓으로 돌렸다. 그리고 술을 마시면 어김없이 집에 들어와 아내와 자식들을 때리면서 그 감정을 풀었다. 우울하고 병약한 어머니는 어린 아들인 승훈 씨에게 전적으로 의지하기 시작했다. 그러자 그는 장남으로서 불쌍한 어머니를 보호해야 한다는 책임을 느꼈다. 반드시 집안을 일으켜서 어머니를 기쁘게 해 드리고 싶은 마음에 악착같이 공부했다.

하지만 아버지는 그 노력을 인정해 주기는커녕 조그만 실수만 저질러도 입에 담지 못할 욕을 하며 때리기 일쑤였다. 전교 1등을 해도 마찬가지였다. 아직도 그는 아버지가 한 말을 마음에 담고 있었다.

"그따위 학교에서 1등 한 게 잘한 거냐?"

이런 환경에서 자란 그에게 전반적인 기분을 지배하는 무기력이 학습된 과정은 다음과 같다.

그는 먼저 가족들의 힘으로는 어찌할 수 없는 경제적 몰락에 충격을 받고 세상이 무섭다는 사실을 처음 배운다. 그다음, 한숨 짓고 우울해하는 어머니로 인해 그의 무력감은 한층 더 학습된다. 게다가 난폭한 아버지에게 당하고만 있는 어머니를 보호하지 못하는 자신이 더욱 초라하고 무기력하게 느껴진다. 그의 무력감을 더욱 강화시켜 주는 요인은 그럼에도 불구하고 자신은 이러한 가족 관계로부터 빠져나올 수 없으리란 것이다.

그는 어릴 적 늘 뿌연 안개 속에서 헤매는 것 같은 느낌을 받았으며, 누군가 나타나 길을 인도해 주길 간절히 원했다. 하지만 그를 구원해 줄 사람은 나타나지 않았고 결국 모든 것을 혼자 해야 했다. 그래서 그는 마치 길 잃은 어린아이 같은 기분으로 여태껏 살아왔다고 털어놓았다.

처음에 그는 자신의 무기력함과 무능함을 애써 증명하려는 사람처럼 느껴졌다. 한 예로 내가 그에게 '남들이 다 부러워하는 대학 출신'이라고 언급하자 그는 운이 좋아서 어쩌다 그 대학에 입학했고, 시험 때마다 당일치기를 했는데 운 좋게 성적이 잘 나와 무사히 졸업한 거라고 항변했다.

그 증거로 자신은 취직도 제대로 못 하고 실패만을 반복해 왔으며 가족들의 기대를 저버린 한심한 사람이라고 했다. 그는 당일치기를 해서 좋은 학점을 딸 수 있는 게 얼마나 큰 잠재력을 가진 것인지 알려고 하지 않았다. 면접시험에서도 그의 능력이 모자라서가 아니라 자신 없는 태도 때문에 떨어졌을 확률이 높다고 하자 그는 애써 부인했다.

그렇게 몇 달이 지났을까. 어린 시절 아버지의 폭력으로부터 어머니를 보호하지는 못할망정 두려워 벌벌 떨기만 했다며 자신은 정말 아무짝에도 쓸모없는 인간이라고 말하는 그에게 나는 얘기했다.

"그건 당신의 잘못이 아니에요. 그때 당신은 너무 어렸고 아무힘이 없었잖아요."

그러자 그는 놀란 듯 아무 말도 하지 못했다. 그러고는 몇 분이 흘렸을까 고개를 숙이고 있던 그가 흐느끼기 시작하더니 그동안 꾹꾹 참고 있었던 울음을 터트렸다. 살면서 한 번도 울어 본 적이 없었다는 그는 그날 참 오래도록 서럽게 울었다.

어린아이가 어른들의 폭력 앞에서 무엇을 할 수 있었을까. 그에게는 아무 잘못이 없었다. 하지만 그는 어머니를 지키지 못하고 바라봐야만 했던 자신을 용서할 수가 없었다. 무력했던 자신을 도저히 받아들일 수가 없었던 것이다. 한참 동안 울고 난 뒤 그는 나에게 말했다.

"선생님, 제가 그 말이 듣고 싶었나 봐요. 제 잘못이 아니라는 말."

무력감이 몰려올 때 가장 하지 말아야 할 것은 자책이다. 문제의 원인을 자신에게 돌려 버리면 절대로 무기력의 늪에서 빠져나올 수 없기 때문이다. 그러면 어떻게 해야 할까?

무력감을 극복하려면 우선 그 어떤 절망적인 상황이라 할지라도 아직 나에게 내 생각을 통제할 수 있는 권한이 있고, 그에 따라 내 감정도 변화시킬 수 있음을 깨달아야 한다. 즉 내 몸과 마음의 주인은 여전히 나임을 깨달아야 하는 것이다.

소량의 항우울제를 사용하고 면담을 진행하는 과정에서 승훈 씨는 점차 회복되기 시작했다. 그리고 어릴 적 경험한 두려움과 분노를 쏟아 내면서 차츰 자신의 감정에 대한 자신감을 되찾기 시작했다. 그는 서서히 자신이 더 이상 무력한 존재가 아니라는 사실을 깨달아 갔다. 지금은 어른이고 충분히 힘을 가지고 있는데도, 어린 시절의 기억들이 자신으로 하여금 그렇게 생각하도록 만들었음을 알게 된 것이다.

그리고 어려운 상황에서도 탈선하거나 포기하지 않고 열심히 노력해서 여기까지 온 자신을 대견해했다. 또 아무도 자신을 좋아하거나 사랑해 줄 것 같지 않았는데 실은 진정으로 자신을 염려하고 아끼는 친구가 많다는 것을 새삼 느끼게 되었다.

그러던 어느 날 그는 나에게 말했다. 이제는 자신이 그다지 나쁜 사람이 아니고 무능한 사람도 아니며 노력한 만큼 결과를 얻는, 아니 어쩌면 그보다 더 능력이 있는 괜찮은 사람일지도 모른다는 생각이 든다고. 그 말을 하는 그의 얼굴은 그 어느 때보다도 빛나 보였다.

한동안 승훈 씨를 둘러싼 상황은 전혀 변한 게 없었다. 술만 먹으면 폭력적으로 변하는 아버지와 의존적인 어머니는 여전하고, 그 또한 아직 직장을 구하지 못한 취업준비생일 뿐이었다. 하지만 그는 달라졌다. 어린 시절의 무력했던 자신을 떠나보낸 그는 비로소 자신의 인생을 바라보기 시작했다. 그러고는 열심히 여러 회사에 원서를 넣더니 8개월 뒤 취업했다는 소식을 전해 왔다.

세상이 내 모든 것을 빼앗고, 나에게 최악의 상황을 주었더라도 나에게는 절대 빼앗길 수 없는 한 가지가 있음을 기억해야 한다. 그것은 바로 그 상황을 어떻게 받아들일 것인가에 대한 내 선택권이다.

이와 관련해 심리학자 빅터 프랭클은 "자극과 반응 사이에는 공간이 있다. 그리고 그 공간에서의 선택이 우리 삶의 질을 결정짓는다"라고 말한 바 있다. 즉 어떤 자극이 오든 반응을 보일지 말지부터 어떤 반응을 보일지 우리는 선택할 권리를 가지고 있다.

만약 누군가 나에게 상처가 될 만한 말을 했다고 해 보자. 그러면 당연히 상처받을 수밖에 없다고 말하지만 실은 상처를 받을지 안 받을지를 선택할 수 있다. 상대방에게 받고 싶지 않은 선물을 받았을 때 돌려주면 그만이듯, 내가 그 상처를 받지 않으면 그만이다. 실수를 했을 때도 마찬가지다. 실수 하나에 마치 세상이 무너진 듯 절망하는 사람이 있는가 하면, '죄송합니다'라고 인정하고 빨리 수습에 나서는 사람이 있다. 즉 고통스러운 상황을 피할 수는 없지만 그것에 대해 괴로워할지 말지는 나의 선택에 달려 있다.

인생을 주도적으로 끌고 가는 사람들은 이미 그 사실을 잘 알고 있다. 그래서 세상에 휘둘리고, 남에게 휘둘릴 수밖에 없는 상황에서도 자신에게 남은 선택권을 의미 있게 쓰기 위해 최선을 다한다. 그러니 더 이상 남들에게 휘둘리지 않고 당당해지고 싶다면 '어쩔 수 없어'라는 말을 너무 쉽게 내뱉지 마라. 어쩔 수 없이 회사를 다니고, 어쩔 수 없이 사람을 만나고, 어쩔 수 없이 살게 되면 하루하루가 너무 힘들고 우울할 수밖에 없기 때문이다.

그런데 생각해 보면 정말로 어쩔 수 없이 하는 일이란 극히 드물다. 정말 하기 싫으면 하지 않으면 그만이다. 그러나 그 일을 하고 있는 것은, 그 사람들과 시간을 보내는 것은, 그 직장을 그만두지 않은 것은 모두 내가 선택한 것이다. 그리고 무엇이든 내가 선택했다고 생각하면 삶의 통제권을 내가 갖는 것이 된다. 내가 그렇게 하도록 허락했다는 뜻이기 때문이다.

그처럼 삶의 통제권을 나에게로 가져오면 상황은 변한 게 없더라도 내가 할 수 있는 일이 정말 없는지 찾아보게 된다. 그 결과 내 삶이 달라지는 것은 물론이다.

우리가 주변의 모든 걸 통제할 수는 없지만 찾아보면 통제할 수 있는 것들이 분명 있다. 당장 화를 낼지 말지, 어떤 말을 할지, 어떤 행동을 할지 내 통제하에 있다. 오늘 하루 어떻게 살지도 내가 결정할 수 있다. 친구를 만날 수도 있고, 공부를 할 수도 있고, 나 자신에게 근사한 저녁을 대접할 수도 있다. 똑같은 시간이라도 내가 그 시간을 무엇으로 채우느냐에 따라 삶의 질이 달라질 수 있다는 말이다. 당신은 당신의 인생에 누구를 허락하고, 무엇을 허락하고 싶은가.

마흔두 살에 찾아온 병이
내게 가르쳐 준 것들

마흔 살 때의 일이다. 어느 날부터인가 몸에 이상한 변화가 느껴지기 시작했다. 글씨 쓰기가 힘들어지고 몸을 움직이는 것이 예전 같지 않았다. 남들이 걸음걸이가 이상하다고 병원에 가 보라고 권유했지만 난 그저 아무것도 아니려니, 조금 피곤하고 무리해서 그러려니 생각하고 넘겼다. 그렇게 2년쯤 시간을 그냥 흘려보냈다. 의사라는 사람이 자신에게 한 짓이라니!

나는 무의식중에 나 자신에게 닥친 위험 신호를 인정하고 싶지 않았던 것 같다. 그러다 우여곡절 끝에 진단을 받았고, 불치병 중의 하나로 몸이 점점 굳어 가는 파킨슨병에 걸렸다는 사실을 알게 되었다. 내 삶은 한순간에 무너져 내렸다.

병으로 잃은 것은 단지 신체적 기능뿐만이 아니었다. 나는 기회가 되면 외국에 나가 정신분석에 관한 공부를 더 하고 싶다는 꿈을 갖고 있었다. 그런데 이제는 그 꿈을 펼쳐 볼 수 있겠다 싶었을 때 갑자기 병이란 놈이 내 앞을 가로막았다. 미래에 대한 희망을 한순간에 잃어버린 나는 믿을 수 없는 현실에 절망감을 느꼈다.

믿을 수 없는 현실이라 함은, 우선 일을 오래 하면 힘들어서 중간중간 쉬어야만 했다. 무리하면 금방 몸에서 적신호를 보내왔다. 팔다리가 내 마음처럼 움직이지 않는 게 화가 났고, 이 사실을 잊어버리고 마음만 앞서다가 자꾸만 넘어지는 내가 창피하고 속상했다.

쉽게 지치고 피곤한 몸 때문에 자꾸 다른 사람이 이해하고 보살펴 주길 바라는 내가 어린애 같아 창피하고, 아무것도 아닌 일에 괜히 아이들에게 짜증 내는 나 자신이 부끄러웠다. 아이들에게 건강하고 활기찬 엄마가 되어 주지 못해 미안했고, 나중에는 가족들에게 짐만 될 것 같은 내 존재가 거추장스럽게 느껴졌다. 때론 누구를 향해야 할지 모르는 분노가 나를 삼켜 버리기도 했다. 그러다 이 모든 사실이 나를 슬프게 만들었다.

그래도 처음 파킨슨병 진단을 받았을 때는 더 크고 무서운 병이 아니어서 다행이라고 생각하며 감사했는데, 언제 그랬냐는 듯 절망하고 분노하는 나는 얼마나 간사한 인간인가. 저울로 잴 수 없을 정도로 아주 극미량의 생화학적 변화에 의해서도 이렇게 몸과 마음이 흔들릴 수밖에 없는 인간은 얼마나 미미하고 무력한 존재인가. 이런 생각들이 나를 더욱 슬프게 했다.

나는 그렇게 내 젊음의 일부를, 능력의 일부를, 건강의 일부를, 희망의 일부를, 내가 누릴 성취의 기쁨 일부를 잃어버리고 있었다. 그리고 내가 잃어버리고 있는 이 모든 것이 너무 서러워 혼자 신음하고 있었다.

그렇게 침대에 누워 아무것도 못 한 채 한 달쯤 지났을까. 어느 날인가 내 가슴 안에서 무엇인가가 빠져나가고, 그 텅 빈 공간 속으로 내가 함몰되어 버릴 것만 같은 두려움이 다가왔다. 그리고 그 빈 공간에서 낮은 휘파람 소리가 들리기 시작했다.

'달라진 게 없는데 왜 나는 이러고 있는 걸까? 단지 몸이 조금 힘들고 불편해졌을 뿐인데, 내가 하고 싶었던 일들을 조금만 수정하면 되는데…. 그리고 언제는 내 미래가 투명했던 적이 있었나? 그 누구도 자신의 미래를 예측할 수 없는데, 왜 난 다가오지도 않은 미래를 상상하며 두려워하고 분노하고 있는 걸까?'

그러자 휘파람 소리의 리듬에 맞춰 내 안의 무엇인가가 꿈틀거리기 시작했다.

삶에는 우리가 어찌지 못하는, 그대로 감내해야만 하는 일들이 있다. 누구라도 피할 수 없는 죽음이 그중 하나요, 이미 지나가 버린 과거와 내가 어찌지 못하는 타인의 마음이 여기에 속한다. 그것은 내가 아무리 노력해도 바뀌지 않는 것들이다. 그러나 우리는 그 사실을 쉽게 받아들이지 못한다. 그래서 어느 날 갑자기 사랑하는 이를 데려가 버린 하늘을 원망하고, 암에 걸렸다는 사실을 인정하지 못해 소리를 지르고, 이미 지나가 버린 과거에 대한 후회를 멈추지 못하며, 내 마음을 몰라 주는 남편에게 화를 내고, 내가 원하는 대로 커 주지 않는 아이를 다그친다. 또, 힘든 일이 있어 우울하다고 하는데 그 앞에서 신나게 자기 얘기만 하는 친구에게 실망하고, 예의 없는 타인에게 화를 낸다. 그렇게 우리는 아무리 노력해도 바꿀 수 없는 것들이 있음을 인정하지 못한 채 그에 매달리고 집착한다.

내 병을 처음 알았을 때도 가장 힘들었던 것이 바로 '받아들임'이었다. 나에게 닥친 한계를 받아들이는 것, 이전에 품어 왔던 꿈을 체념해야만 하는 것, 점점 눈에 띄는 몸의 변화를 지켜봐야만 하는 것, 과거에 내가 나 자신에게 걸었던 기대와 다른 사람들의 기대와 찬사를 포기해야만 하는 것…. 나에게 닥친 신체적 기능의 상실은 내 삶의 목표와 방식을 조금씩 수정할 것을 요구했다. 그리고 무엇보다 가장 힘든 것은 그 사실을 인정하고 체념의 미덕을 배우는 일이었다.

그처럼 나에게 닥친 현실을 받아들이지 못하고 힘들어하고 있을 때조차 시간은 계속 흘러갔다. 그리고 내가 한탄에 잠겨 있는 동안 스스로 만든 불행은 소중한 시간만 야금야금 갉아먹었다. 나중에는 건강한 신체적 기능마저 그 상실감 속에 병들어 갔다.

그러던 어느 날 문득 내가 정작 잃어버리고 있는 것은 현재의 소중한 내 시간이요, 세상과 나 자신에 대한 믿음과 희망이라는 생각이 들었다. 단지 몸이 조금 불편하고 힘들며, 미래가 불확실해졌다는 이유만으로 그 소중한 것들을 잃고 있는 것이었다.

그래서 나는 이제 그만 바꿀 수 없는 것에 대한 집착을 버리기로 마음먹었다. 그 집착으로 내게 남아 있는 것마저 놓치고 싶지 않았기 때문이다. 그러자 문득 나의 병은 앞으로 내가 잘 보살펴야 할 손님이라는 생각이 들었다.

그처럼 어쩔 수 없이 찾아든 병마를 손님처럼 받아들이기로 마음먹자 신기하게도 어쩌지 못해 터질 것만 같았던 내 안의 분노와 슬픔들이 사그라지고, 불안과 걱정도 잦아들었다. 그리고 어느 순간 지옥과도 같던 마음이 평온해졌다. 그렇게 나는 침대에서 일어나 하루를 살고, 또 하루를 살았다. 삶의 유한함과 불확실성을 껴안고 그렇게 하루하루를 살다 보니 이제껏 내가 살아온 방식과 내가 추구해 온 것들이 선하고 좋은 의도도 많았지만, 그 위에는 욕심과 집착, 시기심과 경쟁심이 덕지덕지 앉아 있었다는 걸 깨닫게 되었다.

그 후 나는 바꿀 수 없는 것들에 매달리는 대신 온전히 바꿀 수 있는 것들에만 집중하는 삶을 살기 시작했다. 그동안 여러 가지 이유로 미뤄 둔 일들을 하기 시작했고, 책을 쓰기 시작한 것도 그때부터다. 사람들은 의아해했다. 몸도 안 좋은데 두 아이를 키우고, 환자들을 돌보며 언제 책 쓸 시간이 있느냐고.

예전 같으면 아마 나도 해야 할 일들에 치여 용기를 내지 못했을 것이다. 게다가 나는 의사로서, 두 아이의 엄마로서, 며느리와 아내, 딸로서 그 모든 역할을 보란 듯이 잘해 내고 싶었다. 그런데 파킨슨병에 걸리고 나서 내 한계를 명확히 깨닫고 나자 모든 걸 잘하고 싶은 욕심을 내려놓을 수밖에 없었다.

그런데 이상하게도 그렇게 내려놓으니 행복이 찾아왔다. 삶이 단순해진 것은 물론이다.

　마흔두 살에 찾아온 파킨슨병은 나에게 가르쳐 주었다. 바꿀 수 없는 것들이 있음을 받아들이고, 바꿀 수 있는 것들에 집중하는 삶이야말로 누구에게도 휘둘리지 않고 내가 원하는 방향으로 나아갈 수 있는 최선의 방법이라는 것을 말이다. 그래서 나는 오늘도 라인홀드 니버의 기도문을 떠올린다.

　"바꿀 수 없는 것은 받아들일 수 있는 평온함을.

　바꿀 수 있는 것은 바꾸는 용기를.

　그리고 그 둘의 차이를 분별할 수 있는 지혜를 주소서."

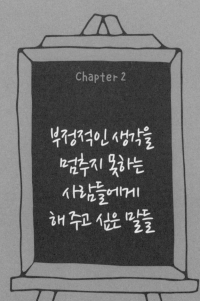

Chapter 2

부정적인 생각을
멈추지 못하는
사람들에게
해 주고 싶은 말들

감정 기복이 심한 사람들이
흔히 하는 착각

"저는 조울증이 있어요."

요즘 사람들을 만나면 자주 듣는 이야기다. 감정 기복이 심하다는 말을 그렇게 표현하는 것이다. 이런 사람들은 기분이 좋다가도 금세 나빠지는 등 변덕이 죽 끓듯 하고, 조그만 일에도 기분이 금방 울적해지며, 짜증이 난다고 한다. 어제까지만 해도 즐거웠던 일이 오늘은 즐겁지 않고, 남이 자신을 조금만 칭찬해 줘도 기분이 날아갈 것같이 좋아진다고도 했다.

그런데 자세히 들어 보면 일상생활이나 직장 생활은 큰 무리 없이 꾸려 나가고 있고, 수면 등에도 별문제가 없다. 그러면 나는 이렇게 대답한다.

"감정이 당신에게 뭔가 하고 싶은 말이 있나 보네요."

인간은 감정의 동물이다. 나의 겉을 감싸고 있는 것이 이성이라면, 안을 채우고 있는 것은 감성이다. 문제는 이성은 내 말을 듣지만 감정이란 놈은 도대체 말을 듣지 않는다는 것이다. 감정은 제멋대로 하기를 좋아한다. 조울증이란 감정이 뇌의 생화학적 변화 때문에 통제할 수 있는 범위를 넘어선 상태를 말한다. 그러나 기분의 변화만 있을 뿐 말이나 행동, 일상생활, 수면 등에 이상이 없을 때는 병이라 말하지 않는다.

그런데 조울증이 있다고 하는 사람들의 이야기를 들어 보면 누구라도 그 상황이 되면 똑같이 느꼈을 법한데도, 그런 정당한 감정 반응조차 '조울증'의 증거로 생각하는 경우가 많다. 그래서 내가 "그런 상황이라면 나라도 그렇게 느꼈을 거예요"라고 말하면 그들은 무척이나 놀라는 모습을 보인다.

그들은 분명 감정적이며 다소 감정 기복이 있지만 조울증이라고 진단 내릴 만한 상태는 결코 아니다. 그럼에도 그들은 자신이 조울증에 걸렸다고 표현하면서 감정에 휘둘린다는 사실을 못 견뎌 한다. 감정은 항상 평온해야 정상이라고 생각하기 때문이다. 또 감정에 의해 영향을 받기보다는 감정을 완전히 통제하고 싶어 한다.

요즘 아이들은 부모의 지나친 사랑과 기대로 인해 감정의 과잉 상태에 빠져 있다. 심지어 아이의 감정을 대신 처리해 주는 부모도 있다. 예컨대 어떤 부모는 아이가 화가 나서 씩씩거리면 그 감정을 아이 스스로 처리할 때까지 기다리지 못하고 대신 나서서 싸운다. 그러면 아이는 화가 났을 때 그 감정을 처리하는 방법을 깨칠 수 없게 된다. 그런 일이 반복되면 아이는 자신의 감정이 정확히 어떤 것인지 몰라 혼란스러워하며 자신의 감정을 두려워하게 된다. 또한 어려서부터 지나친 통제 속에서 살아온 사람은 통제받는 것에 대해 극도의 거부감과 분노를 느낀다.

그들은 자신이 감정에 의해 좌지우지되는 것을 견디지 못한다. 그래서 그 어떤 감정이든 억압하기 위해 애쓰거나 자신이 조울증에 걸린 것은 아닐까 불안해한다.

감정은 우리의 삶에서 음악과도 같은 것이다. 그것은 우리의 내적 세계와 외부 세계가 만나서 이루는 일종의 합창이다. 따라서 감정은 두려워할 것이 아니라 즐겨야 할, 인간만이 가질 수 있는 신의 선물이다. 그러므로 감정 기복이 심해서 고생하고 있다면 그 감정이 내는 소리에 가만히 귀 기울여 보라. 그것은 마음에 어떤 갈등이 있다는 신호이므로 그 원인을 알게 되면 문제를 해결할 힘을 얻어 감정 기복에 시달리지 않게 될 것이다.

그러니 감정은 항상 평온해야 정상이며, 평온하지 않으면 비정상이라는 착각에서 이제 그만 빠져나와 어떤 감정이든 온몸으로 느껴 보라. 모든 감정은 옳으니까.

누구에게나 어떤 일이든지
일어날 수 있다

둘째인 딸아이는 태어나자마자 심장병을 앓았다. 의사는 당장 수술해야 하는데, 결과는 장담할 수 없다고 했다. 아직 핏덩이인 딸아이를 보는데 나도 모르게 눈물이 터져 나왔다. 예전에 한 번 유산을 한 적이 있어서 임신 기간 내내 정말 조심했는데, 왜 이런 일이 생긴 건지 도무지 이해가 가지 않았다. 도대체 내가 뭘 그렇게 잘못했단 말인가. 이제 막 태어난 아이는 무슨 죄란 말인가. 왜 신은 이토록 나에게 가혹한 걸까. 더 기가 막힌 사실은 딸아이가 이대로 죽을지도 모르는데 내가 아무것도 할 수 없다는 것이었다.

마흔두 살에 파킨슨병에 걸렸다는 사실을 처음 알았을 때도 마찬가지였다. 내가 뭘 그렇게 잘못했길래 이런 시련을 겪어야

하는지, 왜 이런 감당 못 할 불행이 나에게 닥친 것인지 이해할
수가 없었다.

　예기치 않게 불행을 맞닥뜨린 사람들은 종종 "왜 나에게 이런
일이 생기는 거죠?"라고 묻는다. 그 질문에는 두 가지 큰 맹점이
있다. 첫 번째는 자신에게 일어난 사건이나 질병을 처벌로 받아
들인다는 것이고, 두 번째는 무의식중에 불행은 남들에게나 일
어나는 일이며 자신은 거기에서 벗어나 있을 거라고 믿는다는
것이다.

　왜 그런 생각을 하게 되는 걸까? 우리는 어떤 사건이나 문제
가 발생하면 그 원인을 알고 싶어 한다. 그래야 다시는 그 문제
가 일어나지 않도록 예방할 수 있으니까. 그런데 그 원인을 도저
히 알 수 없는 경우 우리는 그 이유를 마음 안에서 찾기 시작한
다. 그러다 마음속에 숨죽이고 있던 죄책감을 발견하게 되고, 그
러면 그 사건을 평소 자신이 갖고 있던 나쁜 감정이나 생각에 대
한 처벌로 받아들이게 된다.

　또 '나에게는 절대로 이런 일이 일어날 리가 없어'라는 믿음은
나야말로 신이 가장 총애하고 보호하는 아이일 것이라는 유아기
의 믿음과 같다. 즉 어떤 일이 있어도 나를 지켜 주고 보호해 줄
부모가 있듯이 신이 나를 보호해 줄 것이라고 믿는 것이다. 그런
데 갑작스럽게 닥친 불행은 이런 믿음을 산산조각 내 버린다. 그
래서 사람들은 한탄하는 것이다. '왜 나를 더 이상 보호해 주지
않나요? 내가 무엇을 그리 잘못했다고…'

그러나 세상을 살다 보면 누구에게나 어떤 일이든지 일어날 수 있다. 좀 더 냉정하게 말하자면 당신에게 지금 당장 아주 나쁜 일이 일어날 수도 있다. 그것은 당신이 무엇을 잘못했거나 나쁜 사람이어서가 아니다. 당신이 사랑받을 만한 가치가 없어서도 아니다. 언제 어디서 무슨 일이 일어날지 모르는 것, 그게 바로 인생이기 때문이다.

남북 전쟁을 승리로 이끌어 노예 해방을 이뤄 낸 미국 대통령 링컨, 그에게도 숱한 시련이 있었다는 사실을 아는가. 링컨은 어려서부터 많은 죽음을 접해야만 했다. 세 살 때 남동생이 죽었고, 아홉 살 때 어머니가 돌아가셨다. 얼마 지나지 않아 이모와 삼촌도 세상을 떠났다. 열여덟 살 때는 누나가 아이를 낳다가 사망했다. 불행은 그것으로 멈추지 않았다. 결혼 후 네 명의 자식을 낳았는데, 그중 두 명을 잃는 불행을 또다시 겪어야만 했다. 그 고통은 이루 말할 수 없었고 그는 스스로 목숨을 끊으려 했을 정도로 평생 심각한 우울증에 시달렸다. 그럼에도 그는 그만의 활달함과 적극성으로 절망을 극복하고 1860년 51세의 나이에 미국 16대 대통령으로 당선되었다.

한편 실존주의 철학의 선구자 키르케고르는 태어날 때부터 허약한 체질이었는데, 어린 시절 나무에서 떨어져 척추를 다친 뒤로는 신체적인 열등감까지 가지게 되었다. 심지어 어머니와 큰형을 제외한 다섯 형제가 모두 일찍 죽자 그는 이 모든 것을 신의 처벌로 받아들이고 결혼을 포기하기에 이르렀다. 그 후 그는 평생 심한 우울증에 시달렸지만 그에 주저앉지 않았다. 자신의 우울한 경험을 토대로 인간의 실존에 대해 깊이 고뇌했으며, 이러한 사색은 '실존주의'라는 새로운 흐름을 만들어 냈다. 그의 삶은 고통스러웠지만 그 고통은 인간에 대한 깊은 이해로 다시 태어난 것이다.

제2차 세계 대전을 연합군의 승리로 이끈 영국 총리이자 노벨 문학상을 받은 작가 윈스턴 처칠, 그의 삶도 알고 보면 불행의 연속이었다. 조산아로 태어나 몹시 병약했던 그는 어린 시절 짧은 혀 때문에 언어 장애에 시달렸고, 성적도 꼴찌를 도맡아 '저능아', '열등아'로 불렸다.

불행은 그것으로 그치지 않았다. 그의 딸 메리골드는 두 살 때 패혈증으로 죽고, 아들 랜돌프와 딸 사라는 평생을 알코올 중독자로 살았다. 또 다른 딸 다이애나 역시 우울증에 시달리다 스스로 목숨을 끊었다. 그리고 사람들이 기억하는 화려한 업적과 달리 그는 선거에서 많은 패배를 경험한 정치인이었다. 이처럼 그의 생은 불행한 일들로 가득했지만 그는 쉽사리 인생을 포기하지 않았다.

"운명이, 시간과 공간이 있는 이 세계에 존재하고 있는 만큼, 우리의 운명과 화해합시다. 우리의 기쁨을 소중히 여기고 우리의 슬픔을 한탄하지 맙시다. 빛의 영광은 그림자 없이는 존재할 수 없습니다. 인생은 총체적인 것이며 우리는 좋은 것과 나쁜 것을 함께 취할 수밖에 없습니다."

이처럼 세계적인 위인으로 손꼽히는 처칠과 키르케고르, 링컨 또한 불행을 피해 가지는 못했다. 아니, 평생 불행의 그림자가 그들을 짓눌렀다. 그러나 그들이 나빠서 혹은 죄를 지어서 이런 불행을 겪은 것은 아니다. 그저 살다 보면 좋은 일, 나쁜 일이 다 일어나는 것이 바로 우리네 인생이다.

우리가 할 일은 누구에게나 어떤 일이든지 일어날 수 있다는 사실을 받아들이는 것이다. 그러니 나쁜 일이 일어났다고 해서 자책하며 주저앉지 말자. 그리고 더 이상 '왜 나한테만 이런 일이 일어나는가'라고 묻지도 말자.

아무런 일도 일어나지 않는 푸른 초원 같은 인생은 없다. 초원이 끝나는 곳에 험준한 산이 있을 수도 있고, 때론 절벽이 있을 수도 있다. 다행히 큰 불행은 비켜 갈 수 있다 해도 우리의 앞길을 막는 작은 장애물은 어디든 있게 마련이다. 그리고 그것을 넘다 보면 자연히 근육이 단련되고 운동 능력이 발달되어, 나중에 큰 장애물도 거뜬히 넘을 수 있게 된다.

그리고 살아 보니 나쁜 일이 꼭 나쁜 것만은 아니었다. 크고 작은 장애물을 어떻게든 넘으려 애쓰며 나는 좀 더 단단해졌고 편안해졌다. 그래서 더 이상 세상을 원망하지 않는다. 나를 자책하지도 않는다. 그저 파킨슨병과 더불어 오늘 하루 지금 이 순간을 성실하게 살아갈 뿐이다.

나는 왜 이렇게
부족한 게 많은 걸까?

취업 포털 사이트 잡코리아가 한 출판사와 함께 남녀 직장인 1,176명을 대상으로 설문 조사를 한 결과 '직장에서 완벽주의를 추구한다'는 응답자는 67.2퍼센트, '완벽주의가 업무 성과를 높인다고 생각하는가?'라는 질문에 '그렇다'고 대답한 비율 또한 61.3퍼센트로 과반이 넘는 것으로 나타났다. 이는 직장인 10명 중 7명 가까이가 완벽함을 추구하고, 완벽주의가 성과에 긍정적 영향을 끼친다고 인식하고 있음을 말해 준다.

우리는 누구나 뛰어난 사람이 되고 싶어 한다. 그런데 우리나라처럼 지독한 경쟁 사회에서는 작은 실수가 바로 실패나 탈락을 의미하므로 실수를 하면 안 되고, 남보다 뛰어나야 살아남을 수 있다는 생각을 하게 된다. 현대인들에게 완벽주의는 모두가

도달하고 싶은 지향점이자 스트레스가 될 수밖에 없는 이유다.

게다가 어릴 적부터 형제자매, 친구와 끊임없이 비교당하는 가운데 '너는 왜 개보다 못하니?', '언니 좀 봐, 알아서 잘하잖아', '내가 너 때문에 창피해서 못 살겠어' 등등의 부정적인 말을 많이 듣고 자란 사람들은 자신이 이룬 성취에 대한 객관적 평가와 상관없이 늘 자신이 부족하다는 생각에 시달리게 된다. 세상에는 나보다 더 잘하는 사람이 너무나 많고, 그들의 존재는 매일 나의 부족함을 일깨우기 때문이다.

그래서 스스로 부족한 게 너무 많다고 생각하는 사람들은 자신의 유능함을 증명해 보이고 인정받기 위해 끝없이 스스로를 몰아세우게 된다. 그런데 그들은 결코 자신이 스스로를 지나치게 몰아세우고 있다고 생각하지 않는다. 심지어 자신이 남들에 비해 엄청난 야망을 품은 것도, 원대한 꿈을 꾸는 것도 아니라고 항변한다.

사실 완벽을 추구하는 것은 인간을 앞으로 나아가게 만드는 강한 원동력이 된다. 성공한 수많은 사람들이 완벽을 추구한 결과, 인류가 지금과 같은 눈부신 발전을 이룩할 수 있었다. 완벽을 추구하는 그 자체에는 아무런 문제가 없다는 것이다.

문제는 그것이 지나칠 경우 스스로를 갉아먹게 된다는 데 있다. 유타주립대학교 심리학부 교수인 마이클 투히그와 심리학자 클라리사 옹은 《불안한 완벽주의자를 위한 책》에서 완벽주의를 적응적 완벽주의와 부적응적 완벽주의로 구분한다. 적응적 완벽주의자는 보람찬 성취와 높은 생산성을 추구하고 그를 통해 보상과 자기만족을 얻는다. 이들은 실패를 그다지 두려워하지 않는다. 수많은 시도를 하다 보면 당연히 실수나 실패를 할 수밖에 없다고 생각하는 것이다. 다만 이들은 실패를 통해 얻은 교훈을 잊지 않고 앞으로 나아간다. 또 굉장히 현실적인 기준을 가지고 있기 때문에 현재의 성취에 충분히 기뻐할 줄 안다.

반면 부적응적 완벽주의자들은 목표를 달성하기 위해 늘 긴장하고, 스스로를 질책하며 끊임없이 자신을 증명하려 애쓰고, 타인에게 인정받기 위해 노력하기 때문에 불안과 걱정, 우울, 스트레스에 시달린다. 그들은 늘 도달해야 하는 완벽한 상태에 이르지 못한 것에 대해 스트레스를 받는다. 그리고 간단한 메일을 보낼 때조차 여러 차례 확인을 거쳐야 마음이 놓이다 보니 그들은 늘 시간에 쫓기게 된다.

또 현재의 상태가 불만족스럽기 때문에 그들은 절대 자신에게 휴식을 허락하지 못한다. 그래서 사람들과 잘 어울리지 못하고 여가도 즐기지 못한다. 주어진 과제를 완벽하게 하기 위해 평범한 일상을 놓쳐 버리는 것이다.

그들은 더 완벽해지면, 더 이뤄 내기만 하면 모든 것을 보상받을 수 있을 거라 여기며 자신을 채찍질해 보지만 아무리 노력해도 그 순간은 결코 오지 않는다. 그들이 '도달해야 할 완벽한 상태'라고 설정한 기준 자체가 애초에 달성이 불가능한 목표이기 때문이다.

영재 씨는 스스로에 대해 한 번도 만족해 본 적이 없다. 항상 뭔가가 부족하게 느껴졌다. 그래서 약간의 실수만 해도 '내가 이것밖에 안 되는 사람인가'라는 자괴감으로 괴로워했다. 얼마 전 그는 오랫동안 공들인 프로젝트에서 큰 성공을 거두었다. 특별 휴가와 포상금이 나왔고, 동료들도 모두 축하해 주었다. 그러나 기쁨도 잠시, 다음 날 모처럼 받은 휴가 덕분에 늦잠을 자고 일어난 그는 마음이 무거워졌다. 어제의 성공이 별것 아닌 것처럼 여겨지고 그깟 것 조금 잘했다고 늦잠을 잔 자신이 한심하게 느껴졌다.

이처럼 자신을 늘 혹독하게 몰아붙이는 부적응적 완벽주의자들은 무슨 일이든 혼자서 잘 해낼 것 같지만 실상은 그렇지 않다. 이들은 실패가 두려워 작은 일도 좀처럼 실행에 옮기지 못한다. 정확하게 말하자면 실패 그 자체보다 남들이 자신의 실패를 어떻게 생각할까 두려워 계속 일을 미룬다. 그래서 거창한 계획을 세워 놓고도 시도하지 못하거나 약속한 기한을 넘겼는데도 일을 붙들고 있는 경우도 많다.

그럼에도 이들은 '완벽주의'를 포기하지 못한다. 그것만이 인정받고 사랑받을 수 있는 유일한 길이라고 생각하기 때문이다. 이에 대해 미국의 사회학자인 브레네 브라운은 "완벽주의는 우리가 질질 끌면서 걸치고 다니는 20톤짜리 갑옷이다. 우리는 완벽주의가 우리를 보호해 줄 것이라고 믿지만, 사실상 그것은 우리가 자유롭게 움직이는 것을 방해한다"고 말했다.

하지만 나는 완벽을 추구하는 것에 문제가 있다고 생각지 않는다. 부적응적 완벽주의자들이 갑옷을 과감히 벗어던질 용기를 낼 수 있다면, 그들도 충분히 삶의 기쁨을 누릴 수 있고 사람들에게 인정받고 사랑받을 수 있다고 생각하기 때문이다.

물론 갑옷을 벗어던지는 것은 쉬운 일이 아니다. 인정받고 사랑받기 위해 쉼 없이 달려왔을 뿐인데 주위에 사람들이 더 모이기는커녕 왜 하나둘씩 자신의 곁을 떠나는지 이해할 수 없고, 갑옷을 벗어던졌다가 '인생의 실패자'로 낙인찍힐까 봐 두렵기 때문이다.

하지만 이제는 현실을 있는 그대로 인정해야만 한다. 스스로를 닦달하며 몰아세우는 사람은 늘 뭔가에 쫓기듯 일할 수밖에 없다. 그러면 지치고 피곤해서 실수를 할 확률이 높아지고 그토록 바라는 완벽으로부터 더 멀어지게 된다. 그리고 언제나 팽팽히 날이 서 있는 사람을 반길 이는 아무도 없다.

그러니 이제 그만 무거운 갑옷을 벗어던져라. 갑옷을 벗고 몸이 가벼워지면 한결 자유롭게 어디로든 갈 수 있고, 그러면 분명 당신은 지금보다 더 행복해질 수 있을 것이다. 이와 관련해 하버드대 심리학과 교수인 탈 벤 샤하르는《완벽주의자를 위한 행복 수업》에서 다음과 같이 말했다.

"우리는 성공한 이들의 열정과 끝없는 노력에 감명을 받고 좀 더 부지런하지 못했거나 최선을 다하지 않았다며 자신을 채찍질한다. 그러나 이때 빠질 수밖에 없는 함정은 완벽한 삶이란 결코 존재하지 않으며, 완벽주의자들에게 만족스러운 성과란 존재하지 않는다는 것이다. 사회적으로 인정받는 큰 업적을 이루거나 부를 쌓았다고 해도 그다음 목표를 향해 끝없이 달리는 완벽주의자에게 행복한 삶은 결코 닿을 수 없는 신기루와 같다. 그러니 완벽주의자가 아닌 최적주의자가 되라. 이때의 최적이란 최선을 다하지 않음을 뜻하지 않는다. 가능한 범위 안에서 최신의 삶을 다하는 '긍정적 완벽주의'다. '완벽한 성공'이나 '완벽한 삶'이란 존재하지 않음을 받아들이고, 삶이란 일직선으로 이어진 고속 도로가 아닌 구불구불하게 이어지는 길이라는 것을 안다면 우리는 목표 지향적인 삶을 살면서 훨씬 더 행복한 삶을 살 수 있다."

약점을 고치려 애쓰기보다
강점을 더 키울 것

　김 대리는 아이디어맨이다. 어디서 그런 아이디어가 샘솟는지 그저 놀라운 따름이다. 이 과장은 언변이 좋고 사교성이 뛰어나 어려운 계약을 척척 따낸다. 신 대리는 영어가 거의 네이티브 수준이다. 바이어들과 통화하는 것을 듣고 있으면 부러울 때가 한두 번이 아니다. 오 과장은 머리가 비상하다. 남들이 며칠 동안 끙끙대도 못 푸는 문제를 한두 시간 만에 풀어낸다. 얼마 전 들어온 신입 사원은 일머리가 뛰어난데 성격까지 좋아 모두의 관심을 독차지하고 있다. 이렇게 세상에는 잘난 사람이 많은데 나는 왜 이 모양일까? 무엇 하나 잘하는 게 없고 다 고만고만하다. 딴엔 열심히 한다고 하는데도 잘난 동료들과 상사 앞에 서면 자꾸만 위축이 된다. 이러다 나만 뒤처지는 것은 아닐까 마음이 조급해진다. 그래도 설마 신입 사원이 나를 앞서가지는 않겠지? 아, 이런 못난 생각까지 한다니 나는 정말 최악이다.

누구나 장점과 단점 두 가지를 모두 가지고 있다. 그런데 보통 자신이 잘하는 게 하나도 없다고 생각하는 사람들은 약점이 드러날까 봐 전전긍긍한다. 그들은 약점을 창피하게 생각하며 절대 밖으로 노출하지 않으려고 노력한다. 여기에는 두 가지 이유가 있다. 첫째는 약점이 드러나면 사람들이 자신을 싫어하거나 떠날지도 모른다는 두려움 때문이고, 둘째는 약점을 꼬투리 잡아 다른 사람들이 자신을 지배하고 통제하려 들지 모른다는 두려움 때문이다.

그래서 행여나 약점이 노출될까 봐 그것을 숨기는 데 모든 에너지를 쏟아붓는다. 하지만 약점만 신경 쓰다 보면 그것이 원래의 크기보다 더 커 보이고 그로 인해 더욱 불안해진다. 겉으로는 강해 보일지 몰라도, 자기 전에 그날 있었던 일을 곱씹으면서 혹시 약한 모습을 보이진 않았을까 걱정하게 되는 것이다.

약점에 대한 불안과 열등감은 개미귀신과도 같다. 개미귀신은 모래 속에 구멍을 파 놓고 개미가 빠지기만을 기다린다. 구멍에 빠진 개미는 그곳을 탈출하려고 발버둥 치지만 그럴수록 구멍은 더 깊어지고 결국 주변의 다른 것들마저 함께 파묻히게 만든다. 마찬가지로 당신이 약점을 없애려 할수록 약점이 사라지기는커녕 장점까지 매몰되어 버릴 수 있다. 게다가 약점은 아무리 극복하려 애써도 보통 수준 이상이 되기는 힘들다.

그러므로 약점을 고치려고 애쓰기보다 강점을 찾아내 그것을 키우는 게 백배 낫다. 어차피 모든 걸 다 잘하는 사람은 없다. 그런데 강점은 원래 잘하는 것이기 때문에 당신이 그것에 집중하면 보통 수준을 넘어 아주 뛰어난 실력을 갖게 될 확률이 높다. 그야말로 당신이 원하는 것을 얻게 되는 것이다. 게다가 강점에 집중하면 세상에 대해 자신감이 생기면서 약점에 덜 민감해지게 된다. 약한 부분이 없어지진 않지만 더 이상 그것 때문에 괴롭거나 불안하지 않을 수 있다.

약점을 이기는 또 한 가지 방법은 약점을 대수롭지 않게 여기는 것이다. "그래, 나는 이런 약점 있어. 그래서 어쩔 건데?"라는 당당한 태도. 이것은 세계적인 석학 버트런드 러셀이 자신의 약점을 극복하기 위해 사용한 방법이다. 믿을 수 없겠지만, 그는 강의를 하기 전에 극심한 불안을 느끼곤 했다. 수많은 강의와 책을 통해 사람들을 만나 온 그였지만 매번 강의 도중 말실수를 하거나 말할 내용을 잊어버릴까 봐 불안에 떨었다. 어떤 때는 차라리 발목이 부러졌으면 좋겠다고 생각한 적도 있었다. 또한 강의를 마치고 나서는 청중들의 반응이 걱정되어 신경을 곤두세웠기 때문에 몸과 마음이 무척 피로했다고 한다.

그러던 어느 날 러셀은 조금 실수한다고 하늘이 무너지는 것도 아니고, 자신이 그로 인해 큰 타격을 입는 것도 아닌데 지레 걱정할 필요가 없다는 사실을 깨달았다. 그 뒤 그는 스스로를 안심시키며 점차 약점을 걱정하지 않게 되었고, 그 결과 말실수가 줄어들고 긴장도 덜 하게 되었다. 자신의 약점을 대수롭지 않게 넘겨 버림으로써 결과적으로 약점을 이겨 낸 셈이다.

약점을 대수롭지 않게 여기면 약점을 성장 동력으로 삼을 수 있게 된다. 세상에 약점이 없는 사람은 없다. 그리고 모자란 부분이 있기 때문에 그것을 보완하려고 노력하는 가운데 성장하고 발전하게 된다. 고백하자면 나도 러셀과 같은 약점이 있어서 강연을 할 때면 심한 불안에 시달리곤 했다. 하지만 나는 어떻게 해도 불안이 완전히 가시지 않는다는 사실을 알고 있었다. 다만 내가 할 수 있는 것은 준비를 철저히 해서 최대한 불안을 줄이는 것이었다. 그래서 가능한 한 많은 자료를 찾고 공부한 뒤에 강연을 해 왔고 이것이 현재의 나를 만들었다고도 할 수 있다.

흔히들 강한 사람은 어떤 일도 겁내지 않으며, 어떤 난관에도 굴하지 않고 자신이 원하는 것을 이루기 위해 앞으로 나아갈 것이라고 생각한다. 또 그들은 모든 약점을 이겨 냈기 때문에 더 이상 남들의 시선 따위는 신경 쓰지 않고 자신의 생각을 밀고 나갈 것이라고 여긴다.

그러나 강한 사람은 결코 약점이 없는 사람이 아니다. 다만 자신의 약점을 두려워하지 않고 약점이 남들에게 노출되는 것을 불안해하지 않을 뿐이다. 강한 사람은 약점이 자신을 열등하게 만들거나 추락시키지 못할 것이라고 확신한다. 그래서 약점을 없애기보다는 보완하려고 한다.

그러니 더 이상 약점이 드러날까 봐 불안해하지 마라. 그리고 자신의 실수나 부족함에도 조금만 더 관대해져라. 때로 남들이 실망한 듯 보이면 러셀처럼 속으로 외쳐 보라. '그게 뭐 어때서?' 나에 대한 남들의 기억은 금방 잊힐 테고, 부족한 부분은 노력해서 보완하면 된다. 만약 보완이 잘 안되면 그 약점에 대해선 신경을 꺼 버리고 대신 강점에 집중해서 그것을 키움으로써 자신감을 다져 나가라. 그것이 바로 약점을 이기는 최선의 방법이다.

항상 밝고 유쾌한 사람에게
주눅 들 필요가 없는 이유

늘 밝고 쾌활해 보이는 사람들이 있다. 그들은 지칠 줄 모르는 에너지로 언제나 활력이 넘치고, 다른 사람의 일에도 발 벗고 나서서 자기 일처럼 도와주며, 그러면서도 웃음을 잃지 않는다. 항상 강인해 보이고 긍정적이면서, 모범이 되는 그들에게는 주위 사람들의 찬사와 경탄이 끊이지 않는다. 결정적으로 그들이 우울해하는 모습을 본 적이 없다. 그래서인지 우울하다는 생각이 들면 그들의 눈부신 밝음 앞에 내가 더욱 초라하게 느껴진다.

그들도 우울할 때가 있을까? 있다면, 그들은 우울의 강을 어떻게 건널까? 거기까지 생각이 미치다 우리는 고개를 젓고 만다.

'그들이 우울해할 이유가 없잖아. 그들이 우울해하는 모습은 상상이 안 돼.'

서윤 씨는 갑작스러운 우울 증상을 호소하며 병원을 찾아왔다. 별것도 아닌데 2주 전에 친구로부터 안 좋은 이야기를 들은 후로 잠을 잘 못 자고 무기력해져서 꼼짝도 할 수 없었다. 모든 것이 무의미하게 느껴지면서 마음이 한없이 가라앉고 자꾸 눈물이 났다. 한 번도 그런 기분을 느껴 본 적이 없던 그녀는 몹시 당황했다.

지금까지 그녀는 정말 열심히 살아왔다. 어떤 상황에서도 웃음을 잃지 않고 아무 불평 없이 궂은일을 도맡아 했다. 그래서 누구든 그녀가 아무 구김살 없이 행복하고 평탄한 삶을 살아왔으리라 생각했다.

그런데 그녀로부터 들은 이야기는 정말 의외였다. 그녀는 열한 살 때 어머니를 잃었다. 이기적인 아버지는 자식들을 뒤로하고 밖으로만 돌았다. 그래서 어린 여동생과 남동생을 돌보는 일은 그녀의 몫이었다. 어리지만 엄마 역할까지 해야 했던 그녀는 하고 싶은 공부도 포기한 채 동생들을 보살피며 집안일을 책임졌다. 그동안 아버지는 두 명의 새어머니를 들였다.

그래도 그녀는 항상 웃음을 잃지 않아 인간관계가 좋았다. 모두 그녀를 좋아했고, 그녀는 다른 사람의 일을 자기 일처럼 도와주는 것에 행복을 느꼈다. 그러나 가장 친한 친구가 몇 명이냐는 질문에 그녀는 선뜻 대답하지 못했다. 주위 사람들과 좋은 관계를 맺고 있지만 속내를 털어놓을 수 있는 친구는 한 명도 없었기 때문이다.

친구들 입장에서 보면 서윤 씨가 좋은 친구인 것은 맞지만 그리 편한 상대는 아니었다. 왜냐하면 그녀는 다른 사람의 이야기는 잘 들어 주었지만 결코 자신의 속내를 드러내는 법이 없었기 때문이다. 그래서 친구들은 가끔씩 자신의 어려움이나 단점을 전혀 내보이지 않는 그녀에게 거리감을 느끼곤 했다. 어떤 때는 서운한 마음도 들었다.

하지만 그녀가 일부러 친구들에게 자신의 이야기를 하지 않은 것은 아니었다. 자신의 우울했던 어린 시절을 알고 나면 친구들이 왠지 자신을 멀리할 것만 같았다. 그래서 친구들을 잃을까 봐 두려워 얘기를 할 수가 없었다. 하지만 진정한 친구라면 그녀가 그처럼 어렵고 절망적인 상황에서 성장했음에도 밝고 명랑한 모습을 보이는 것에 대해 기특해하지 않을까.

어떤 어려운 상황에 처했든 우울하고 맥 빠진 모습보다는 명랑하고 기운 넘치는 모습이 보기 좋은 것은 사실이다. 혼자 세상의 모든 짐을 짊어지고 있는 것처럼 인상을 쓰며 말끝마다 '우울해'라고 말하는 사람이 있다고 해 보자. 그 옆에 있으면 괜히 나까지 우울해질 것만 같아 피하고 싶은 게 사람 마음이다. 반면 밝고 명랑한 사람들을 보면 나까지 기분이 좋아진다. 그러다 보니 밝고 유쾌한 사람들은 어디서든 인기가 많을 수밖에 없다.

그런데 요즘 사람들은 그 도가 지나쳐 명랑함과 밝음에 대해 강박증을 가진 것처럼 보인다. 한 사람과 오랜 관계를 맺기보다 목적을 가지고 잠깐씩 만났다가 헤어지는 관계가 많다 보니 타인에게 좋은 인상을 주는 것이 중요해졌고, 그래서인지 남들 앞에서 항상 웃는 얼굴로, 그것도 활기차게, 힘들어도 안 힘든 척,

괜찮은 척해야 호감을 살 수 있다고 생각한다. 괜히 힘들거나 약한 모습을 보였다가 사람들에게 부정적인 인상을 줄까 봐 두려워하는 것이다.

하지만 사람이 늘 밝고 명랑할 수는 없는 법이다. 그러니 혹시 당신 주변에 그런 사람이 있다 해도 너무 부러워하거나, 주눅 들 필요는 없다. 서윤 씨처럼 활력과 열정으로 살아가는 사람들 중에는 그 밑바닥에 깊은 우울을 깔고 있는 경우도 있다. 이때 이들의 활력은 신경증적인 요소를 띤다. 그리고 이러한 양상이 병적으로 심화되어 나타나는 것을 '경조증' 혹은 '조증'이라고 한다.

조증은 기분이 비정상적으로 들뜨고 흥분되어 가만히 있기 힘든 병적인 상태를 말한다. 그러면 자신의 상황이나 능력과는 상관없이 정신적인 에너지가 항상 고양된 상태에 있게 된다. 잠을 안 자도 지치지 않고, 밥을 안 먹어도 배가 고프거나 힘들지 않으며, 무엇이든 할 수 있을 것만 같은 지나친 자신감으로 자신의 성취를 과대평가한다. 게다가 그들의 에너지는 놀랄 만한 것이어서 때를 가리지 않고 쉴 새 없이 이야기하고 일을 벌인다. 심할 경우 생각이 빨라지다 못해 무슨 말을 하는 것인지 종잡을 수 없는 모습을 보이기도 한다.

서윤 씨의 경우, 그녀는 어머니를 제대로 떠나보내지 못했다. 어머니의 죽음은 너무도 견디기 힘든 현실이었고, 그런 그녀에게 우울해진다는 것은 어머니의 죽음을 인정하고, 어머니를 잃어버림을 뜻했다. 그래서 그녀는 절대 우울해질 수가 없었다. 누군가가 자신의 슬픔을 알아주기를 간절히 바라면서도 아무에게도 자신의 슬픔을 내비칠 수가 없었던 것이다.

"가끔 슬퍼지거나 울고 싶을 때가 있어요. 그래서 울려고 하면 저도 모르게 머릿속에는 즐겁고 유쾌한 일들로 꽉 차 버려요. 의도하지도 않았는데, 우울한 기분은 어디론가 사라져 버리고 말죠. 그러면 다시 기분이 좋아져요. 그래서 저는 마음껏 울어 본 적이 없어요. 제가 울면 집안이 흔들릴 것 같아서 불안해요."

그러나 이러한 휴식 없는 활동은 언젠가 사람을 지치게 만든다. 피로해진 몸과 마음은 한계에 부딪히고, 좌절에 직면하게 되면 곧장 깊은 우울증으로 곤두박질친다.

서윤 씨처럼 활력에 집착하는 사람들은 보통 사람보다 좌절을 더 못 견디는데, 그것은 자신을 과대 포장해서 다른 사람들의 눈에 강하고 완벽하게 보이고 싶어 하기 때문이다. 그래서 그들은 실수에 대해 커다란 두려움을 갖고 있다. 만약 실수를 하면 다른 사람들이 자신을 못났다고 생각하게 될 테고, 실망한 그들이 모두 떠나가 버리면 자신은 홀로 남게 될 것이라는 무의식적인 두려움이다. 그러다 보니 항상 긴장하고 빈틈을 보이지 않으려 한다.

그러므로 항상 열정적이고 활력이 넘치는 사람들, 그들은 알고 보면 마음껏 울지도 못하고, 약하고 상처받은 자신을 부인하고 감추기에 급급해하는 사람들일 수도 있다.

물론 열정적인 사람들이 모두 문제를 지니고 있는 것은 아니다. 큰 갈등 없이 생산적이고, 창조적이며, 활력적인 사람들도 얼마든지 있으니까. 하지만 가끔 공허하고 지치고 슬프다는 느낌이 들면 그 감정을 두려워하지 말고 가만히 내면의 소리에 귀를 기울여 보라. 내가 누구이고, 지금 어떤 상태에 있는지, 나에게 필요한 것은 무엇인지를 알 수 있어야 한다는 말이다. 겉으로는 웃고 있지만 속으로는 울고 있다면, 남들에게 밝고 명랑한 모습만 보이려고 무리하지 않았으면 좋겠다. 지금은 다른 사람들이 아닌, 당신 자신을 돌볼 시간이다.

일에 대한 비판을 당신에 대한
비난으로 받아들이지 말 것

프랑스 작가 라 로슈푸코는 "남에게 칭찬을 받고 쑥스러워하는 생각을 가지는 것도 어려운 일이지만, 남에게 악평을 받고 그 것을 약으로 삼으려는 생각을 가진 현명한 사람은 극히 드물다" 라고 했다. 그만큼 인간은 합리적이고 논리적인 척하지만 칭찬을 좋아하고 비판이나 비난에는 매우 취약하다. 그래서 아무리 맞는 말이라도 비판을 받으면 거부 반응부터 보이게 마련이다. 비판을 수용하려면 '내가 틀렸다는 사실'을 인정해야 하는데, 그럴 용기가 나기는커녕 자존심이 상하고 수치스러워서 어디론가 숨고 싶어지는 게 인간의 본능이다.

그런데 유독 비판에 취약한 사람들이 있다. 그들은 일에 대한 비판을 자신에 대한 비난으로 받아들여 분노하고 우울해한다.

심지어 시킨 일을 똑바로 못해서 일에 차질이 생겼는데도 얼른 일을 수습할 생각을 하기는커녕 비판받았다는 사실 그 자체를 못 견뎌 한다. 자신이 한 일과 자기 자신을 분리하지 못하는 것이다.

이들은 비판을 받으면 무조건 그것을 자신에 대한 공격으로 받아들이거나 상대방에게 거부당했다고 느끼기 때문에 굴욕적으로 움츠러들면서 자기 비하에 빠진다.

특히 자존감이 낮고 자기가 하는 일에 대해 회의적인 사람일수록 비판을 마음 상하는 일로 받아들일 확률이 높다. '부드러운 말로 좋게 좋게 이야기할 수도 있었을 텐데, 원래부터 나를 싫어했던 거야'라고 단정 지어 버리는 것이다.

그런데 회사는 서로 일을 하기 위해 모인 곳이지 친목을 다지기 위해서 모인 곳이 아니다. 특히 어떤 의견을 선택하느냐에 따라 일의 성공 여부가 달려 있을 경우 서로 의견 충돌이 생길 수도 있다. 이때 내 의견이 옳다고 생각하면 당연히 상대방의 의견에 대해 비판을 할 수밖에 없다. 즉 일에 대한 비판은 상대방을 좋아하거나 싫어하는 것과 아무 관련이 없다.

그러므로 비판을 받았을 경우 잠시 마음이 안 좋을 수는 있지만 툭툭 털고 일어설 수 있어야 한다. 당신이 해야 할 일은 비판을 빨리 받아들여 다음번엔 같은 실수를 반복하지 않고, 발전된 모습을 보이는 것이다.

일을 잘하는 사람들은 일에 대한 비판을 두려워하지 않는다. 왜냐하면 그들에게 중요한 것은 일을 잘되게 만드는 것이기 때문이다. 그래서 오히려 그들은 적극적으로 사람들을 찾아다니며 혹시 자신이 미처 생각지 못한 변수들은 없는지 비판해 달라고 요청하기도 한다.

그러므로 관심과 애정 어린 비판은 기분이 나쁘더라도 흔쾌히 받아들일 수 있어야 한다. 그래야만 발전할 수 있다. 그저 듣기 좋은 말만 들으면 끝내 무엇을 잘못했는지 모른다. 그러다 보면 자연히 발전할 기회도 잃어버리게 된다.

그러니 회사에서 누군가 당신에게 일에 대한 비판을 하지 않는다고 너무 좋아하지는 마라. 그는 어쩌면 당신에게 아무 관심이 없거나, 당신의 발전 가능성이 매우 낮다는 사실을 이미 간파하고 포기한 사람일 수도 있다.

그렇다고 모든 비판을 다 받아들이라는 뜻은 아니다. 당신에 대한 비판 중에는 약이 되는 비판도 있지만 당신을 조롱하고 깎아내리기 위한 비판도 있게 마련이다. 어떤 이유에서건 이런 비판은 당신에게 상처를 주는 것이 목적이다. 하지만 아무리 날카로운 비판의 화살이라도 당신이 받아들이지 않으면 그만이다. 그럴 때는 "네, 알겠습니다" 하면서 적당히 넘겨 버리는 것도 방법이다.

만약 당신이 이성을 잃고 흥분하는 모습을 보인다면 결국 그 비판이 맞다는 것을 인정하는 꼴이 되고 만다. 상대방이 원한 것은 바로 그렇게 당신이 무너지는 것이니 아무리 부당한 비판을 받아도 절대 흥분해서는 안 된다. 그럴 때는 데일 카네기의 말을 떠올려 보면 어떨까.

"부당한 비판은 칭찬의 다른 모습이다. 그것은 누군가 당신을 부러워하며 질투한다는 뜻이다. 죽은 개를 걷어차는 사람은 없다는 사실을 기억하라."

'짜증 난다'는 말을
많이 하는 사람들의 특징

민서 씨는 또 짜증을 내고 말았다.

"아, 짜증 나, 짜증 난단 말이야."

남자 친구가 어리둥절해 갑자기 왜 그러냐고 묻자 목소리가 더 높아졌다.

"왜 그런지 모르겠어? 정말 짜증이야."

그런데 그 말에 남자 친구는 폭발하고 말았다.

"내가 짜증 난다는 말 그만하라고 했지? 뭣 때문에 짜증이 났는지, 내가 뭘 잘못했는지 말해야 할 것 아냐? 나도 짜증 나니까 우리 전화 끊자."

사실 그녀는 남자 친구가 보고 싶었다. 그래서 이제나저제나 만나자는 소리가 나오기만을 기대하고 있었는데 그가 주말에 바쁘다며 못 만날 것 같다고 하자 실망감이 몰려왔다. 그녀는 이렇게나 보고 싶은데 그가 그 마음을 몰라주는 것이 너무 서운했고 자존심도 상했다. 무심한 남자 친구의 태도에 그녀의 마음속에서는 복잡 미묘한 감정이 부글부글 끓기 시작했다. 마치 가슴 한복판에서 지진이 난 듯 어떤 기운이 온몸으로 전달되어 몸이 뒤틀리는 것 같았고, 목뒤에서부터 머리까지 무언가가 스멀스멀 기어가는 것 같았다. 결국 그녀는 그가 하지 말라고 여러 번 부탁했음에도 무의식중에 '짜증 난다'는 말을 내뱉고 말았고 곧바로 후회하기 시작했다.

'내가 말하고 싶은 건 그게 아니었는데, 그냥 잠깐이라도 보고 싶었던 건데….'

어릴 적 그녀가 울면서 떼를 쓰면 엄마는 달래기는커녕 "뚝 그치지 못해?" 소리 지르며 심하게 야단을 치곤 했다. 한번은 마트에서 너무 예쁜 인형을 발견해 사 달라고 한 적이 있다. 엄마가 안 된다고 하자 그녀는 엉엉 울면서 졸랐다. 그러자 엄마는 차가운 얼굴로 "그렇게 울어 봐야 소용없어"라며 뒤돌아 가 버렸다. 순간 그녀는 엄마가 자신을 버리고 갈까 봐 잔뜩 겁을 먹게 되었다.

성장 과정에서 이런 일들이 반복적으로 일어나자 그녀는 내부에서 어떤 감정이 올라오든 그것이 무엇인지 잘 모르는 사람이 되고 말았다. 뭔가 불편한데 그게 정확히 뭔지 모르는 그녀는 그 감정을 표현하는 방법으로 짜증과 신경질을 내게 되었다.

감정도 키가 자라듯 자란다는 사실을 아는가. 감정은 다른 사람과 소통하면서 세밀하게 분화되어 가는데, 이때 부모의 공감과 이해가 가장 중요하다. 엄마가 아이와 눈을 맞추면서 "우리 아기, 친구가 같이 안 놀아 줘서 화가 났구나", "오구오구, 오빠한테만 자전거를 사 줘서 샘이 났구나"라고 이야기하면 아이는 '아하, 이게 화가 난 거구나', '이게 샘이 난 거구나'라며 자신의 감정을 이해하게 된다. 분노와 질투, 공포, 슬픔, 기쁨, 놀람, 신기함 등 수많은 감정을 만나고 그것들이 마음속에 공존하고 있음을 알게 되는 것이다.

정신분석가 비온은 이것을 '알파 기능'이라고 이름 붙였다. 아이는 부모와의 교감을 통해 자연스럽게 자신에게 수많은 감정이 있음을 알게 되고, 어떤 감정을 느끼든 그것을 두려워하지 않게 된다. 그런데 민서 씨의 경우, 어떤 감정이 생기든 엄마의 공감과 이해를 받지 못했고, 그로 인해 감정 발달이 제대로 이루어지지 않았다. 그 결과 그녀는 어떤 것이 우울함인지, 어떤 것이 불안인지, 어떤 것이 속상함인지 구분하는 법을 모르는 채 성장하게 되었다. 어른이 된 지금도 그녀는 자신이 느끼는 감정을 정확하게 이해하지 못했고, 불쾌하고 부정적인 감정이 한꺼번에 일어나면 두려워 어쩔 줄 몰라 했다. 그런 그녀가 할 수 있는 표현이라곤 '짜증 난다'는 말이 전부였다.

김영하 작가는 한 방송에서 학생들에게 소설을 가르칠 때의 일이라며, 졸업할 때까지 '짜증 난다'라는 말을 금지시킨 적이 있다고 했다. '짜증 난다'는 표현에는 다양한 감정이 숨어 있는

데 계속 그 말만 하게 되면 자신의 감정을 정확히 인지할 수 없기 때문에 금지시켰다는 것이다.

그렇다면 왜 자신의 감정을 정확히 인지하는 게 필요할까? 만약 엄마가 생일에 미역국 끓여 주는 것을 잊어버렸다고 해 보자. 그건 서운한 것이다. 나도 시험을 잘 봤는데 100점을 맞은 친구만 칭찬을 받았다고 해 보자. 그건 질투를 하는 것이다. 그런데 그 모든 상황에서 '짜증 난다'는 말부터 하게 되면 부정적 감정이 드는 원인을 파악할 수 없게 된다. 원인을 모르니 그 감정을 해소할 방법도 사라져 버리는 것은 물론이다. 이를테면 서운한 감정은 포용으로, 질투심은 인정으로 해소할 수 있는데, '짜증 난다'는 말은 그저 부정적인 감정을 뭉뚱그려 놓은 것에 불과해서 문제 해결에 아무 도움이 안 된다.

한국심리학회에 실린 한 연구 결과에 따르면 한국어에서 흔히 쓰이는 감정 단어는 400여 개인데 그중 부정적인 감정 단어가 무려 72퍼센트에 달한다고 한다. 그런데 그 감정을 모두 뭉뚱그려서 '짜증 난다'라고 말해 버리면 그냥 부정적 감정만을 쏟아 낸 꼴이 되고 만다. 그러면 나를 이해하는 것도, 다른 사람과 소통을 하는 것도 불가능해진다. 원인을 모르면 올바른 답을 찾을 수 없기 때문이다.

그런데 요즘 세상은 감정을 마음껏 표현하며 살라고 권유한다. 감정을 정확히 알아야 마음껏 표현할 수 있을 텐데, 자신의 감정을 제대로 알지도 못한 채 표현하려고만 하니 문제가 생길 수밖에 없다. 가장 큰 문제는 감정을 과잉 방출하는 것이다. 민서 씨가 남자 친구에게 '짜증 난다'는 말만 되풀이하는 것이 이에 속한다. 해결 방안이 보이지 않는 모호하고 불쾌한 감성을 아무 여과 없이 밖으로 쏟아 내면 상대방과의 관계만 악화될 뿐이다.

우리가 감정을 표현하는 이유는 결국 사랑받고 싶고, 인정받고 싶고, 칭찬받고 싶고, 보호받고 싶은 욕구를 충족하고 싶어서이다. 그러므로 그 욕구를 잘 충족시키고 싶다면 내 감정이 정확히 어떤 것인지 알고, 그것을 상대에게 솔직하게 전달할 수 있어야 한다. 이를테면 민서 씨의 경우 '짜증 난다'는 말 대신 "주말에 보고 싶었는데 보지 못하게 돼서 서운해"라고 말했다면 남자 친구와 싸우고 전화를 끊는 일까지는 가지 않았을 것이다. 그러므로 평소에 '짜증 난다'는 말을 많이 쓰고 있다면 그 말부터 줄여 보아라. 그래야만 자신의 감정이 정확히 어떤 것인지 그 이름을 찾아 줄 수 있게 된다. 그러고 나서는 내 감정을 상대에게 잘 전달하는 방법을 익힐 필요가 있다. 나의 욕구를 충족하면서도 상대의 감정을 수용하여 원만한 관계를 만들어 나갈 수 있는 감정 표현법에는 어떤 것이 있을까?

첫째, 감정을 표현할 때는 '나는 ~라고 느낀다'라는 문장을 사용하는 것이 좋다. '나는 네가 전화를 안 해서 속상했어', '나는 네가 약속을 안 지켜서 화가 나' 등등 '나'를 주어로 해서 문장을 만들면 '내' 느낌을 상대방에게 솔직히 전달할 수 있다. 하지만 사람들은 보통 갈등 상황에서 '너 때문에 속상해', '너 때문에 화가 나'라고 말한다. 이런 말은 의도와 상관없이 상대방을 탓하고 비난하는 말이 되어 버린다. 그러면 상대방은 자신을 보호하기 위해 화를 내고, 순식간에 감정싸움으로 번지게 된다. 그러므로 어떤 순간에도 감정을 표현할 때는 그 목표가 내 감정을 정확히 상대방에게 전달하는 데 있음을 잊지 말아야 한다.

둘째, 감정이 격한 상태에서는 가급적 표현을 삼가야 한다. 감정은 공명 현상을 불러일으킨다. 상대가 기분이 좋으면 나도 기분이 좋아지고, 상대가 짜증을 내면 나도 짜증이 나게 된다. 그러므로 만일 상대방이 화를 심하게 낸다면 "네가 그렇게 화를 내면 나도 화가 나. 우리 좀 가라앉힌 뒤에 말하자"라고 하는 것도 좋은 방법이다.

셋째, 감정에 충실하되 감정을 너무 믿지 말아야 한다. 물론 감정은 내면에서 보내온 메시지이므로 어떤 감정이 일관되게 느껴진다면 이에 귀를 기울여야 한다. 그런데 감정은 기본적으로 쾌락 원칙을 따르기 때문에 현실을 고려하기보다 즉각적인 만족을 추구한다. 그래서 감정의 변화가 심한 경우 그 감정을 무작정 따라가다가는 정체성에 혼란이 오고 대인 관계에 문제가 생길 수도 있다.

그러므로 지금 느껴지는 감정이 즉흥적인 것인지, 나중에도 책임질 수 있는 것인지 잠시 호흡을 가다듬고 생각해 보라. 그래야만 잘못된 감정 표현으로 나와 상대방 모두 상처 입히는 것을 막을 수 있다.

한 번쯤은 자기 자신에게
솔직해져 볼 것

배가 고픈 여우가 길을 걷다 우연히 먹음직스러운 포도송이가 주렁주렁 달린 포도나무를 발견했다. 여우는 뛸 듯이 기뻐하며 포도를 따먹으려고 점프를 했다. 하지만 아무리 높이 뛰어도 주둥이가 아슬아슬하게 포도 끝에 닿을 뿐 포도를 따먹을 수가 없었다. 그래도 너무 배가 고팠던 여우는 한 시간 넘게 온몸에 멍이 들도록 점프했지만 실패만 반복했다. 결국 화가 난 여우는 "흥, 저까짓 신 포도를 누가 먹어?" 하고는 포기해 버렸다. 잠시 후 개가 그곳을 지나가다 포도를 따먹으려고 껑충껑충 뛰기 시작했다. 여우는 개를 비웃으며 생각했다.

'시고 맛없는 포도를 따먹으려고 저렇게 낑낑대다니, 그러니까 사람한테 꼬리나 치고 있지. 그래 봤자 따먹지 못할걸?'

여우의 바람대로 개는 결국 포도를 따먹지 못했다. 그런데 조금 있으려니 이번에는 까마귀가 나타나 포도를 쪼아 먹기 시작했다. 여우는 까마귀가 가엾게 느껴졌다.

'날아다니면서 저런 거나 쪼아 먹으니까 몸이 그렇게 조그맣고 까맣지. 저러고 살고 싶을까?'

그러나 여우도 자기 배에서 나는 꼬르륵 소리만은 어쩔 수 없었다.

이솝 우화인 '여우와 포도' 이야기를 약간 변형해 보았는데, 여기서 흥미로운 건 여우의 태도 변화이다. 처음에 여우는 포도를 절실히 원했다. 그러나 따먹을 수 없게 되자 자신의 점프 실력을 탓하기보다 시어 빠진 것을 누가 먹느냐며 포도를 평가 절하해 버린다. 자신이 못 하는 게 아니라 안 하는 그럴듯한 이유를 대는 것이다.

그 후 여우는 냉소적인 태도로 포도를 따먹으려는 다른 동물들을 비웃는다. 우선 자신의 열등한 부분을 투사해 개를 조롱한다. 계속 점프를 시도했던 바보 같은 모습을 개의 몫으로 돌려 버리는 것이다. 한편 포도를 쪼아 먹는 까마귀에게는 시기심이 치솟는다. 그러자 여우는 포도와 함께 까마귀마저 하찮은 것으로 평가 절하해 버린다. 자신은 그 정도로 하찮은 존재가 아니기 때문에 포도를 먹지 않은 것처럼 만드는 것이다.

여우는 '냉소주의자'가 어떻게 탄생하며, 그가 세상을 어떻게 바라보는지를 잘 보여 준다. '냉소'는 말 그대로 차가운 웃음이다. 쌀쌀한 태도로 비웃는다는 것이다. 그리고 그 속에는 인간의 선함이나 진실함 따위는 결코 믿지 않는다는 의미가 숨어 있다.

영국의 작가 오스카 와일드는 냉소주의자를 일러 "모든 것의 값어치(price)를 알면서 그 어떤 것의 가치(value)도 모르는 사람"이라고 정의한 바 있다. 세상을 냉소적으로 바라보는 사람들은 여우가 포도를 가질 수 없게 되자 포도를 무가치한 것으로 만들어 버렸듯 가질 수 없는 것들을 전부 무가치한 것으로 만들어 버린다. '가질 수 없다면 부숴 버려라'는 태도이다.

냉소가 위험한 이유는 그 안에 내재되어 있는 허무주의와 무력감, 분노와 파괴력 때문이다. 아무리 노력해 봐도 안 된다는 무력감은 원하는 것의 가치를 파괴해 버림으로써 더 이상 욕망하지 않게 만든다. 그래서 냉소주의자는 현실로부터 한 발 떨어진 방관자가 되어 모든 것을 비웃는다. 열정이나 고뇌, 고통은 모두 비웃음의 대상일 뿐이다. 그리고 자신만이 무가치함을 이해하기 때문에 다른 사람보다 더 똑똑하고 세상을 잘 안다고 생각하면서 우월감에 젖는다. 세상을 발밑에 두고 내려다보면서 지배하려 드는 것이다.

하지만 냉소적인 비웃음 뒤에는 버림받을까 봐, 상처받을까 봐 두려워 울고 있는 얼굴이 숨어 있다. 또한 좌절된 욕망이 일그러진 형태로 숨어 있다. 냉소주의자는 어느 것에도 기쁨과 행복을 느끼지 못한다. 왜냐하면 이미 모든 것을 가치 없는 것으로 만들어 버렸기 때문이다. 그는 세상 어느 것에도 만족하거나 집중하지 못하고, 어떤 일을 꼭 해야 할 때는 마지못해 대충대충

한다. 그러면서도 '세상은 열중할 가치가 없는 곳이다'라며 자신의 행동을 합리화한다. 그뿐만 아니라 세상과 사람들의 약점을 정확히 꼬집어 냄으로써 주변 사람들마저 회의적으로 만든다.

우진 씨가 그랬다. 그는 오늘도 파김치가 되어 집으로 돌아왔다. 씻기도 귀찮아서 그냥 침대에 누워 버렸다. 거실에서는 가족들이 텔레비전을 보며 웃는 소리가 들려왔다. 유치하기 짝이 없고 날마다 그 방송이 그 방송인데 뭐가 재미있다고 웃는 건지…. 낮에 친구 녀석이 만나자고 전화했는데 바쁘다는 핑계로 거절했다. 만나면 또 술 먹고 여자 문제를 늘어놓을 게 뻔하다. 녀석은 질리지도 않는지 여자를 사귀면 번번이 야단법석이다. 자신이 보기엔 그 여자가 그 여자인데 말이다. 여전히 사랑 타령을 하는 걸 보면 녀석은 아직 순진해서 철이 들려면 멀었다.

그는 세상엔 그다지 기쁠 일도, 슬플 일도 없다고 생각한다. 그래서 친구들이 작은 일에 매달리고, 심각하게 고민하고, 상처받는 것이 우스울 따름이다. 친구들이 "그럼 넌 무슨 재미로 사냐?"라고 물으면 그는 오히려 "너네는 사는 게 재미있냐?"라고 반문한다. 재미있지도 않은데 재미있는 척하는 게 오히려 가식이고 위선이라면서 말이다. "그럼 넌 왜 사냐?"라는 질문에는 "그냥 이 세상에 태어났으니까 한세상 이렇게 살다 갈 뿐"이라며 세상 다 산 사람처럼 얘기한다.

그렇다고 그에게 큰 문제가 있는 것은 아니다. 직장에서는 인정받고 있고, 친구들과의 관계도 괜찮다. 다만 마음속은 늘 허전하고 공허했다. 세상에 대한 호기심과 흥미를 별로 못 느끼는 그에게 일상은 그저 무료하고 권태롭기만 했다.

그가 원래부터 세상을 그렇게 바라본 건 아니었다. 그는 평범한 가정에서 별 어려움 없이 자라났고, 공부도 잘해서 늘 부모의 자랑이었다. 그의 꿈은 변호사가 되는 것이었다. 어른이 되면 돈도 잘 벌고 외제 차도 타고 영화처럼 멋지게 살아 보고 싶었다.

그런데 고등학교에 들어간 뒤 생각만큼 성적이 나오지 않았고 결국 법대에 가지 못했다. 그래도 남들이 선망하는 대학에 들어가 무사히 졸업까지 했는데 문제는 사회생활을 하면서 시작되었다. 사람들이 그를 별로 알아주지 않았고, 마음대로 쓸 수 있을 만큼 돈을 많이 벌지도 못했다. 남들과 다른 멋진 인생을 살고 싶었는데 막상 마주한 현실은 초라하게만 느껴졌다. 이러다 부모님처럼 결혼해서 애 낳고 쫓기듯 살게 되겠구나 생각하니 가슴이 답답해졌다.

냉소주의자여, 당신은 냉소를 버리고 싶지 않을지도 모른다. 세상의 모든 것이 노력을 기울일 만한 가치가 없어 보일지도 모른다. 다른 모든 것들을 밟고 그 위에 서 있는 우월함을 버리고 싶지 않을지도 모른다. 그러나 한번 가만히 마음을 들여다보라. 당신은 무언가를 절실히 원했다. 그런데 이런저런 이유 때문에 원하는 것을 이룰 수가 없게 되었다. 그래서 너무 화가 난 나머지 세상을 잠시 밀어 둔 것뿐이다. 그런데 이제는 겁이 나는 것이다. 냉소를 버려 봤자 원하는 것을 얻지 못할 것 같아서 아무런 시도도 하고 싶지 않은 것이다. 당신의 열등하고 부족한 모습이 세상에 드러날까 봐, 실패해서 사람들의 비웃음을 살까 봐 두려운 것이다.

물론 어떤 삶을 선택하든 그것은 당신의 뜻에 달렸다. 하지만 냉소라는 얼음처럼 차가운 가면 뒤에서 추위에 떨며 혼자서 외롭게 산다고 해도 당신에게 쌓이는 것은 세상과 사람들에 대한 분노뿐이다. 그리고 사람들은 당신의 차가운 빈정거림에 등을 돌리게 될 것이다. 나중에는 당신의 냉소를 봐줄 사람조차 없는 상황이 올지도 모른다. 젊어서는 냉소가 철학적이고 멋있게 보일는지 모른다. 그러나 나이 들어서까지 냉소적인 태도를 유지하는 것은 당신이 가장 두려워하는 것, 즉 당신이 실패자이며 가까이하기엔 불쾌한 사람임을 만천하에 알리는 것에 불과하다.

그러니 이제 그만 냉소의 가면을 벗고 자신에게 솔직해졌으면 좋겠다. 그러기 위해서는 먼저 당신이 외롭고 따뜻함을 갈망하고 있으며, 멋지게 성공하고 싶고, 실패를 두려워하고 있음을 인정해야 한다. 그러면 다른 사람들도 비슷한 욕망을 가지고 있음을 느끼게 될 것이다. 사람들은 어차피 비슷비슷한 욕망과 갈등 안에서 살고 있으니까 말이다.

그런 다음 당신이 할 일은 냉소적으로 변하기 전에 절실하게 원했던 그것을 향해 나아가는 것이다. 당신이 두려워하던 대로 원하는 것을 결국 이룰 수 없을지도 모른다. 그러나 천천히 나아가다 보면 알게 될 것이다. 인생에서 가장 소중한 것들은 무엇을 이루었을 때보다 그것을 이루기 위해 노력하는 과정에서 얻게 된다는 것을 말이다. 또한 사람들은 생각보다 더 많이 서로를 돕고 의지하며 살고 있으며, 인생의 기쁨과 행복이 그 안에 있다는 것도 알게 될 것이다.

그래도 머뭇거려진다면 확률을 생각해 보라. 훗날 당신이 성공하고 행복해질 확률과 그러지 못할 확률을 반반이라고 치자. 그렇다면 당신이 노력했을 경우 실패할 확률은 50퍼센트이다. 그러나 아무런 노력도 안 하면 실패할 확률은 100퍼센트이다. 노력해서 50퍼센트의 가능성을 잡겠는가, 아니면 100퍼센트 확실한 실패자로 남아 있겠는가? 이제 당신의 냉소가 대답할 차례다.

화를 다스리는
가장 좋은 방법 6가지

고대 스토아 철학의 대가 세네카는 《화에 대하여》에서 "분노야말로 가장 파괴적인 감정이며 분노만큼 인류의 희생을 초래한 역병은 결코 없다"고 단언했다. 그는 더 나아가 분노를 '순간의 광기'라고 일갈하며 다음과 같이 말했다.

"타인과의 싸움에서 그에게 고통을 가하고 그를 벌하면서 피를 보고야 말겠다는 비인간적인 욕구로 감정이 격해졌을 때 화는 그 상대방을 해할 수만 있으면 다른 그 무엇도 신경 쓰지 않는다. 화는 그 과정에서 스스로에게 겨누어진 비수의 칼끝을 향해 덤벼들며, 앙갚음하는 당사자인 자신마저 나락으로 떨어질지라도 철저한 복수를 갈망한다. (중략) 화는 마치 한순간에 와르르 무너져 내려 땅바닥 위의 거친 돌무더기로 변해 버리는 건물과도 같이 자제심을 잃어버리고, 품위를 내동댕이치고, 인간적 유대 따위는 아랑곳없이, 스스로 시작한 일이 무엇이든 오로지 그것에만 눈이 멀어 이성과 충고에는 귀를 닫고, 하찮은 이유로 격분하면서 무엇이 옳고 참된지 알아보지 못한다."

그래서 세네카는 살면서 분노를 다스리는 법을 배우는 것이 굉장히 중요하다고 강조했다. 다행히 대부분의 사람들은 화를 참지 못해 상대방뿐만 아니라 자신까지 파괴하는 최악의 결말을 원치 않기에 되도록 화를 내지 않으려 애쓴다.

이때 화가 나는 것과 화를 내는 것은 다른 문제다. 화가 나는 것은 지극히 자연스러운 일이며 어찌할 수 없는 감정이다. 그런데 그 화를 참을지, 아니면 상대방에게 화를 낼지 그것은 전적으로 우리의 선택에 달려 있다. 하지만 그 선택은 결코 쉽지 않다. 왜냐하면 어떤 사람은 화를 너무 억눌러서 문제가 생기고, 또 어떤 사람은 화를 심하게 내서 문제를 만들기도 한다. 그래서 고대의 철학자 아리스토텔레스는 "누구든지 화를 낼 수 있다. 그것은 쉬운 일이다. 그러나 올바른 대상에게, 올바른 정도로, 올바른 시간에, 올바른 목적으로, 올바른 방식으로, 화를 내는 것은 쉬운 일이 아니다"라고 말하기도 했다.

1. 화가 날 때는 먼저 숫자부터 세어라

화가 나면 그 감정을 인정하되 즉각적인 반응을 하지 않는 것이 중요하다. 화가 나 참을 수 없는 상태가 되면 흥분해서 이성을 잃어버리게 된다. 그러면 아무 말이나 내뱉게 되고, 그러면 돌아서서 반드시 후회하게 마련이다. 왜냐하면 분노 표출은 상대방에게 가장 뼈아픈 상처를 주는 것을 목적으로 하기 때문이다. 그러니 화가 치밀어 오를 때는 일단 속으로 하나부터 열까지 세어 보라. 숫자를 세는 동안 흥분을 조금이나마 가라앉히게 되고, 끓어오르는 분노 때문에 잠시 잃어버렸던 이성도 되찾게 될 것이다. 그러면 나중에 후회하게 될 말이나 행동을 미연에 방지할수 있다. 그럼에도 화가 나서 참을 수 없다면 미국의 제3대 대통령 토머스 제퍼슨의 말을 기억해 둘 필요가 있다. "화가 날 때는 10까지 세어라. 화가 너무 많이 날 때는 100까지 세어라."

2. 타인에 대한 최소한의 예의는 지켜야 한다

눈 돌리면 화가 나는 것투성이다. 왜냐하면 세상에는 이해할수 없는 사람들이 너무 많기 때문이다. 복잡한 출근길, 오늘도 누군가가 나의 어깨를 치고 간다. 그런데 왜 미안하다는 말 한마디가 없을까? 사람들 틈을 비집고 겨우 회사에 들어가서 커피를 내렸는데, 팀장이 "나 주려고 뽑은 거야? 잘 마실게" 하며 순식간에 커피를 가져가 버린다. 부글부글 끓어오르는 마음을 가라앉히고 일에 집중하려는데 오늘따라 시비를 거는 사람은 왜 이렇게 많은지. 후배들의 실적을 가로채기로 유명한 서 과장, 주식 하느라 일은 뒷전인 김 대리, 이번 달 매출 계획은 어떻게든 달성해야 한다고 팀원들을 들들 볶는 정 팀장 사이에서 하루 종일 일하다 보면 파김치가 되어 버린다. 신경 끄고 내 할 일이나 하자 싶다가도 불쑥 화가 치밀어 오른다. 어쩜 사람들이 하나같이 이기적이고 뻔뻔할까. 왜 저러고 사는지 당최 이해가 가지 않는다.

사람은 누구나 자기 기준을 가지고 말하고 행동하며, 그것이 옳다고 생각한다. 그래서 한편으로는 타인을 이해하려고 노력하지만 다른 한편으로 내 기준과 너무 다를 때는 마음에 안 들어 화가 나는 게 사실이다. 그럴 때는 누구에게나 각자 자기만의 기준이 있음을 다시 한번 떠올릴 필요가 있다. 설령 내 마음에 들지 않는다 해도 상대방이 틀린 것은 아니다. 그저 나와 삶의 기준이 다를 뿐이다. 또 누구도 100퍼센트 올바른 기준을 가지고 살지는 않는다. 즉 언제든지 나도 틀릴 수 있다. 그러므로 아무리 이해가 안 된다 하더라도 내 기준을 다른 사람에게 일방적으로 강요하며 화를 내거나 그에게 모욕을 주어서는 안 된다. 그것이 타인에 대한 최소한의 예의다.

3. 당신이 화를 낸 이유는 사실 두렵기 때문이다

사람들은 자신의 약한 부분을 숨기고 싶어 한다. 그래서 열등감이나 수치심을 느끼면 오히려 벌컥 화를 냄으로써 그런 감정을 숨기려 하기도 한다. 이러한 현상은 특히 어릴 적 '남자는 절대 울면 안 돼'라는 말을 들으며 자란 남자들에게서 많이 나타난다. 그들은 자신의 감정이 정확히 어떤 건지 모를 때가 많다. 크게 상처받았을 때도, 거절당할까 봐 무서울 때도, 창피함을 느낄 때도 그저 뭔가가 잘못된 것 같은 두려움을 느낄 뿐이다. 그래서 두려움을 감추기 위해 불같이 화를 내며 남을 공격한다. 그러므로 화가 난다면 정말 화가 난 것인지, 아니면 그 뒤에 다른 감정이 숨어 있는지부터 살펴야 한다. 화를 내는 것과 무엇인가가 두렵다고 말하는 것은 분명 다르니까 말이다.

4. 화가 났을 때는 어떠한 결심도, 행동도 하지 마라

몽골 제국을 이끈 칭기즈 칸, 그는 어느 날 혼자 사냥에 나섰다. 그러다 목이 말라 시냇물을 찾아 헤맨 끝에 바위를 타고 흘러내리는 작은 물줄기를 찾아냈다. 그는 팔뚝 위에 앉아 있던 사냥매를 내려놓고 잔을 꺼내 물을 받았다. 바위를 타고 흐르는 물줄기가 가늘다 보니 잔이 다 차기까지는 한참 걸렸다. 마침내 잔에 물이 가득 차자 그는 얼른 잔에 입을 댔다. 그 순간 사냥매가 잔을 낚아채어 갔고, 그 바람에 잔에 담긴 물이 모두 땅에 쏟아지고 말았다. 그는 화가 났지만 워낙 애지중지하는 사냥매였고 매도 목이 말라 그랬을 거라 추측하며 다시 물을 받기 시작했다. 그런데 잔이 반쯤 찼을 때쯤 또다시 매가 달려들어 잔을 낚아채 가는 것이 아닌가. 목이 너무 말랐던 그는 화가 머리끝까지 나서 칼을 빼어 한 손에 들고 다른 한 손으로 다시 잔에 물을 받기 시작했다. 이윽고 잔에 물이 가득 차서 그가 입을 댄 순간 이번에도 역시 매가 달려들었다. 그는 더 이상 참지 못하고 매를 단칼에 베어 버리고 말았다. 그런데 잠시 후 물이 흘러내리는 바위 위로 올라간 그는 놀라운 광경을 보게 되었다. 독성이 강한 독사가 죽어 물구덩이에 빠져 있었던 것이다. 만약 그가 그 물을 마셨더라면 죽음을 면치 못했을 것이었다. 그는 죽은 사냥매를 품에 안은 채 막사로 돌아와 이렇게 말했다.

"오늘 나는 큰 교훈을 얻었다. 화가 났을 때는 아무것도 결정하지 말아야 한다. 그리고 화가 났을 때는 성급히 아무 일도 하지 말아야 한다."

이는 파울로 코엘료의 《흐르는 강물처럼》에 나오는 이야기다. 사냥매는 주인을 살리기 위해 물 잔을 낚아챘지만 그 사실을 몰랐던 칭기즈 칸은 화가 나서 매를 죽이고 말았다. 이렇듯 어떤 일이 벌어졌을 때 피치 못할 사정이나 그럴 만한 이유가 있을 수 있다. 하지만 화는 이성을 마비시켜 판단력을 사라지게 만든다. 그래서 어떤 사람들은 홧김에 이혼을 하고, 홧김에 살인을 저지르기도 한다. 그러므로 화가 났을 때는 어떠한 결심도 행동도 하지 마라. 아무리 화가 나더라도 상대방에게 혹시나 피치 못할 사정이 있었던 것은 아닌지 확인해 보는 것이 먼저다. 그리고 중요한 결정은 화가 가라앉고 이성을 회복한 후에 해도 늦지 않다. 철학자 발타자르 그라시안도 누누이 당부한 바 있다. 화가 났을 때는 아무 일도 하지 말라고. 하는 일마다 잘못될 것이라고.

5. 화내는 것을 내일로 미루어 보라

체코에는 "내일로 미뤄야 할 유일한 것은 분노다"라는 속담이 있다. 세네카도 화에 대한 최고의 대책은 바로 화를 늦추는 것이라며 다음과 같이 말했다.

"화는 오래 버티는 단단함이 없으며 단지 화르르 타오르는 처음의 격렬함에 편승할 뿐이다. 그것은 마치 해풍이나 강과 습지를 넘어온 바람처럼 처음에는 거세지만 그 수명이 짧다. 따라서 잠시 기다리는 동안 처음에 끓어오르던 기세는 누그러지고 마음을 뒤덮었던 어둠이 점차 걷히면서 화는 누그러진다."

그러니 정말 머리끝까지 화가 날 때는 차라리 입을 다물어 버려라. 무엇이 잘못되었는지는 서로의 화가 가라앉은 후에 차근차근 따져 보면 될 일이다. 그리고 될 수 있으면 화내는 것을 최대한 늦추어 보라. 화내는 것을 내일로 미루는 순간 알게 될 것이다. 당신의 화는 이미 누그러지기 시작했다는 것을….

6. 인생에서 사람보다 소중한 것은 없다

화가 나면 상대방이 아주 의도적으로 나에게 상처를 줬다고 생각하기 쉽다. 그러나 그런 경우는 생각보다 그리 많지 않다. 상대방은 그저 이기적이거나 약간 생각이 부족했을 뿐이다. 또 별 상관도 없는 사람이라면 애초에 화가 나지도 않았을 것이다. 화가 난다는 것은 상대방이 어느 정도 당신에게 소중한 사람이라는 뜻이다.

그러므로 아무리 화가 나더라도 관계가 깨질 말은 삼가라. 이를테면 상대방의 치명적인 약점이나 창피하게 여기는 부분을 절대 건드려서는 안 된다. 또한 부모나 집안을 언급하며 자존심에 상처를 주어서도 안 된다. 상대방이 왜 나를 화나게 만들었는지 생각해 보고, 화가 난 이유를 그에게 납득시켰다면 그것으로 된 것이다. 그러니 아무리 화가 나도 인생에서 사람보다 소중한 것은 없다는 사실을 잊지 마라. 마지막으로 세네카의 말을 전한다. "매사에 시시콜콜 파고들지 말라. 가장 좋은 방법은 더러는 그냥 무시하고 더러는 웃어넘기고 그래도 남은 것들에 대해서는 용서하는 것이다."

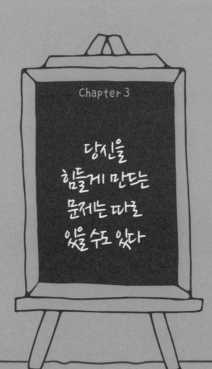

Chapter 3

당신을
힘들게 만드는
문제는 따로
있을 수도 있다

그녀가 아이를 낳은 후
갑자기 나를 찾아온 이유

오래전의 일이다. 30대 중반쯤 되어 보이는 여자 환자가 나를 찾아왔다. 한동안 말이 없길래 뭔가 많이 망설여지나 보다 싶어 기다렸다. 시간이 얼마쯤 흘렀을까. 그녀는 부모가 너무 원망스럽다고 했다. 그들에 대한 분노가 자신을 삼켜서 죽일 것만 같다고 했다.

그녀는 어릴 적 공부를 잘했다. 하지만 아빠와 엄마는 그녀가 아무리 자랑스러운 성적표를 내밀어도, 체육 시간에 다쳐서 무릎에 피가 나도 별 관심이 없었다. 부모의 관심은 오로지 오빠에게만 가 있었기 때문이다. 할아버지와 할머니 역시 '우리 집안을 빛낼 귀한 손자'라며 오빠만 싸고돌았다. 초등학교 때는 그게 너무 속상해서 칭얼거리기도 해 보고, 엉엉 울어도 봤지만 별 소용이 없었다. 그래서 어느 순간 마음을 닫아 버렸다. 사춘기가 지나면서부터는 그다지 서운한 마음도 들지 않았다. 뭐든지 오빠를 중심으로 돌아가는 집안에 익숙해졌고, 스스로도 괜찮은 줄 알았다. 하지만 아니었다.

"제가 아이를 낳았는데요. 세상에 이렇게 사랑스러운 천사가 없는 거예요. 꼬물거리는 손가락과 발가락, 오물거리는 입술, 울다가도 말똥말똥 쳐다보는 눈망울…. 그래서 눈에 넣어도 안 아플 것 같고 내 모든 걸 내어 줄 수 있을 것 같은데 갑자기 엄마 생각이 나더라고요. 나도 이렇게 예쁜 아가였을 텐데, 그때 왜 우리 엄마는 나를 사랑해 주지 않았을까? 왜 그랬을까요?"

사람들은 부모가 되면 부모의 심정을 알게 된다고 한다. 하지만 어떤 이들은 아이를 낳고 나서 더 심한 우울증에 빠지기도 한다. 부모가 되어 보니 아이가 이렇게나 사랑스러운데, 왜 자신의 부모는 안 그랬는지 화가 나고 슬퍼지는 것이다. 어린 시절 부모의 사랑을 제대로 받지 못한 경우 어떤 이들은 부모가 되는 것을 꺼리기도 한다. 좋은 부모 밑에서 사랑을 많이 받고 자란 사람들과 달리 그런 경험이 없다 보니 혹여 자신이 아이에게 상처를 주게 될까 봐 두려워하는 것이다.

이처럼 어린 시절 부모와의 사이에서 있었던 일들은 어른이 된 후에도 우리에게 많은 영향을 끼친다. 해결되지 못한 과거의 고통스러운 기억이 '미해결된 경험'으로 남아 마음속에서 곪게 되고, 그것이 어른이 된 후 경험하는 일들을 통해 하나둘씩 튀어나와 현재를 좀먹게 되는 것이다. 나를 찾아온 그녀 또한 괜찮은 줄 알고 살다가 아이를 낳고 난 후 떠올리기 싫은 과거와 조우하게 되었다. 그녀는 지금껏 억누르고 참아 온 분노를 터트리며 어떻게 해야 좋을지 모르겠다고 했다. 부모의 얼굴을 보면 너무 원망스러워서 견딜 수가 없고, 아이를 보면 자꾸 자신의 어린 시절이 떠올라 괴롭다고 했다. 좋은 엄마가 되고 싶지만 자신이 아이를 제대로 키울 수 있을지 너무 두렵다고도 했다.

우리는 현재를 살고 있다. 그러나 현재는 과거로부터 파생되며, 그것은 미래를 결정짓는다. 그렇기에 나의 현재와 미래는 내가 지나온 과거로부터 자유로울 수 없다. 그런데 과거에 받은 정신적 충격에서 벗어나지 못하면 그 고통이 지금의 나를 지배하게 된다. 떠나보내지 못한 과거의 실수와 잘못에 대한 절망과 분노가 현재까지 이어지는 것이다. 그 고통은 나의 미래까지 이어질 수도 있다. 내가 내 인생의 주인이어야 하는데 떠올리기 싫은 과거가 주인이 되어 버리는 꼴이다. 그 당시에도 죽을 것처럼 힘들었는데 도대체 언제까지 과거의 일 때문에 힘들어야 한단 말인가.

그러니 마음이 많이 고통스럽다면 더 이상 그 마음을 외면하지 말고 가만히 귀 기울여 보라. 마음 안의 어떤 부분이 당신에게 이처럼 불안과 두려움을 주는지, 어린 시절의 어떤 기억들이 지금의 당신에게 그 그림자를 펼치고 있는지를 말이다.

누구나 마음속에
상처 입은 어린아이가 살고 있다

우리 마음속에는 상처 입은 어린아이가 살고 있다. 그 아이는 상처를 입었는데 아무도 알아차리거나 치료해 주지 않아 마음 안으로 숨어 버린 아이다. 그래서 상처 입은 그 시간에 멈춘 채로 발달조차 멈추어 버린다. 더 이상 자라지 않는 것이다. 그 아이는 네버랜드로 날아가 버린 피터 팬처럼 우리의 마음속 한구석에 자리 잡은 섬 안에서 살고 있다. 귄터 그라스의 소설《양철북》에 나오는 오스카처럼 성장을 멈추어 버린, 그래서 어린아이의 시선과 두려움, 공상을 고스란히 간직하고 있는 아이.

우리의 인생은 죽을 때까지 발달하고 성장하는 하나의 과정이다. 어머니의 뱃속에서 이 세상으로 나오는 순간부터 우리는 발달과 성장을 위한 걸음을 내딛는다. 발달의 동력은 유전자 안에 자리 잡아 우리가 원하든 원하지 않든 앞으로 나아갈 수밖에 없게 만든다. 그래서 우리는 시간의 흐름에 따라 정해진 발달 코스를 밟아 간다.

그런데 각 발달 단계마다 우리가 성취해야 할 과제가 있다. 예를 들어 세 살까지는 내가 엄마와 한 몸이 아니라 분리되어 있지만 엄마가 나를 항상 사랑해 주고 필요로 할 때 내 옆에 있어 준다는 믿음을 가질 수 있어야 한다. 엄마에 대한 변하지 않는 믿음을 배워야 하는 것이다. 그리고 네다섯 살 때는 앞으로 다가올 사랑의 방향을 결정지을 오이디푸스 갈등을 해결해야 한다. 이 때 오이디푸스 갈등이란 아빠라는 경쟁자를 물리치고 엄마를 내 것으로 삼으려는 욕망을 말한다. 한편 청소년기에는 자아 정체성을 확립해야 한다. 이런 발달은 성인기와 중년기, 노년기를 거쳐 죽을 때까지 진행된다.

그러므로 인생이란 평생에 걸쳐 '나'라는 집을 짓는 과정과도 같다. 그 집이 완성되면 우리는 무덤으로 들어가고, 그 집은 나의 묘비명이 된다. 그런데 집을 지을 때 초기 기반 공사가 중요하듯, 우리의 인생에 있어서도 생후 몇 년 동안의 경험이 전체 인생에 대한 윤곽을 잡는다. 이때의 경험을 바탕으로 나와 타인 그리고 세상을 보는 방식이 결정되고, 대인 관계의 패턴이 정해지며, 사랑의 향방이 드러난다.

물론 이것으로 우리의 삶이 완전히 결정되는 것은 아니다. 다행히 살면서 교정하고 수정할 기회는 얼마든지 있다. 다만 기초

공사가 잘못된 집을 고치려면 돈과 노력이 많이 드는 것처럼, 우리의 삶 또한 초기에 잘못된 것을 고치려면 그만큼 많은 시간과 노력을 기울여야 한다.

문제는 상처 없는 삶은 없다는 데 있다. 우리의 삶은 상처로부터 자유롭지 못하다. 왜냐하면 우리는 끝없이 욕망하는 존재이고 그 욕망이 다 채워지는 경우는 결코 없기 때문이다. 그래서 아이가 엄마 품에서 나와 홀로서기를 배우고 세상을 배워 갈 때 아이에게는 자신을 안심시키고 지켜봐 주는 엄마의 사랑이 절대적으로 필요하다.

그런데 이때 엄마가 없거나 혹은 엄마라는 존재가 사랑을 주다가도 불시에 화를 내고 짜증을 내는 등 예측할 수 없으면 아이는 외로움과 두려움을 느껴 큰 상처를 입는다. 아이의 일에 사사건건 간섭하는 엄마도 문제다. 이 경우 아이는 자율성을 빼앗겨 큰 상처를 입게 된다.

그처럼 상처를 입었는데 아무도 알아차리지 못하거나 치료해 주지 않으면 그 상처는 깊은 상흔을 남기고 아이는 마음 안으로 숨어 버린다. 그리고 발달을 멈추어 버린다. 물론 어느 한 부분이 발달을 멈추었다고 그 아이의 전체적인 발달이 멈추는 것은 아니다. 상처 입은 부분을 제외한 다른 곳들은 발달을 계속한다. 그러나 그 결과 지적인 능력은 뛰어나지만 정서적으로 매우 미숙한 사람이 되는 등 불균형한 발달이 이루어진다. 이렇게 상처 입고 안으로 숨어 들어간 아이의 시간은 과거에서 정지되어 버린다.

물론 마음속 상처 입은 아이도 고통에서 벗어나고자 끊임없이 노력한다. 그래서 과거 상황으로 되돌아가 상처받았던 일을 아예 무효화시키려고 하거나, 그 상황을 다르게 재현해 봄으로써 상처를 극복하려고 애쓴다. 이를테면 폭력적인 아버지 밑에서 몸이 성할 날이 없었던 환자가 폭력적인 남자를 만나 결혼하고, 알코올 중독자 아버지를 둔 여자가 알코올 중독자인 남자와 사랑에 빠지는 것이다. 그런데 슬프게도 아이의 시도는 대부분 실패로 끝난다. 이미 지나가 버린 과거를 복원하려는 것 자체가 헛된 시도이기 때문이다.

그러므로 만약 비슷한 유형의 사람하고만 사랑에 빠지며, 비슷한 실수를 반복하고, 사랑을 바라지만 막상 사랑이 다가오면 밀어내 버리는 현상이 계속된다면 왜 그런지를 생각해 봐야 한다. 반복적으로 일어나는 일이 과거의 기억 중 가슴 아팠던 어떤 일과 연관성은 없는지 생각해 봐야 하는 것이다.

자정을 훨씬 넘긴 시각. 서현 씨는 행여 곤히 잠든 다른 가족들이 깰세라 살금살금 부엌 냉장고로 다가간다. 내일이 첫 출근인데 아무래도 잠이 오지 않았던 게다. 뜬눈으로 한 시간 넘게 누워 있자니 마음이 불안해졌다. 무언가 먹어 줘야 할 것 같았다. 그러면 잠을 푹 잘 수 있겠지.

그녀에겐 오래전부터 좋지 않은 버릇이 하나 있었는데, 화가 나거나 스트레스를 받으면 마구 먹어 대고 잠을 자 버리는 것이었다. 그러고 나면 후회가 되기도 하고 비참하다는 생각이 들기도 했지만, 그래도 스트레스를 받으면 갑자기 뭐든 먹고 싶어지면서 도무지 자제할 수가 없었다.

서현 씨의 경우, 그녀가 태어났을 때 아들을 기다리던 어머니는 우울증을 앓았다고 한다. 아버지는 2년 후 남동생이 태어난 후에야 비로소 그녀를 처음으로 안아 주었다. 그녀는 그전까지 아무도 쳐다보지 않는 딸이었다.

세상에 태어나 그녀가 처음 경험한 것은 배고픔과 냉담함이었다. 우울증을 앓던 어머니는 어린 딸이 죽지 않을 정도로만 우유를 탔고, 엉덩이가 짓무르지 않을 정도로만 기저귀를 갈아 주었다. 그래서 배고파 울다 지친 그녀는 손가락을 빨다가 차가운 기저귀를 찬 채로 잠이 들곤 했다. 그녀처럼 생후 1~2년 동안 입으로 먹고 빨고 깨물고 싶은 구강기 욕구가 충족되지 않거나, 너무 과도한 만족이 주어지면 아이가 우울을 겪을 확률이 높다.

입은 우리가 세상을 탐색하고 경험하는 첫 도구다. 아기들은 손에 잡히는 대로 무조건 입으로 가져간다. 그리고 맛과 입 안의 감촉 등으로 세상을 구별하고 경험하게 된다. 그래서 아이의 자아가 발달하기 전에 먼저 발달하는 것이 '구강 자아(mouth ego)'다. 따라서 아이가 스스로 사랑받고 있는지 아닌지를 느끼게 되는 것도 바로 입이다.

따뜻한 젖이 입 안을 거쳐 배로 흘러와 몸을 부드럽게 감싸면 아이는 포만감에 젖어 행복한 얼굴로 잠에 빠져들게 된다. 하지만 텅 빈 배를 안고 아무리 울어도 반응 없는 냉담한 세상은 아이를 절망하게 만든다. 그러면 이후에 아이는 먹어도 먹어도 채워지지 않는 굶주림을 느끼고, 아무도 자신을 진심으로 사랑하고 있지 않다는 심리적 허기를 느끼게 된다.

음식은 또한 어머니의 사랑과 보살핌을 의미하기도 한다. 어릴 적 어머니의 사랑을 충분히 느끼지 못했을 경우, 음식을 먹는다는 것은 어머니를 씹어 삼킨다는 의미도 있다. 즉 먹는다는 행위는 어머니에 대한 분노를 표현하는 복수의 의미이기도 한 것이다. 그러면서 아이들이 겪게 되는 건 '우울 반응'이다. 아이는 슬퍼 보이고, 힘이 없어 보이고, 주변의 반응에도 별 관심을 갖지 않는다. 손가락을 빨거나, 손톱을 물어뜯는 버릇이 생기기도 하고, 자위행위에 몰두하기도 한다. 그리고 이러한 생후 초기의 경험은 무의식에 남아 아이가 세상을 경험하고 자신을 느끼는 틀을 형성하는 데 많은 영향을 끼친다.

서현 씨는 항상 외로움을 느꼈고 결국은 모두가 자신을 떠나고 말 것이라는 막연한 불안감에 시달렸는데, 이런 만성적인 우울감에 빠지게 된 것도 그녀의 기억 밖에 있는 생후 초기의 경험이 큰 역할을 했다고 볼 수 있다. 그녀가 먹는 것에 유달리 집착하고, 화가 나거나 스트레스를 받았을 때 폭식을 했던 것은, 결국 자신의 고통을 음식으로 달래고 잠에 빠져들고 싶은 유아기적 소망을 보여 주는 것이다. 그러므로 그녀가 스트레스를 받으면 폭식하는 습관을 고치고 싶다면 마음속 상처 입은 아이를 더 이상 모르는 척하면 안 된다. 계속해서 비슷한 고통을 겪고 있다면 그 아이가 성장하고 싶어서 내는 소리임을 알아차리고 그 아이가 고통스러운 기억으로부터 벗어나게 도와주어야 한다.

그러기 위해서는 먼저 울음을 참고 있던 아이가 마음껏 울 수 있도록 해 줘야 하고, 어디가 아팠는지 말할 수 있도록 도와주어야 한다. 아이가 자기의 상처를 내보이고 그것을 도려내거나 약을 바를 수 있도록 해 줘야 하는 것이다. 그러면 상처가 아물면서 과거를 떠나보낼 수 있게 된다. 발목을 붙잡고 있던 과거에서 풀려나 자신을 바라보고, 세상을 느끼며, 현재에 살 수 있게 되는 것이다.

그 과정을 거치고 나면 스스로에게 '지금 일어나는 일은 그때의 일과는 상관없어. 단지 내가 그때처럼 무서운 일이 일어날까 봐 두려워하고 있는 거야. 그리고 지금의 나는 그때처럼 아무 힘이 없는 어린아이가 아니야. 그러니까 똑같은 상황이 펼쳐진다 해도 나는 그 상황을 잘 헤쳐 나갈 수 있어'라고 속삭여 줄 수 있게 된다. 그렇게 우리는 과거의 상처가 아무는 데 필요한 제2의 성장통을 겪는다.

이때 제2의 성장통이 어떤 특정 시기에만 올 수 있는 것은 아니다. 심지어 예순 살이 넘어서도 올 수 있다. 우리가 그 아이의 아픔을 보길 원하고, 상처가 치유되길 원한다면, 그 아이가 고통을 멈추기를 원한다면 그 작업은 언제든지 가능하다. 그래서 고통을 이겨 낸 아이가 더 이상 밤마다 울지 않을 수 있다면, 밝게 웃으며 잠들 수 있다면, 그래서 멈춰 있던 성장을 다시 시작할 수 있다면, 아무리 아프고 힘들어도 제2의 성장통은 충분히 겪을 만한 가치가 있다.

정신분석을 공부하며
비로소 깨달은 것

다섯 남매 중 셋째 딸로 태어난 나는 어릴 적부터 항상 사랑을 갈망했다. 하지만 사랑은 아무리 먹어도 허기지다는 것을 그때 나는 몰랐다. 다만 내가 받을 사랑까지 모두 독차지해 버리는 둘째 언니가 원망스러울 따름이었다.

둘째 언니는 나와 한 살 터울로 거의 쌍둥이처럼 자랐다. 하지만 유난히 내성적이고 수줍음이 많고 외로움을 많이 타던 나와 달리, 언니는 모든 면에서 뛰어났고 항상 사람들의 이목을 끌었다. 그런 언니는 나에게 존경과 선망의 대상이기도 했지만 성장기 내내 말할 수 없는 질투의 대상이기도 했다. 나는 아무도 모르게 언니의 불행을 상상해 보곤 했다. 언니가 가진 재능이 하나라도 없어지면 그만큼 나도 남들의 관심을 더 받을 수 있을 것 같았다. 고백하건대 나의 마음속에는 언니가 아주 없어져 버렸으면 하는 바람도 있었던 것 같다.

그런데 내가 고등학교 3학년이 되던 해 언니는 정말로 교통사고로 세상을 떠나 버렸다. 언니는 어느 대학에 수석으로 합격한 상태였고, 사고도 그 학교 앞 차도에서 일어났다.

나는 그때부터 죄인이 되었다. 내가 그렇게 생각했기 때문에 언니가 죽은 것만 같았다. 죄책감은 나로 하여금 언니의 죽음을 제대로 슬퍼하지 못하게 만들었고, 웃을 수도 없게 만들었다. 집안의 반대를 무릅쓰고 의대에 진학한 것도 언니의 죽음에 대해 어떤 식으로든 빚을 갚고 싶은 마음 때문이었다. 생전에 언니는 줄곧 나에게 "세상에 필요한 사람이 되자"고 말하곤 했다.

그래도 여전히 나는 언니의 죽음으로부터 자유로워질 수 없었다. 이제는 언니가 용서해 주지 않을까 잠깐 방심하고 있으면, 안에서 곪을 대로 곪은 상처가 교통사고 후 날씨만 흐려지면 되살아나는 통증처럼 튀어나와 나를 괴롭혔다. 내가 왜 살아야 하는지 가르쳐 주는 사람이 있다면 나의 모든 것을 내주어도 괜찮겠다는 생각마저 들 정도였다.

그럴수록 사랑이 하고 싶어졌다. 누군가 나를 구원해 주기를, 그래서 이 지독한 정신적 방황을 멈추게 해 주기를 바랐던 것이다. 하지만 막상 누가 나에게 다가오면 화들짝 놀라 도망가기 일쑤였다. 그런 내가 할 수 있는 거라곤 오직 먼발치에서 바라보는 짝사랑뿐이었다.

정신분석을 공부하고 수많은 환자들을 돌본 지 30여 년, 이제는 안다. 애써 아무렇지 않은 척했지만 언니의 죽음이 내게 준 상처는 너무 컸다. 그래서 또다시 받을지 모르는 상처를 두려워 했다. 오죽하면 상처받을 일이 없는 안전한 짝사랑의 동굴에만 갇혀 있었겠는가. 나같이 못난 사람은 사랑받지 못할 거라고 생각했다. 사랑을 고백하면 거절당할 것만 같았고, 그것은 나에게 또 다른 공포로 다가왔다. 그러니 거절당하지 않으려면 내 사랑을 아무도 모르게 꼭꼭 숨기는 수밖에 없었다.

그리고 결정적으로 언니가 나 때문에 죽었을지도 모른다는 죄책감은 나로 하여금 벌을 받아야 마땅하고 행복해져서는 안 된다는 생각을 하게 만들었다. 나는 행복할 자격이 없는 사람이었다. 누군가에게 사랑받을 자격 또한 없는 사람이었다. 편히 쉬어서도 안 되고, 즐거움을 느껴서도 안 되었다. 그처럼 좋은 것을 내가 누려서는 안 된다는 생각은 어떤 일을 하든 나의 발목을 붙잡고 놔주지 않았다.

하지만 한편으로 나를 짓누르는 두려움과 공포에서 벗어나고 싶었던 것 같다. 그래서 정신건강의학과를 선택한 게 아닐까. 증세의 뿌리가 깊고 오래되어 같은 문제가 반복적으로 나타나는데 도저히 해결의 기미가 보이지 않는 경우, 즉 과거에 묶여 꼼짝도 못 하는 사람들이 스스로 문제가 있음을 깨닫고 문제를 해결해 나갈 수 있도록 돕는 것이 바로 정신분석이기 때문이다. 그런데 가끔 사람들은 나에게 그런 질문을 던진다.

"그래서요? 과거를 알면 어떻게 되는데요? 안다고 뭐가 달라지나요? 고통스러운 과거가 갑자기 없어지기라도 하나요?"

그들의 말이 맞다. 사람들 앞에만 가면 불안하고 도망치고 싶어지는 마음이 어릴 적 무서운 아버지가 조그만 실수에도 심하게 야단치고 벌을 주던 기억과 관련이 있음을 알았다고 해서 그게 무슨 소용이 있겠는가? 그렇다고 무섭고 엄한 아버지가 갑자기 따뜻해지는 것도 아닌데 말이다. 항상 다른 사람들의 눈치를 보고 그들의 요구를 잘 거절하지 못하는 것이 어릴 적 외갓집에 보내졌던 기억과 관련이 있다는 걸 알았다고 해도 그게 이제 와서 무슨 소용이 있겠는가.

단지 알았다고 해서 달라지는 것은 없다. 이처럼 이론적으로 현재 자신이 겪는 불안과 두려움이 과거로부터 비롯된 것임을 알게 되는 것을 '지식적 통찰'이라고 한다. 그런데 지식적 통찰은 큰 변화를 이끌어 내지 못한다. 중요한 것은 '감정적 통찰'이다. 그것은 문제의 원인에 대해 가슴 깊이 느끼며, 그동안의 슬픔과 두려움이 쏟아져 나오는 순간을 말한다. 그리고 이 감정적 통찰이 우리를 변화시킨다.

하지만 한 번의 통찰로는 불충분하다. 사람은 변화하지 않으려는 속성을 가지고 있고, 과거를 반복하려는 속성도 지니고 있기 때문에 통찰을 생활에 적용시키기까지는 꽤 오랜 시간과 노력이 필요하다. 한 걸음 전진하면 한 걸음 후퇴하고, 또 한 걸음 전진하면 다시 한 걸음 후퇴하며, 전진과 후퇴를 반복하는 것이다. 그렇다면 영원히 과거에서 벗어나지 못하는 것일까? 아무리 노력해 봤자 안 되는 것일까? 그럴 때 나는 말한다.

"시작이 반입니다."

일단 문제의 원인을 어렴풋하게나마 알게 되면 그 문제로부터 '거리 두기'가 가능해진다. 거절하지 못하는 이유가 거절당하는 것에 대한 두려움 때문인 것을 알고 나면 적어도 현재와 과거를 분리할 수 있게 된다. 그래서 다시 똑같은 상황에 놓였을 때 멈 칫하게 된다.

'아, 내가 똑같은 행동을 반복하고 있구나.'

그러면 스스로 선택권을 쥐게 된다. 과거 속에서 살 것인가, 아 니면 현재를 있는 그대로 직시할 것인가. 이때 현재의 고통이 과 거에서 유래됐음을 아는 것만으로는 충분하지 않다. 마음속에서 어떤 일이 일어나고 있기에 지금과 같은 행동을 반복하게 되는 지 자세히 알 필요가 있다. 과거의 일이 지금의 심리 구조에 어 떤 영향을 끼쳤는지 그 메커니즘을 이해해야 하는 것이다.

사람들 앞에 나서기를 두려워하는 환자의 경우, 어릴 때 외갓 집에서 겪은 일들이 분노를 일으켰고, 분노에 대한 죄책감 때문 에 초자아가 지나칠 정도로 엄격하게 발달했으며, 그래서 조그 만 잘못도 심한 잘못처럼 느낀다는 사실을 이해해야 한다. 또 자 기 안에 존재하는 강한 분노 때문에 스스로를 나쁜 아이로 여기 고, 그것이 알려져 언제고 사람들로부터 버려지게 될까 봐 불안 해서 사람들과 가까워지지 못했음을 이해해야 한다. 그래야 자 신이 그렇게 나쁜 아이가 아니었음을 알게 되고, 초자아가 좀 더 관대해지면서 죄책감이 줄어들고, 사람들과도 친밀한 관계를 맺 을 수 있게 될 것이다.

이 과정은 물론 어렵다. 그게 쉽다면 왜 정신분석 치료가 수년

씩 걸리겠는가. 그러나 만일 사랑하는 사람이 괴로움 속에서 자꾸 똑같은 행동을 반복한다면 당신은 어떻게 하겠는가. 아마도 꼭 안아 주며 그것은 모두 지난 일이라고 알려 줄 것이다. 마찬가지로 당신 안의 상처받은 어린아이에게도 그렇게 해 주어야 한다.

이제 당신은 아무 힘 없는 어린아이가 아니다. 어떤 문제에도 충분히 대응할 수 있고 행복을 설계할 수 있는 어른이다. 그러므로 더 이상 과거가 당신의 현재를 지배하도록 내버려 두지 않았으면 좋겠다. 현재를 덮고 있는 과거의 무거운 이불을 걷어 내고 밖으로 나와서 맑은 공기를 마시고 하늘을 보라. 과거가 고통스러웠다고 해서 현재까지 고통스러워야 한다는 법은 없다. 과거가 고통스러웠다면 그것을 잘 지나온 당신은 그것만으로도 행복해질 권리가 있다.

당신은 행복해질 것이다. 과거의 슬픔을 인정하고 슬픔을 이겨 낸 자신을 대견하게 바라볼 수 있다면, 행복해질 자격이 있다고 스스로 믿는다면, 새로운 방식으로 사는 모험을 두려워하지 않는다면….

당신이 쓰는 방어 기제에
문제가 있는지도 모른다

"저는 화를 내는 인간의 얼굴에서 사자보다도, 악어보다도, 용보다도 더 끔찍한 동물의 본성을 보게 되었습니다. (중략) 이 본성 또한 인간이 되는 데 필요한 자격 중 하나일지도 모른다고 생각하면 저 자신에 대한 절망감에 휩싸이곤 했습니다. 늘 인간에 대한 공포에 떨고 전율하고 또 인간으로서의 제 언동에 전혀 자신을 갖지 못하고, 고뇌는 가슴속 깊은 곳에 있는 작은 상자에 담아 두고, 그 우울함과 긴장감을 숨기고 또 숨긴 채 그저 천진난만한 낙천가인 척 가장하면서, 저는 익살스럽고 별난 아이로 점차 완성되어 갔습니다."

다자이 오사무의 소설 《인간 실격》에서 주인공 요조는 거짓 가면을 쓴 채 서로 속고 속이며 사는 모순투성이의 인간들을 이해하지 못하는 순수한 영혼의 소유자이다.

말싸움이나 자기변명을 할 줄 모르는 요조는 사람들이 화를 내면 어쩔 줄을 몰라 하며 공포로 얼어붙어 버린다. 그런 자신을 감추기 위해 요조는 익살꾼이 되어 필사적으로 남들의 비위를 맞추고, 남들을 웃게 만들려고 노력한다.

"뭐든 상관없으니까 웃게만 만들면 된다. (중략) 어쨌든 인간들의 눈에 거슬려서는 안 돼. 나는 무(無)야. 바람이야. 텅 비었어."

그런 노력에도 불구하고 세상에 적응하지 못한 채 사람들에게 이용만 당하는 요조. 결국 그는 술과 담배, 매춘부에 빠져 살다가 정신 병원에 입원하게 된다. 꿈과 건강과 모든 의욕을 잃은 요조는 스물일곱 살이지만 머리가 하얗게 센 폐인이 되어 버린다. 인간 실격자가 되고 만 것이다.

요조가 인간 실격자가 되기까지

마음속의 위험한 욕망들이 밖으로 튀어나오려고 할 때 우리는 불안을 느끼게 된다. 나의 위험한 욕망이 표출될 경우 남들에게 창피를 당하거나, 남들이 나를 피하거나, 사랑하는 사람을 파괴하는 끔찍한 일이 일어날 수도 있기 때문이다. 이 불안을 우리는 '예기 불안'이라고 부른다.

예기 불안은 일종의 경고음이다. '야, 너 그러다간 큰일 나' 하는 마음속의 소리인 것이다. 그런데 다행히 우리의 마음 안에는 검열 기관이 있어 위험한 욕망이 그냥 밖으로 튀어 나가려고 할 때 두 번에 걸쳐 검열 과정을 거치게 된다. 그 결과 일차적 욕망은 다른 형태로 변형되고 검열 기관을 통과한 것들만 밖으로 나간다.

이때 사용하는 것이 바로 방어 기제이다. 자아가 위협받는 상황에서 무의식적으로 자신을 속이거나 상황을 다르게 해석해 감정적 상처로부터 나 자신을 보호하는 것이다. 방어 기제는 무의식적으로 작동하며, 일상생활에서 우리의 행동과 태도에 영향을 미친다.

우리는 누구나 방어 기제를 사용한다. 위험한 내적 충동들을 억압하거나 변형시키는 과정이 없다면 타인과 나 모두를 위험하게 만들 수 있기 때문이다. 《인간 실격》에서 요조도 자신과 타인의 내부에 있는 공격성과 탐욕을 두려워하며 이를 방어하기 위해 여러 가지 방어 기제를 사용한다. 문제는 그가 사용하는 방어 기제들이 미성숙한 것이어서 자기 파괴적인 결과를 낳는다는 데 있다.

요조가 사용하는 주된 방어 기제는 '투사'이다. 그는 자신이 다른 사람들과 마찬가지로 파괴적인 공격성을 가지고 있음을 받아들이지 못한다. 그래서 위험한 욕망들을 상대에게 전가하여, 그것을 상대방의 탓으로 돌려 버린다. 그럼으로써 그 자신은 위험한 요소가 전혀 없는 순수한 존재가 되는 것이다. 그러나 요조는 투사조차도 완전하게 성공하지 못한다. 그의 내부에 있는 파괴적인 충동들이 끊임없이 그를 두려움에 떨게 하고 괴롭히기 때문이다. 그래서 요조가 다음 단계로 사용하는 방어 기제는 다름 아닌 '투사적 동일시'이다. 투사적 동일시는 자신의 위험한 속성을 다른 사람에게 완전히 밀어내지 못하고 다른 사람에게서 그러한 속성을 끌어낸 다음, 그를 조정함으로써 자신의 충동을 조절하려는 시도다.

예컨대 요조는 여자를 자극해 놓고 막상 성관계에선 자신을 여자에게 겁탈당하는 존재로 만들어 버린다. 여자가 나쁜 역할을 하게끔 무의식적으로 유도해 자신을 선량한 희생자로 만드는 것이다.

그러나 아무리 애를 써도 위험한 충동들을 완전히 지우는 것은 불가능하다. 요조는 아직도 남아 있는 충동들을 방어하기 위해 '희화화(戲畵化)'라는 다음 단계의 방어 기제를 사용하게 된다. 희화화란 두려운 대상을 만화처럼 우스운 캐릭터로 만들어 버림으로써 두려움을 피하고자 하는 것이다. 여기서 요조가 희화화시키는 것은 바로 자기 자신이다. 그는 자신을 익살꾼으로 만들어 다른 사람들에게 웃음을 유발시킴으로써 자신은 공격적이거나 위험하지 않은 존재가 되고자 한다.

그러나 이 모든 방어 기제는 요조를 사회에 적응하지 못하고 인간 구실을 못 하는 열등한 사람으로 만들어 놓는다. 요조는 성인이 된 후 이 험난하고 위험한 세상에서 자신이 할 수 있는 것이 별로 없음을 발견한다. 그러자 요조는 '회피'와 '퇴행'이라는 방어 기제를 사용한다.

회피는 위험한 상황이나 대상으로부터 안전한 거리를 유지하려는 것이다. 요조는 사회의 한 구성원으로서의 역할을 회피한다. 그는 사회로 뛰어들기보다는 방 안에 틀어박혀 사회를 비웃고 경멸하는 쪽을 택한다. 즉 그는 사회를 회피하는 것이다. 그러나 무기력한 패배자가 되어 버린 자신에 대한 열등감이 남는다.

이 열등감을 방어하기 위해 그는 어린 시절로 퇴행한다. 퇴행이란 심한 좌절을 겪을 때 현재보다 유치한 과거 수준으로 후퇴하는 것을 일컫는다. 예를 들어 대소변을 잘 가리던 아이가 동생이 태어나자 오줌을 싸게 되는 것 등이 이에 속한다. 요조는 구강기적 시기로 퇴행하여 술과 담배를 입에 달고 산다. 엄마의 젖을 빨듯이 담배를 빨고, 술에 취해 엄마의 품에 안겨 있는 듯한 몽롱하고 이완된 느낌에 젖어 사는 것이다.

요조는 자신을 이해하고 받아들여 주지 않는 냉혹하고 잔인한 세상과 사람들에게 분노한다. 그러나 분노를 드러내 다른 사람을 자극했다가 해코지라도 당하면 큰일이다. 그래서 그는 분노를 자신에게로 돌려 버린다. '공격성의 자기에게로의 전향'이라는 방어 기제를 사용하는 것이다. 요조는 공격성을 자신에게로 향하게 해서 자신을 파괴해 나간다. 술과 마약으로 자신의 정신과 육체를 파괴하고, 끝내는 자신을 없애 버리려고 자살 시도를 하는 것 등이 그것이다.

요조가 사용하는 방어 기제는 그리 성공적이지 못하다. 그는 투사나 투사적 동일시, 희화화, 회피와 퇴행, 공격성의 자기에게로의 전향 등과 같은 미숙한 방어 기제만을 고집한다. 그 결과 그는 인간 실격자가 된다.

이제 그만 유년 시절의 미숙한 방어 기제를 버려라

방어 기제를 사용하지 않는다면 그것은 방어할 것이 없거나 방어할 힘이 없음을 의미한다. 그러나 죽지 않는 한 욕망과 충동에서 자유로울 수 있는 사람은 아무도 없다. 그러므로 살아 있는 사람은 누구나 방어 기제를 사용한다.

우리가 사용하는 방어 기제는 미숙하고 파괴적인 것에서부터 성숙하고 건설적인 것까지 다양한 종류가 있다. 어릴 적에는 아직 성격 구조나 자아가 완성되지 않았기 때문에 미숙한 방어 기제를 사용한다. 그러다 점차 성격 구조가 확고히 형성되고 자아가 강해짐에 따라 좀 더 성숙한 방어 기제를 동원할 수 있게 된다.

미성숙한 방어 기제 중 가장 대표적인 것은 '억압'이다. 억압은 불안을 방어하기 위해 동원하는 1차적 방어 기제로 기억하고 싶지 않은 고통스러운 기억이나 밖으로 튀어나오려는 위험한 욕망들을 마음속 깊이 밀어 넣는 것이다. 그럼으로써 사람들은 사회적으로 용납되지 않는 위험한 충동으로부터 자신을 지키려 한다. 예를 들어 부모의 학대에 대한 분노를 억압하여 부모에 대한 이야기를 무의식적으로 꺼리는 경우가 이에 해당한다. 그러나 억압된 욕망들은 강력한 에너지가 부하된 것들이어서 우리의 내부를 들끓게 하고 끊임없이 밖으로 튀어나가려고 한다. 그래서 이를 방어하기 위해 다른 방어 기제들이 동원된다.

앞에서 언급한 것들 외에 다른 미성숙한 방어 기제로는 부정, 격리, 취소, 반동형성 등이 있다. 부정은 도저히 감당할 수 없는 생각이나 욕구, 충동 등을 무의식적으로 부인하고 무시해 버리는 것이다. 이를테면 애인이 교통사고로 사망했음에도 불구하고 그의 죽음을 인정하지 않은 채 여행을 떠났다고 주장하는 것이 이에 속한다. 취소는 자신의 적대적 욕구나 공격성으로 인해 다른 사람이 피해를 입었다고 느낄 때, 그 상황을 취소하고 원상복구하려는 행동을 뜻한다. 예를 들어 금지된 대상에게 성적 충동을 느꼈을 때 이를 씻기 위해 반복적으로 손을 씻는 등의 강박행동을 하는 것이 이에 해당한다. 반동형성이란 속마음과는 전혀 다른 행동을 하는 것을 의미한다. 권위적 인물에게 강한 적대감을 가지고 있는 경우 오히려 예의 바르고 매우 공손한 태도를 취하는 것이 이에 속한다.

이외에도 많은 방어 기제가 있다. 그리고 그중 어떤 것은 성공하고 어떤 것은 실패한다. 특히 미숙한 방어 기제는 실패할 확률이 높다. 성인이 된 후 어릴 적 사용하던 미숙한 방어 기제를 그대로 사용하는 것은 현실에 맞지 않을뿐더러, 어린 시절과는 달라진 성인의 욕망을 방어하기에는 미숙한 방어 기제의 힘이 약하기 때문이다. 그러므로 어른은 유년 시절의 미숙한 방어 기제를 버리고 성숙한 방어 기제를 사용할 수 있어야 한다.

당신은 어떤 방어 기제를 사용하고 있는가

그렇다면 성숙한 방어 기제로는 어떤 것들이 있을까. 만일 《인간 실격》의 요조가 존경할 수 있는 형을 닮으려고 노력했다면 그는 형으로부터 좀 더 좋은 행동 모델을 배울 수 있었을 것이다. 이 방법을 우리는 '동일시'라고 한다. 또 요조가 파괴적인 욕망들을 그림이나 글로 표현함으로써 방출시킬 수 있었다면, 즉 '상징화'하고 '승화'할 수 있었다면 자신을 괴롭히는 두려움으로부터 어느 정도는 해방될 수 있었을 것이다. 예술가가 자신의 위험한 성적 욕망을 사회적으로 수용 가능한 예술로 승화시키듯이 말이다. 이외에 성숙한 방어 기제로는 유머, 이타주의 등이 있다.

만일 두려움과 불안을 방어하느라 많은 에너지를 소모하는데도 당신이 바라는 평안이 오지 않는다면 한번 곰곰이 생각해 보라. 혹시 아직도 미숙한 방어 기제를 사용하고 있는 것은 아닌지, 어른이 되었음에도 어릴 적에 느꼈던 두려움을 여전히 지니고 있어서 불안에 떨고 있는 것은 아닌지…. 당신이 마음속에 일어나는 충동들을 두려워하지 않고, 지금 사용하고 있는 방어 기제가 무엇인지를 알아차리고 그 방법을 조금만 바꿀 수 있다면 당신이 그토록 원하던 마음의 평화를 얻을 수 있게 될 것이다.

어린 시절 얘기를 불편해하는
사람들의 공통점

1917년 핼리팩스 폭발 사고부터 2001년 9·11 테러에서 살아남은 1만 5천 명의 생환기까지, 역사적인 재난 생존자들을 추적해 온 〈타임〉지의 수석 기자 아만다 리플리. 그녀는 《언씽커블》을 통해 재난을 당한 사람들이 일반적인 예상과는 다르게 행동한다는 결과를 발표했다.

보통 사람들은 쓰나미나 테러와 같은 재난을 당했을 경우 당연히 가능한 한 빠르게 현장을 빠져나갈 것이라고 생각하지만 실제 생존자들은 재난 신호를 감지한 후 한참 뒤에야 대피하기 시작했다. '곧 괜찮아지겠지', '설마 그런 일이 나에게 닥칠까'라고 생각했기 때문이다. 그들은 재난이 자신만은 비켜 갈 것이라며 위험한 상황을 부정해 버렸던 것이다.

우리가 사용하는 가장 미숙한 방어 기제 중의 하나가 바로 '부정'이다. 말 그대로 자신에게 일어난 불행을 인정하고 싶지 않아서 마치 그 일이 없던 것처럼 부정해 버리는 것이다. 예를 들어 암을 선고받은 환자가 "내가 암이라니 그럴 리 없어. 분명 오진일 거야"라며 병원에 가기를 거부하거나 의사를 계속 바꾸는 것이 이에 속한다. 불행한 현실을 거부함으로써 일시적으로나마 마음의 평안을 도모하는 것이다.

사람들은 불행을 인정하지 않으려는 경향이 있다. 불행을 인정하면 자신이 너무 비참하고 무기력한 볼품없는 존재가 될 것 같아서, 혹은 뒤따라오는 분노와 좌절을 감당할 자신이 없어서 아예 그런 일이 없었던 것처럼 부인해 버린다. 그렇게 해서 불행이 사라진다면 얼마나 좋을까? 그러나 불행은 결코 사라지지 않는다. 그리고 그 대가로 치러야 하는 고통은 너무 크다. 선우 씨가 그랬다.

선우 씨는 남의 부탁을 거절하는 법이 없고 항상 주변 사람들을 챙기며 궂은일을 도맡아 해서 어디서든지 환영을 받았다. 그런데 어느 모임에서 사람들이 너무 나대는 것 아니냐고 그에 대해 수군거리는 말을 들은 다음부터 몸이 천근만근 가라앉기 시작했다. 그리고 자신을 비난하는 사람들에 대한 분노로 잠을 이룰 수 없다고도 했다.

면담을 진행하면서 어린 시절 이야기가 나오면 그는 계속 아무 문제 없는 행복한 어린 시절을 보냈다고 나에게 강조했다. 그런데 이상하게도 중학교 이전 기억은 거의 나지 않는다고 했다. 그 말에 나는 조심스럽게 말했다.

"혹시 그 전의 일들을 기억하는 게 너무 고통스럽기 때문이 아닐까요?"

하지만 그는 고집스럽게 자기 가족은 정말 행복했으며, 특징적인 일들이 없었을 뿐이라고 항변했다. 그런데 차츰 면담이 진행되고 기억을 억압하던 저항에서 풀려나면서 그는 어릴 적 겪은 고통스러운 기억들을 하나둘 떠올리기 시작했다.

그의 어머니는 원치 않은 때에 그를 임신했다. 그래서 그는 축복받지 못한 채 태어났고, 무뚝뚝한 아버지와 아픈 어머니 밑에서 자랐다. 아버지는 조그만 일에도 갑자기 화를 벌컥 냈기 때문에 그는 늘 아버지 눈치를 봐야 했다. 또 어릴 적부터 아픈 어머니가 못한 일까지 해 가며 어머니를 보호하는 역할을 묵묵히 수행해 왔다. 결혼한 지금도 매주 어머니 집에 들러 집안일을 챙기고 하룻밤을 자고 왔다. 그것 때문에 아내와의 사이도 별로 좋지 못한 상태였다.

화목하고 평온한 어린 시절, 그것은 꿈이었을 뿐 사실이 아니었다. 그러나 그는 지금껏 그 사실을 부정하며 살아왔다. 그는 화목한 가정을 꿈꿨다. 부모로부터 많은 사랑을 받고 싶었고, 부모를 기쁘게 만드는 자랑스러운 아들이고 싶었다. 그래서 어머니를 보호하고 아버지의 심기를 맞춰 가며 무던히 노력해 왔다. 그런데 그로 인해 외롭고 고통스러웠다는 사실을 인정하면 지금까지 쏟은 모든 노력과 시간이 물거품이 될뿐더러 억눌러 온 부모에 대한 분노가 튀어나올 것만 같았다. 그래서 그는 어린 시절 자신의 모습을 부정하고 외면하며 상처를 서둘러 '구멍 마개(stopgap)'로 막아 버렸다. 마치 상처가 없었던 것처럼 말이다.

그런데 상처는 안에서 곪기 시작했다. 그는 늘 알 수 없는 긴장감과 막연한 불안에 시달렸고, 가끔씩 다른 사람들에 대해 치솟는 분노를 주체하지 못했다. 구멍 마개로 덮어 놓은 상처가 자꾸 밖으로 튀어나오려고 했기 때문이다.

선우 씨의 경우 어린 시절이 외롭고 불행했다는 사실을 인정하는 것은 커다란 고통이자 슬픔이었다. 그러나 나와 면담을 진행하며 행복하지 못했던 어린 시절을 인정하자 비로소 자신과 부모의 모습을 제대로 마주하게 되었다. 나중에는 어머니 역시 상처받은 영혼일 뿐이라는 사실을 깨닫게 되자 어머니에 대해 가지고 있던 이유 모를 부채감과 불편한 감정에서도 벗어날 수 있었다. 구멍 마개를 열고 상처 안을 들여다보면서 문제의 본질을 알게 되었고, 문제를 풀 힘 또한 얻게 된 것이다.

그는 이제 매주 어머니 집에 가지 않는다. 어머니에게 사랑받고 싶었던 과거를 떠나보낸 그는 그 시간을 아내와의 관계를 회복하는 데 쓰고 있다. 너무 늦지 않았기를 바라면서.

누구에게나 불행하다고 느꼈던 시간이 있다. 창피해서 죽을 것만 같았던 시간도 있을 것이다. 그러나 일시적인 평온을 위해 불행을 부정해 버리면 상처를 자연스럽게 치유할 기회를 잃어버리고 더욱 곪게 만든다. 상처를 구멍 마개로 막아 봐야 아무 소용이 없는 것이다. 그러니 만일 과거 불행했던 기억이 자꾸만 당신을 괴롭힌다면 더 이상 두려워하지 말고 용기를 내야 한다. 과거의 불행을 인정하고 상처와 직면해야만 상처를 치유할 힘을 얻게 되기 때문이다.

그리고 누구나 화목한 가정을 꿈꾸며 식구들이 오순도순 식탁에 둘러앉아 대화를 나누면서 맛있는 저녁을 먹는 장면을 떠올리지만 실제로는 가족들이 각자 일로 바빠서 그런 시간을 내기가 힘들다. 그리고 결정적으로 화목한 가정은 싸움이 없는 집이 아니라 싸워도 금방 화해하고 풀 수 있는 집이다. 왜냐하면 사람들이 부대껴 살다 보면 가족 간에도 갈등이 생길 수밖에 없다. 그래서 갈등을 해결하기 위해 서로 대화를 나누다 보면 가끔은 큰소리가 날 수도 있고 의견이 달라 싸울 수도 있다. 다만 화목한 가정은 갈등을 두려워하지 않는다. 갈등이 생겨도 어떻게든 그것을 풀기 위해 애쓸 것이라는 믿음이 있기 때문이다.

반면 싸움이 없는 집은 화목한 가정이 아니라 모두 갈등을 외면하고 있는 집일 수 있다. 그래서 그 집에 흐르는 것은 평화가 아니라 숨 막히는 침묵뿐이다. 그러므로 화목한 가정에 대한 잘못된 환상에서 먼저 빠져나올 필요가 있다. 세상에 문제가 없고, 갈등이 없는 집은 그 어디에도 없기 때문이다.

내 안의 어린아이를 달래는
4가지 방법

나는 지난 30여 년간 정신분석 전문의로 일하며 수많은 환자들을 만나 왔다. 그들은 모두 상처받은 과거를 가지고 있었고 그로 인해 불행하다고 말했다. 하지만 그럼에도 불구하고 과거를 마주하는 것이 두렵다고 했다. 그럴 때마다 나는 깜깜한 동굴을 떠올리곤 했다.

동굴이 있었다. 그 동굴 안에는 괴물이 살고 있다는 소문이 돌았다. 아닌 게 아니라 바람 부는 날에는 그 동굴에서 흐느끼는 듯한 이상한 소리가 들려왔다. 밤이 되면 커다랗고 시커먼 물체가 움직이는 것이 보이기도 했다. 그래서 아무도 그 동굴 안에 들어가려 하지 않았다. 그런데 문제는 그 안에 있는 샘물이었다. 날이 가물어 먹을 물이 필요했지만 사람들은 괴물이 무서워서 아무도 선뜻 동굴 안에 들어갈 엄두를 내지 못했다. 수소문 끝에 유명한 동굴 탐험가를 데려왔다. 그리고 그가 앞장서서 비추는 불빛을 따라 동굴 안으로 조심스레 들어갔다. 여기저기 뾰족한 돌이 많아 몇몇 사람은 돌에 걸려 넘어지곤 했다. 그래도 사람들은 샘물을 찾아 계속해서 동굴 안으로 깊숙이 들어갔다. 한참을 들어가니 어디선가 사각거리는 소리가 들려왔다. 동굴 탐험가가 소리가 나는 방향으로 등불을 비추었다. 그랬더니 작은 쥐 몇 마리가 과일을 갉아먹고 있는 게 아닌가. 동굴 안에서 갑자기 웃음이 터져 나왔다.

'아, 저 조그만 쥐였구나. 쥐가 과일을 갉아먹는 소리가 바람에 울려 그렇게 크게 들렸고, 동굴 반대편으로 들어오는 달빛 때문에 쥐의 그림자가 그렇게 크게 일렁거렸던 거구나.'

이후 사람들은 안심하고 맑은 샘물을 길어다 먹을 수 있었다.

정신분석은 바로 이런 과정과 같다. 동굴은 우리의 무의식이고 그 안에 있는 쥐는 과거의 무섭고 힘들었던 기억이다. 동굴 안의 샘물은 우리 마음 안에 있는 '창조성'이자 '참자아'다.

사람들은 과거에 상처받고 무서웠던 기억에 비추어 현재를 바라보는 습성이 있다. 그래서 과거의 기억에서 벗어나지 못하고, 정작 자기 마음 안에 있는 건강한 부분을 찾아내지 못한다. 여기서 동굴 탐험가는 바로 정신분석가를 말한다. 인간의 무의식에 대한 지도와 탐험의 경험을 갖고 있는 분석가는 환자와 같이 그의 무의식을 탐험한다. 그래서 그가 두려워하고 있는 것의 실체를 볼 수 있게 해 준다. 이때 그 실체는 어릴 적에는 놀라고 무서

위할 수밖에 없었지만 성인이 된 지금은 충분히 해결할 수 있는 문제다. 괴물이라고 생각해 두려움에 떨며 감히 들여다볼 엄두를 못 냈는데, 알고 보니 쥐라는 사실에 안도한 것처럼 말이다. 즉 두려워한 것보다 과거의 상처가 대단한 게 아닐 수도 있다.

동굴을 탐험하는 과정은 바로 정신분석에서 말하는 자유 연상과 같다. 우리는 마음속 이야기들을 꺼내면서 어렴풋이 느끼고는 있었지만 직면하기에는 두려웠던 나 자신의 감정과 만나게 된다. 그러면 왜 그때 그럴 수밖에 없었는지 이해하게 된다. 내가 부족하거나 못났기 때문이 아니라 누구라도 그 상황에서는 그럴 수밖에 없었으리란 걸 비로소 이해하게 되는 것이다. 그처럼 과거에 수치스럽고 무력했던 나 자신과 마주함으로써 나와 나에게 상처를 준 사람들의 상황을 이해하게 되면 과거와 화해하고, 과거를 떠나보낼 수 있게 된다. 어쨌든 중요한 건 있는 그대로, 거짓됨이 없는 자신의 모습을 그대로 인정하고 받아들여야 한다는 것이다. 데미안이 말했던가.

'새는 알을 깨고 나온다. 알은 새의 세계다. 태어나려는 자는 한 세계를 파괴하지 않으면 안 된다.'

1. 과거를 재구성해 볼 것

지윤 씨는 치료를 시작한 지 얼마 안 됐지만 경과가 굉장히 빠른 편이었다. 그녀는 어려서부터 공부도 잘하고 장녀로서 동생들도 잘 돌봤지만, 정작 부모에게 별 인정과 칭찬을 받지 못했다. 공부를 잘하는 것도 '공부만 잘하는 애'라는 흉이 됐고, 형제들과 달리 외모가 뒤처진다는 이유로 '못난이'라 불렸다.

그런 그녀가 사랑을 느끼게 된 남자는 화목한 가정의 막내였다. 자신과 같은 상처가 없는 그에게 열정적으로 빠져든 그녀. 그러나 어느 날 그가 일방적으로 이별을 선언했다. 그 뒤 그녀는 호감을 표시하는 상대가 나타나면 자신도 모르게 도망을 가게 되었다. 그런 모습은 그녀 자신에게조차 생소한 것이었다.

그녀는 '내가 왜 이러는 거지?'라는 물음을 가지고 나를 찾아왔지만 사실 내 도움이 없어도 충분히 스스로 문제를 풀어 갈 수 있는 힘을 가지고 있었다. 그녀는 상대방이 관심 있다고 말하면 자신도 모르게 도망을 갔던 것은 상대에게 자신의 숨겨진 모습을 들키고 싶지 않아서인 것 같다고 말했다. 가까워져서 자신의 추하고 약한 모습을 알게 되면 전 남자 친구가 그랬듯이 새로운 상대도 자기를 떠날지도 모른다는 불안감이 의외로 컸던 것이다. 그녀는 자신을 이렇게 만든 부모에게 원망과 분노를 느꼈다. 왜 그렇게 동생들만 편애했는지, 여동생이 접시를 깨트리면 다친 데는 없는지부터 살피면서 왜 자신한테는 아까운 접시 어떻게 할 거냐고 야단쳤는지, 남동생 성적 안 좋은 게 왜 자신이 신경을 안 쓴 탓이 되는지….

그런데 나와 함께 과거를 여행하면서 그녀는 달라졌다. 자신이 늘 구박만 받았다고 생각하던 어린 시절에서 굉장히 새로운 사실을 발견해 냈다. 엄마와 아빠가 자신을 사랑하지 않은 것이 아니라 단지 표현하는 방식이 서툴렀을 뿐이라는 것을 말이다. 엄마 입장이 되어 보고, 아빠 입장이 되어 보니 부모가 애초부터 자신을 미워하고 상처를 주려고 한 게 아님을 깨달을 수 있었다. 그녀는 결국 어린 시절을 보다 객관적으로 바라봄으로써 부모에 대한 분노를 거둘 수 있었다.

무언가 상황이 벌어졌을 때는 그 배경이 있는 법이다. 사람이 어떤 행동을 하고 말을 하는 것도 마찬가지다. 그 사람의 전체를 이해하고 왜 사랑이 저렇게 표현되어 나오는지를 이해하게 되면 불필요한 오해로 상처를 입는 일이 적어진다. 그래서 과거를 재구성하기, 즉 상처받은 과거로 돌아가되, 내가 아닌 상대방의 입장으로 돌아가 보는 것, 그것은 의외로 상처로부터 벗어날 수 있는 중요한 키워드를 제공한다. 어쩌면 상처의 많은 부분이 상대방의 전체를 이해하지 못하고 내 입장에서만 생각한 탓에 생긴 것인지도 모르기 때문이다.

지윤 씨는 조금씩 그 상처로부터 벗어나 자유로워지는 모습을 보여 주었다. 부모의 서툰 사랑을 발견한 것이 그녀에게 그 무엇과도 비교할 수 없는 큰 기쁨이 되었던 것이다. 그때 나는 그녀가 조만간 멋진 사랑을 할 것 같은 예감이 들었다.

2. 분노를 두려워하지 말 것

분노를 너무 자주 폭발시키는 사람만큼이나 전혀 분노할 줄 모르는 사람도 문제다. 50대 초반의 여자 환자가 있었다. 그녀는 화를 낼 줄 모르는 대표적인 케이스로, 남편과 아들을 뒷바라지하며 집안 살림을 도맡아 하는 전업주부였다. 세 식구뿐이었지만 그녀가 해야 할 일은 과도하게 많았다. 그녀의 남편은 설거지 한 번 해 본 적이 없는, 정말 손 하나 까딱 안 하는 사람이었고, 아들도 남편이 하는 걸 그대로 따라 했다. 그녀는 혼자 동분서주하면서도 남편과 아들에게 화를 내기는커녕 집안일 좀 도와 달라는 말을 해 본 적이 없었다. 집안이 아무리 어질러져 있어도 치울 생각을 하지 않을뿐더러 물 갖다 달라, 양말 찾아 달라 등등 거실 소파에 앉아 시키기만 하는 남편을 보며 화가 났지만 그녀는 분노를 속으로 삭이려고만 했다. 하지만 스트레스가 쌓이면서 어느 날부터인가 그녀는 악몽을 꾸고 환영을 보기 시작했다.

병원을 찾아온 건 악몽이 너무 끔찍해서 낮에도 무서움에 떨며 혼자 견디기 어려워졌을 때쯤이었다. 그녀가 꾸는 악몽은 매번 장소는 바뀌지만 늘 폭발물이 터지고 사람들이 피를 흘리며 고통스럽게 죽어 가는, 끔찍한 것이었다.

나는 대화를 통해 그녀가 평소 전혀 화를 못 낸다는 것을 알았다. 그녀는 자기가 화를 내면 질서가 깨지고 주위가 혼란에 빠질 것이라고 생각했다. 그래서 자기 한 사람만 참으면 세상의 모든 것이 문제없이 흘러갈 거라고 믿었다.

그러나 참는 것도 하루 이틀이지, 수십 년 동안 그렇게 사는 것은 결코 쉬운 일이 아니다. 특정한 시기에 강한 외부적인 억압의 영향으로 분노를 표출하지 못하기 시작하면 그 분노가 내부에 쌓여 어느 순간 곪아 터지게 되어 있다. 그녀의 경우도 분노가 쌓여서 안에서는 이미 폭발 직전인데, 그녀의 무의식이 분노 표출을 완강하게 막고 있는 것 같았다. 그래서 자신이 화를 내면 건물이 폭파되고, 죄 없는 많은 사람이 죽는 등 아주 나쁜 일이 일어날 것이라는 환상에 시달리며 그처럼 끔찍한 꿈을 꾸는 것이었다. 그녀와 면담을 시작한 지 몇 개월 지난 어느 날 나는 꽤 늦은 시각에 그녀로부터 전화를 받았다. 그녀의 목소리는 몹시 불안했다.

"또 그 꿈을 꾸셨나요?"

내가 조용히 물었다.

"아니요, 선생님. 제가 큰일을 저지른 것 같아요. 제가 남편하고 아들한테 냅다 소리를 지르고 화를 냈어요. 지금 방에 혼자 있는데, 너무 불안해서 어떻게 해야 할지 모르겠어요. 어떡하죠?"

나는 괜찮을 테니까 걱정 말고 푹 주무시라고 말하고 그녀가 어느 정도 진정되기를 기다렸다. 이틀 후 그녀가 면담 시간에 왔는데 얼굴이 밝아서 안심이 됐다. 그녀는 앉기가 무섭게 그 이후 일어난 일들에 대해 들려줬는데 걱정한 것과 달리 아들과 남편이 다음 날 아침 식사를 하면서 그녀에게 조심스럽게 말을 붙였다고 했다.

"선생님 말씀대로 정말 제가 화를 내도 큰일이 안 생기더라고요. 그리고 남편이 저한테 미안하다고 말했어요."

마음속에 분노를 담아 두지 말자. 상대에게 느끼는 불만을 털어놓는 걸 두려워해선 안 된다. 오히려 우리가 배워야 할 것은 흥분하지 않고, 상대를 비난하지 않으면서 불만을 잘 전달하는 것이다. 내가 느끼는 것을 상대에게 잘 전달했을 때 나는 또 한 번 자유로워진다. 그것이 있는 그대로의 나의 모습이고, 그 부분에 있어서는 더 이상 '아닌 것'처럼 가장할 필요가 없기 때문이다.

3. 'all good or all bad'에서 벗어날 것

'all good or all bad'에서 벗어난다는 것은 좋고 싫은 감정을 통합할 수 있는 능력을 가진다는 걸 의미한다.

사람은 누구나 좋은 점만큼이나 나쁜 점을 가지고 있다. 그런데 어떤 사람들은 타인을 장점과 단점을 모두 가지고 있는 인간으로 보지 못한다. 그들에게는 세상에 '100퍼센트 좋은 사람'과 '100퍼센트 나쁜 사람'이 있을 뿐이다. 그래서 지속적인 대인 관계를 맺는 데 굉장한 어려움이 따른다. 사랑을 할 때도 마찬가지다. 그런 사람들은 처음 사랑에 빠질 때는 상대를 극도로 이상화하여 상대의 모든 것을 좋게 본다. 그러다 차츰 단점이 보이기 시작하면 그걸 도저히 참지 못한다. 상대는 곧바로 나쁜 점투성이인, 좋은 점이라곤 하나도 찾아볼 수 없는 사람이 되고 만다. 그러면 그들은 실망하고 바로 다른 사랑을 찾아 나선다.

그런데 생각해 보라. 어떻게 모든 게 좋기만 하고, 모든 게 나쁘기만 하겠는가. 그들의 문제는 자기 자신에게도 그런 사고방식을 적용한다는 데 있다. 그들은 자신이 단점을 가지고 있다는 사실을 굉장한 콤플렉스로 여긴다. 그래서 상대방이 자신과 가까워져서 자신이 나쁘다는 것을 알면 즉시 떠나 버릴 것이라고 두려워한다. 하지만 나쁜 점이 있다고 해서 그것이 곧 나쁜 사람이라는 뜻은 아니다. 그러므로 자신의 무의식에 있는 어둡거나 부정하고 싶은 면들과 의식적으로 대적하려 들거나, 그것들을 비관하면서 체념하는 것은 무엇에도 도움이 되지 않는다.

자존감이 높은 사람은 자신이 나쁜 점도 있지만 좋은 점이 더 많은 괜찮은 사람이라고 생각한다. 즉 그들은 자신이 나쁜 점을 가지고 있다는 것을 알고 있다. 다만 그 사실을 두려워하지 않을 뿐이다. 그러므로 'all good or all bad' 태도에서 벗어나기 위해서는 나쁘다고 생각하는 면들을 자신의 일부분으로 인정하고 받아들이는 것이 먼저다. 그리고 나서는 그것들을 호기심 있게 들여다보라. 그러면 초조함과 불안함과 두려움이 있던 자리에 여유와 생동감이 피어나는 모습을 보게 될 것이다.

4. "So, it's me"라고 말해 볼 것

내 무의식 속에 있는 상처를 알고, 그 상처의 진원지를 찾아 기억을 재구성하고, 나 자신에 대해 숨김없이 드러낼 수 있게 되면 이제 스스로 "그래, 그게 바로 나야(So, it's me)"라고 선언할 수 있게 된다. 자기 자신의 상처까지도 온전히 자기 것으로 받아들이고, 그것으로부터 담담해지기 시작하는 것이다.

부부간의 갈등과 싸움이 끊이지 않던 하영 씨도 치료를 통해 싸움의 원인을 제공하는 것이 자기 자신이라는 사실을 알았다. 그리고 자기가 왜 그렇게 되었는지도 알게 됐다. 그런 그녀가 어느 날 "So, it's me" 했을 때 나는 그녀와 기쁘게 헤어졌다. "앞으로 어떻게 하면 되는 거죠?"라고 묻는 그녀에게 나는 웃으며 말했다.

"하고 싶은 대로 하세요. 지금껏 인생의 주인은 당신의 과거였지만 이제부터는 당신이 주인이니까요. 가장 자신다운 선택을 하는 것, 그게 정답이에요."

아는 것과 동시에 문제가 완전히 해결되는 것은 아니다. 안다고 해도 무의식의 반복 속에서 전과 같은 문제가 심심치 않게 튀어나올 수 있다. 그러나 어느 순간 그 문제로 인해 깊은 상처를 입기 전에 자신의 감정을 추스를 수 있게 된다. 예를 들어 무의식의 상처 때문에 자꾸 사랑하는 사람들에게 분노를 퍼붓던 사람은 어느 순간 또 심하게 욕을 하다가도 자신을 돌아보며 언행에 주의하게 된다. "내가 또 그랬네. 왜 그랬을까? 아내는 잘못한 게 없는데 또 화를 내고 말았어. 다음부터는 그러지 말아야지" 하고 스스로 주문을 외우게 되는 것이다.

정신분석학의 창시자 프로이트는 정상의 기준이 "약간의 히스테리, 약간의 편집증, 약간의 강박을 가진 것"이라고 했다. 이것은 곧 누구도 이런 것들에서 완벽하게 자유로울 수 없다는 사실을 의미한다. 그러므로 내 안에 콤플렉스나 갈등이 있다는 것 자체가 문제 되는 건 아니다. 그것을 내가 어떻게 받아들이고 긍정적인 방향으로 이끌어 가느냐가 관건인 것이다.

나 또한 내부에서 일어나는 어떤 작용으로 인해 완벽해야만 사람들에게 사랑받을 수 있을 거라는 콤플렉스를 가지고 있다. 하지만 나는 그런 콤플렉스가 있음을 부정할 생각도 없고, 그것 때문에 나를 비하하지도 않는다. 오히려 그 콤플렉스는 일을 할 때 나를 이끌어 주는 원동력이 되기도 했으니까.

사랑을 할 때도 마찬가지다. 왜 모든 사람이 성숙한 사랑을 해야 하는가? 왜 모든 사람이 열정적인 사랑을 해야 하는가? 어떤 모습이든 그 안에서 행복할 수 있고 편안할 수 있으면 그것으로 된 거다. 이런 마음이라면 우리는 굳이 이상적인 것에 매달리지 않고 다른 사랑의 형태에 집착하지 않을 수 있다. 그리고 얼마든지 나 자신이 행복하면서도 풍부한 사랑의 감정을 느낄 수 있다.

"그래, 그게 내 모습이야, 어쩔래?"

좀 건방지고 도발적으로 들리는 선언 같아 보이지만 자기 자신을 건강하게 드러내는 모습이다. 그리고 이것은 자기 상처 주변으로는 누구의 접근도 불허하면서 상처를 감추고 부인하기 위한 거짓 선언이 아닐 때 의미가 있다. 자기 자신을 있는 그대로 내보일 만큼 강해지면 더 이상 두려울 것은 없다. 이제 당신에게 남아 있는 것은 당신이 선택한 인생에 최선을 다하고, 그 안에서 행복을 느끼는 것이다.

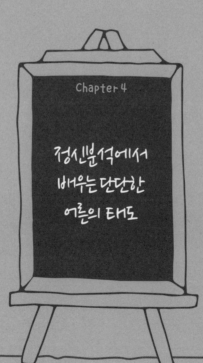

Chapter 4

정신분석에서
배우는 단단한
어른의 태도

첫눈에 반한 운명 같은
사랑이 위험한 이유

첫눈에 반하다. 가슴이 뛴다.

이런 강렬한 느낌은 사랑의 가장 확실한 증거이며, 사랑임을 의심하지 않는 첫 번째 요건이 된다. 도서관에서, 출근길 지하철에서, 여행길 기차 안에서, 심지어 거리에서 우연히 마주친 사람이 어느 날 운명처럼 나에게로 다가온다고 생각해 보라. 그 사랑을 누가 감히 의심할 수 있겠는가. 수아 씨도 그런 경우였다.

그녀는 서른네 살의 나이로 곧 결혼을 앞두고 있었다. 패션 디자이너인 그녀는 일을 한번 맡으면 끝장을 보는 성격이었다. 그녀의 성실함과 뛰어난 감각은 눈에 띌 수밖에 없었고 자연스럽게 그녀가 맡은 일도 더 많아졌다. 덕분에 연애는 꿈도 꾸지 못했다. 그러다 같은 회사에 다니는 남자 동료와 친해지면서 서서히 사랑을 쌓아 갔고, 결혼을 약속하기에 이르렀다.

하지만 이상하게 결혼 날짜가 다가오면서 자꾸만 불안해졌다. 남들처럼 사랑에 푹 빠져서 열렬한 감정에 들떠 본 적 없는 그녀는 이게 정말 사랑일까 의구심이 들었다. 이미 결혼하기로 했는데 사랑을 의심하는 자신이 한심하게 느껴졌지만 그럴수록 불안은 더해 갔다.

그러던 어느 날 친구가 결혼을 앞두고 심란해하는 그녀를 위로해 준다며 동호회 모임에 불렀다. 그녀는 내키지 않았지만 친구 때문에 마지못해 그 자리에 나갔다. 그런데 어느 순간 구석자리에서 조용히 술을 마시는, 왠지 슬퍼 보이는 한 남자가 눈에 들어왔다. 그런 느낌은 난생처음이었다. 그 외에 다른 어느 누구의 말도 들리지 않았고, 그가 조금만 움직여도, 희미하게 미소만 지어도 가슴이 시려 왔다. '첫눈에 반한다'는 게 어떤 건지 그제야 이해가 되었다. 그녀는 어느새 먼저 그에게 말을 걸고 있는 자신을 발견했다. 예전 같으면 도저히 상상도 못 할 일이었다. 내성적이고 수줍음을 많이 타는 그녀였기 때문이다.

어쨌든 그와의 첫 만남은 그렇게 이루어졌고, 그와 열렬한 사랑에 빠져들었다. 그래서 그녀는 남자 친구와 주위의 만류에도 불구하고 파혼을 한 뒤 그 남자와 결혼했다.

하지만 그 선택은 불행의 시작이었다. 소심하고 여린 남편은 자신의 약한 면에 대한 콤플렉스가 심했다. 그것이 문제가 되어 직장을 옮긴 것도 여러 번, 직장을 그만두고 온 날이면 그는 어김없이 조용하고 슬프게 술을 마셨다. 그 모습에 반해 그를 선택했지만 언젠가부터 그것은 그녀에게 고통이 되었다.

그녀는 나에게 자신이 결혼하기로 약속한 남자 친구를 버린 대가를 치르는 것이라 말했다. 하지만 나는 그녀의 문제를 풀기 위해선 그녀가 남편을 만나기 전으로 거슬러 올라가야 함을 직감했다. 그리고 얼마 후 그녀는 자신이 남편의 모습에 아버지를 투영하고 있다는 걸 깨닫게 되었다.

그녀의 아버지는 외항 선원이었다. 먹여 살려야 할 자식은 많은데 별 뾰족한 수가 없어서 궁여지책으로 선택한 직업이었다. 그러나 소심하고 여린 아버지에게 그 직업은 고통 그 자체였다. 그래서 험하고 거친 파도와 싸우고, 동료들과 힘겹게 부대끼다 오랜만에 집에 오는 날이면 어김없이 술을 마셨다. 그녀는 아버지를 항상 그리워했지만 정작 아버지 앞에서 그런 이야기를 꺼내 본 적은 단 한 번도 없었다. 그저 술을 마시는 아버지의 쓸쓸한 뒷모습만 물끄러미 바라볼 뿐이었다.

그녀의 문제는 아버지가 채워 주지 못한 사랑을 남편에게서 구하려는 데 있었다. 그녀는 남편을 본 순간 어릴 적 아버지의 사랑을 받지 못해 깊은 상처를 입은 자신을 어루만져 주고 싶은 욕구를 느꼈다. 결국 과거와 똑같은 상황을 반복함으로써 상처를 치유하고 싶은 그녀의 무의식이 남편에게 첫눈에 반하는 결과를 낳은 것이다.

그런데 그녀는 자신을 외롭게 만들었던 아버지에 대한 미움을 그와 전혀 상관없는 남편에게 퍼붓기를 반복했고 그럴 때마다 남편은 자신을 너무 심하게 몰아세우는 그녀를 원망했다. 그렇게 싸우면 남는 건 더 깊어진 상처뿐이었다. 난 아직도 그녀가 중얼거렸던 말을 기억한다.

"첫눈에 반하는 사랑을 해 보고 싶었어요. 누구나 그런 운명적인 사랑을 바라지 않나요? 그리고 운명을 쫓아가면 행복해질 거라 생각했어요. 그런데 왜 저는 행복하지 않은 걸까요?"

사랑에 빠진 사람들은 종종 "나는 전엔 사랑을 해 본 적이 없어. 단지 사랑에 빠졌다고 착각했을 뿐이야"라고 말한다. 그들은 자신들의 감정과 관계가 과거의 것과는 매우 다른, 전혀 새로운 것이라고 느낀다. 하지만 이런 주장과 달리 그들의 사랑은 생각보다 과거와 매우 단단하게 연결되어 있다. 정신분석가 프로이트는 성인의 모든 인간관계는 이전 관계의 재편집이며, 아이가 생후 초기 어머니와 나눴던 유대감과 자라면서 아버지에게 느꼈던 감정이 바로 사랑의 끌림으로 재현된다고 했다. 프로이트에게 '모든 사랑은 재발견'인 것이다.

그런 의미에서 보자면 사랑은 무의식의 운명이다. 특히 첫눈에 반하는 사랑의 경우 그 대상은 이미 오래전부터 마음속에 그리고 있던 연인의 모습에 가까운 사람이며, 나의 내적 상태와 밀접한 관계가 있다. 그중 가장 흔한 것이 부모와 같은 유형을 찾는 경우다. 부모에게서 느끼는 감정과 유사한 감정을 불러일으키는 상대나, 이상적으로 생각하는 부모상이 엿보이는 상대에게 끌리는 것이다.

또 구원하고 싶은 자신의 모습을 가지고 있는 대상, 혹은 반대로 자신을 돌봐 줄 수 있는 대상을 택하는 경우도 있다.

이를테면 어릴 때 두려움이 많았고 성인이 되어서는 강박적인 성격을 갖게 된 남자가 어린아이처럼 혼자 있는 것을 잘 못 견디는 여성과 결혼하는 경우, 이는 자신의 억압된 두려움과 불안을 어루만지고 보살펴 주고 싶은 무의식적 욕구에 기인한다. 상처가 그리 크지 않을 경우 이러한 과정을 통해서 어릴 때의 상처를 치유하는 기회를 갖게 되지만 상처가 깊을 경우 사랑은 실패로 끝나기도 한다. 앞의 수아 씨처럼 말이다. 그러므로 첫눈에 반하는 사랑은 거부할 수 없는 운명이라고 생각하며 온몸을 내맡기기엔 위험한 측면이 많다.

언젠가 학생 한 명이 수업 도중 갑자기 손을 들더니 대뜸 나에게 질문을 했다.

"교수님, 그럼 정신분석을 통해 무의식의 세계를 파고들어 가면 내가 원하는 사랑을 얻을 수 있나요? 무의식을 통제하면 잘못된 사랑을 택하는 걸 피할 수 있잖아요."

그 학생의 말처럼 무의식을 통제할 수 있으면 잘못된 사랑으로 더 깊은 상처만 남는 사태는 미연에 방지할 수 있을 것이다. 하지만 마음속 무의식의 세계는 아주 거대하며 우리가 의식하지 못하는 사이에 그 모습을 드러낸다. 그래서 정신분석학을 창시한 프로이트조차 우리가 할 수 있는 일이라곤 '거대한 무의식의 세계에 조금이나마 의식을 채워 가는 일'뿐이라고 했다.

그러므로 무의식을 통제하여 최고의 정제된 사랑을 하겠다는 결심은 아예 하지 않는 것이 좋다. 비록 상처뿐인 사랑이어도 우리는 인간이기에 그것을 피할 길이 없기 때문이다. 다만 우리는 과거의 경험을 성공적으로 통합시켜 사랑할 수 있는 능력을 키움으로써 아주 위험한 사랑에 빠져드는 최악의 경우를 막을 수 있을 따름이다.

그리고 사랑은 자전거처럼 한번 배우면 언제든 잘할 수 있는 것이 아니다. 사랑은 전혀 다른 두 사람이 만나 함께 만들어 가는 것이다. 내 마음도 뜻대로 움직이지 않는데 하물며 두 사람의 감정이 부딪히는 사랑은 오죽하겠는가. 그러므로 사랑한다는 것은 평생 사랑하는 법을 배워 가는 과정일지도 모른다.

그런데 사람들은 단순히 사랑한다는 감정 그 자체만을 즐기려 할 뿐 사랑에 대해 배우려 하지 않는다. 그래서 어느 순간 사랑이 파 놓은 함정에 빠져서 허우적대거나, 과거에 사랑했던 사람과 비슷한 유형의 사람을 만나 똑같은 실수를 반복하기도 한다.

소중한 사랑을 지켜 나가려면 사랑에 대해서 많이 배워야 하며, 자기 자신과 상대에 대해 알아 가려는 노력이 필요하다. 그런 의미에서 보자면 운명의 짝은 어디선가 나타나 처음부터 나와 잘 맞는 사람이 아니라, 서서히 내 운명으로 만들어 나가는 것일지도 모른다.

좋아하는 일도
지겨울 때가 있는 법이다

"열심히 노력하다가 갑자기 나태해지고, 잘 참다가 조급해지고, 희망에 부풀었다가 절망에 빠지는 일을 또다시 반복하고 있다. 그래도 계속해서 노력하면 수채화를 더 잘 이해할 수 있겠지. 그게 쉬운 일이었다면 그 속에서 아무런 즐거움도 얻을 수 없었을 거다. 그러니 계속해서 그림을 그려야겠다."

《반 고흐, 영혼의 편지》에 실려 있는 수많은 편지들 중 반 고흐가 동생 테오에게 보낸 편지 중의 일부이다. 나는 그중에서도 '계속해서 그림을 그려야겠다'는 문구를 좋아한다. 정신 치료를 받던 환자의 상태가 호전되었다가 다시금 나빠졌을 때, 딴엔 최선을 다했는데도 일이 잘 안 풀릴 때, 그 문구를 떠올리면 왠지 위로가 되었다. 천재적인 화가 고흐도 그림을 그리는 게 쉽지 않은 날이 있었다는데, 나도 하다 보면 언젠가 좋아질 때도 있겠지 하는 마음이 들었던 것이다. 그리고 신기하게도 그렇게 계속하다 보면 막혔던 문제가 스르르 풀리고, 환자들의 상태가 좋아지는 때가 정말 오곤 했다. 물론 그럴 때 느끼는 기쁨은 이루 말할 수 없었다.

그런데 요즘 젊은이들이 "제가 뭘 원하는지 모르겠어요"라고 고민을 토로하는 모습을 보고 있노라면 한 가지 의아한 점이 있다. 그들은 원하는 일을 하면 싫증도 지겨움도 없이 항상 즐거울 것이라고 생각한다. 그러니까 어떤 일을 하다가 지겹고 싫증이 나면 자신이 원하는 일이 아닌 셈이다.

그러나 세상에 싫증 나지 않는 것은 없다. 왜냐하면 우리의 마음은 뭐든 익숙해지면 그에 대한 흥미를 잃고, 그것의 소중함 또한 잊어버리기 때문이다. 사랑하는 사람에 대한 열정도 시간이 지나면 식기 마련인데, 하물며 일이야 오죽하겠는가.

하지만 '진정 원하는 일이라면 항상 즐거워야 한다'는 환상을 지닌 사람들은 일을 하다 지겨워지면 전전긍긍한다. '이 일도 아닌 것 같아. 내가 정말 원하는 일은 무엇일까? 이러다 영영 못 찾으면 어쩌지?' 하며…. 게다가 조급한 마음에 가시적인 결과를 중요시하다 보니 상황은 더욱 악화된다. 결과나 답이 나오기까지 시간이 오래 걸리면 그것을 못 견디고 중간에 좌절해 버리고 만다.

한 가지 명심할 것은 당신이 하고 있는 것이 일이라는 점이다. 세상에 공부를 아무리 잘하는 사람이라 해도 공부가 쉽고 즐겁다고만 말하지 않는 것처럼 일도 마찬가지다. 모든 일은 기본적으로 힘들고 고되다. 그것이 아무리 당신이 원한 일이라 해도 놀이공원에 간 것처럼 기쁘고 재미있기만 한 것은 아니란 말이다. 그러니 원하는 일을 하면 늘 신나고 재미있을 것이라는 환상을 버려야 한다. 기쁨과 보람은 지겹고 힘든 과정을 참고 넘긴 후에야 비로소 찾아오는 것이다.

그럼에도 유달리 하기 싫은 일이 있다. 그런 일을 할 때면 아무리 마음을 다잡으려 해도 왜 그리 진도가 나가지 않는지, 허구한 날 붙들고 있어 봤자 언제나 그 자리이다. 시간이 갈수록 늘어나는 것은 짜증과 불만, 스트레스뿐이다. 그럴 때 어떤 사람들은 '피할 수 없으면 즐겨라'라고 말하지만 나는 그 말에 동의하지 않는다. 어떻게 하기 싫은 일을 즐길 수 있겠는가? 그건 싫어하는 사람을 좋아하라는 말과도 같다. 싫은 일을 즐기려는 것 자체가 스트레스로 느껴질 수 있다.

나에게도 그런 일들이 있는데, 나는 싫은 일일수록 빨리 해치워 버린다. 쌓아 두고 미뤄 둘수록 그 일이 끈덕진 지겨움으로 나를 지배하고 불필요한 스트레스를 야기한다는 사실을 여러 번 경험했기 때문이다. 그래서 나는 '누가 이기는지 보자'라는 마음으로 당일치기 시험 공부를 하듯 최단 시간 내에 그 일을 끝내려고 노력한다. 그렇게 싫은 일을 빨리 해치우고 나면 일종의 쾌감과 함께 승리감과 성취감을 맛보게 된다. 그것을 심리학에서는 '승자 효과'라고 부르는데, 승리를 하게 되면 지배적인 행동을 유도하는 호르몬인 테스토스테론의 분비가 왕성해져 승승장구

할 수 있는 긍정 에너지를 얻게 된다는 이론이다.

어떤 일이든 한번 승리를 하고 나면 그동안 경험하지 못한 것에 대해 눈을 뜨게 된다. '나는 안 돼'라는 패배주의에서 벗어나 '이렇게 하면 되는구나' 하는 긍정 에너지를 얻게 되는 것이다. 그러므로 작든 크든 승리를 한번 경험해 보는 것이 매우 중요하다. 평소 되는 일이 없다고 생각하는 사람일수록 그 효과는 더욱 크다. 그러니 하기 싫은 일을 만나면 최단 시간 내에 끝내고 말겠다고 작정하고 덤벼 보라. 그걸 해내고 나면 자기 자신을 이겼다는 뿌듯함이 생기고, 그런 승리의 경험들이 쌓이다 보면 어느새 무엇이든 잘할 수 있을 것 같은 자신감을 얻게 될 것이다.

그래도 원하는 게 뭔지 모르겠다면, 더 늦기 전에 찾고 싶다면 자리를 털고 일어나 이것저것 시도해 보라. 직접 부딪쳐 보는 수밖에 없다. 이때 한두 개에 그치지 말고, 일단 여러 가지를 해 보는 것이 좋다. 그러면 그중에 당신의 흥미를 끄는 일을 하나쯤은 발견하게 될 테고, 그때 비로소 알게 될 것이다. 원하는 일을 하면 싫고 지루하고 힘든 순간을 만나도 금세 포기하기보다 스스로 무엇이든 더 해 보게 된다는 것을.

그럼에도 원하는 일을 찾지 못했다면 그냥 당신이 가장 잘하는 일을 하는 것도 방법이다. 잘하는 일을 하면 남들보다 성과가 날 확률이 높고, 그러면 당신과 일하고 싶어 하는 사람이 많아지면서 더 큰 성공을 거둘 확률 또한 높아진다. 그래서 세상에는 원하는 일을 해서 성공한 사람만큼이나 잘하는 일을 해서 성공한 사람도 많다. 원하는 일을 하지 않으면 마치 비열한 세상에

굴복하는 것처럼, 혹은 주체적으로 살지 못하는 것처럼 생각할 필요가 전혀 없다는 말이다. 그리고 아무리 좋아하는 일도 지겨울 때가 있는 법이라는 사실만큼은 꼭 기억해 두었으면 좋겠다. 그래서 힘들다고 금세 포기해 버리지 말고, 무엇이든 조금만 더 해 봤으면 좋겠다.

가까운 사람일수록 지켜야 할
최소한의 예의

내가 어떤 어려운 상황에 처해 있어도 나를 버리지 않고 따뜻하게 감싸 줄 수 있는 사람이 있다면 참으로 행복할 것이다. 심리학자 브루노 베텔하임은 나치의 강제 수용소 안에서 자신을 지탱시킨 힘은 '누군가가 마음속 깊이 자신의 운명에 대해 염려하고 있다는 것에 대한 확신'이라고 했다. 그런 면에서 보자면 사람들이 결혼을 하는 것도 내 운명에 대해 진정으로 염려해 주는 한 사람을 만들기 위함인지도 모른다.

듀크 대학교 메디컬 센터의 연구에 따르면 위험한 수술을 받아야 하는 상황에서도 배우자 혹은 친한 친구가 많은 사람이 그렇지 않은 사람에 비해 살아날 확률이 매우 높다고 한다. 그만큼 친밀한 관계는 사람을 살게 만드는 큰 힘이다.

이처럼 다른 사람들과 친밀한 관계를 만들 수 있는 능력은 정신분석학에서 볼 때 초기 성인기에 완수해야 할 발달 과제라고 볼 수 있다.

그런데 세상에는 내가 원하고 좋아하는 관계만 있는 것은 아니다. 내 가치관이나 생활 방식과 맞지 않아 싫은 사람들과도 원만한 관계를 맺어야 할 때가 있다. 직장 동료나 회사 일 때문에 만나야 하는 사람들, 새로운 이웃들, 배우자의 가족 등이 그에 속한다.

이때 관계 맺기에 별 이상이 없는 사람들은 보통 서른 살이 넘으면 싫은 상황과 싫은 사람을 견뎌 내고 존중할 수 있는 힘과 여유를 갖게 된다. 현실의 한계를 인정하고 타인의 장단점을 보는 시야가 넓어지기 때문에 마음에 안 들어도 관계를 유지할 수 있는 것이다.

하지만 나이가 든다고 해서 대인 관계의 폭이 다 넓어지는 것이 아니다. 나이 들수록 자신이 좋아하고 인정하는 사람들과만 관계를 맺으려 하는 사람들도 있다. 편협한 관계에 매몰되어 있는 사람은 대부분 자신감이 부족하다. 이들은 인정할 수 없는 사람과 원만한 관계를 맺는 것을 '굴복'의 개념으로 받아들인다. 그렇기 때문에 고집스럽게 자신의 방식을 강요하고 그것을 받아들이지 않는 사람들을 인정하지 않으려 한다.

이처럼 사람들에게 마음 여는 것을 지나치게 두려워할 경우 스스로를 고립시켜 폐쇄적인 생활을 하게 된다. 아니면 아예 친밀한 관계를 부정하고 사람들과 겉도는 관계만을 맺게 된다. 왜냐하면 친밀감이란 자신의 정체성을 잃지 않고도 상대와 지속적으로 교감을 나누는 것을 말하는데, 그럴 자신이 없기 때문이다.

1. 때론 가까워지는 것이
거절당하는 것보다 더 두려울 수도 있다

정신분석 치료를 하다 보면 어느 순간 '아, 드디어 이 환자가 나에게 마음을 여는구나'라고 느낄 때가 있다. 그런데 그럴 즈음 갑자기 나에게 화를 내는 환자도 더러 있다. 어떤 환자들은 다음 면담 시간에 일부러 안 나오거나 늦기도 한다. 가만히 살펴보면 그들은 친밀해지는 것에 대한 공포를 가지고 있음을 알 수 있다.

특히 자아의 경계가 약한 사람들은 상대가 경계를 무너뜨리고 자신을 깊숙이 침범해 들어오는 것을 두려워한다. 둘이 하나로 합쳐져 자기를 잃어버리거나 상대에게 흡수되어 통제당할지도 모른다는 공포를 느끼는 것이다. 한편 자신이 나쁘고 추하고 더럽다고 느끼는 사람들은 상대가 이런 모습을 보고 실망해서 떠나 버릴까 봐 친밀해지기를 두려워한다.

그래서 그들은 어느 정도 가까워지고 나면 더 이상 가까워지기를 꺼린다. 정해 놓은 선을 넘어오려는 사람을 경계하고, 사람들을 만날 때는 항상 긴장하며 방어적인 태도를 보인다. 친구가 많다고 해도 모두 피상적인 관계일 뿐, 속마음을 있는 그대로 보여 주는 친구는 거의 없다.

2. 가깝다는 이유로 당신의 방식을 강요하지는 마라

우리나라 사람들은 가깝다는 이유로 자신도 모르는 사이에 상대방에게 많은 폭력을 가한다. 서로 가까워졌다고 생각하면 서로 간에 비밀이 없어야 한다고 생각한다. 기어이 상대방 집의 숟가락 개수까지 알아야만 직성이 풀리는 것이다. 심지어 결혼을 안 했으면 왜 안 했는지, 애가 없으면 왜 없는지 꼬치꼬치 캐묻고는 원치도 않은 도움을 주려고 애쓴다.

만약 상대가 대답을 회피하거나 싫은 내색을 보이면 '유별나게 군다'면서 기분 나빠한다. 자신의 호의를 거절한 상대에 대해 배신감을 느끼는 것이다. 그리고 상대가 나에게 말하지 않은 비밀이 있거나 나를 귀찮아하는 것 같으면 "우리 사이에 이럴 수 있느냐"면서 마치 거절이라도 당한 것처럼 화를 낸다. 그러나 이것은 친밀함을 가장한 명백한 폭력이다. 상대를 자기 통제 범위 내에 두기 위한 폭력이며, 상대의 자율성을 무시하는 폭력이다.

가까워진다는 것은 두 사람이 하나가 되는 것이 아니다. 그것은 상대가 나와 다른 사람임을 인정하고, 그의 감정과 생각과 생활 방식 모두를 존중하는 과정이다.

즉 내가 존중받고 싶은 만큼 상대를 존중하는 것이다. 친밀해진다는 것은 두 사람의 내면이 나누는 대화이다. 각자 다른 두 사람이 서로를 받아들이고 아끼고 보살피면서 이루는 깊은 소통인 것이다. 그러므로 가깝다는 이유로 자기 방식을 강요해서는 안 된다.

3. 친밀해지고 싶다면 상처 입을 각오부터 할 것

티베트의 정신적 지도자 달라이 라마는 "누군가와 가까워지려는 소망은 자신의 가장 깊은 자아를 다른 사람과 나누려는 소망"이라고 했다. 그래서 친밀해진다는 것은 상대에게 나를 열어 보이는 것이다. 그 과정에서 우리는 친구와 가족, 연인이 내 마음을 다 알아줄 것이라고 기대한다. 나와 가장 가까운 만큼 나에 대해 잘 알고 있으니 굳이 말하지 않아도 필요한 일을 척척 다 해 주리라 생각하는 것이다. 하지만 그것은 착각일 뿐이다. 표현하지 않는데 누가 그걸 알겠는가. 그러니 상대에게 헛된 기대를 품었다가 실망하고 상대를 미워하기를 반복하는 대신, 상대에게 원하는 것을 솔직하게 말할 수 있는 용기가 필요하다.

그런데 이때 미리 상처 입을 각오를 해 두는 편이 낫다. 왜냐하면 상대방이 내 못난 점까지도 있는 그대로 받아들여 주면 좋겠지만 그러기는 쉽지 않기 때문이다. 때로는 생각이나 가치관이 너무 달라서, 때로는 바라는 것이 너무 달라서 우리는 서로에게 실망하고 화를 내며 상처를 받는다. 고슴도치처럼 한두 번 서로에게 가까이 다가가려고 했다가 상처를 입으면 관계를 개선하기 위한 노력을 멈추게 된다. 시도했다가 또 다칠까 봐 두려워하는 것이다. 그러나 상처 입기를 각오하지 않으면 그 누구와도 가까워질 수 없고, 우리가 그토록 원하는 사랑을 주고받을 수 없게 된다. 그러니 더 가까워지고 싶은 사람이 있다면 상처 입을지라도 나를 열어 보일 수 있어야 한다.

4. 가까워졌다고 생각한 순간, 끝이 아니라 시작이다

 나무는 잘 가꾸고 알맞게 물을 주면 푸른 잎사귀를 내밀고 예쁜 꽃을 피우지만, 돌보지 않고 방치하면 시들시들 죽어 버린다. 관계도 마찬가지다. 아무리 두 사람이 서로에게 호감을 가지고 가까운 사이가 되었다고 해도 그 관계가 모두 완성된 것은 아니다. 가까운 관계는 자칫하면 느슨해지기 쉬워서 다른 사람 앞에 서라면 조심할 말을 아무 생각 없이 내뱉어 상대에게 치명적인 상처를 줄 수도 있다. 호감이 미움과 원망으로 바뀌는 것은 한순간이다. 그래서일까. 30여 년 동안 정신분석 전문의로 활동하며 만난 수만 명의 환자들, 그들은 모두 마음이 아파 나를 찾아왔는데 놀랍게도 그들을 가장 아프게 만든 사람들은 바로 가까운 사람들이었다.

 그러므로 가까워졌다고 생각한 그 순간이 끝이 아니라 시작임을 명심해야 한다. 관계도 나무를 가꾸듯 꾸준히 물을 주고 가꾸어야 한다. 가깝고 소중하기 때문에 예의와 약속을 잘 지켜야 하고, 더 신경을 써야 하고, 더 아끼고 존중해야 하는 것이다. 그렇게 지켜 왔고, 앞으로도 지키고 싶은 소중한 사람이 당신에게는 있는가. 함석헌 선생의 시처럼 "온 세상 다 나를 버려 마음이 외로울 때에도 '저 맘이야' 하고 믿어지는 그 사람", "탔던 배 꺼지는 시간 구명대 서로 사양하며 '너만은 제발 살아다오' 할 그 사람"이 말이다.

'도와 달라'는 말을
잘 못하는 사람들의 공통점

　지안 씨는 한 번도 친구들에게 "나 좀 도와줘"라는 말을 해 본 적이 없다고 했다. 내가 "왜 모든 걸 혼자 결정해야 한다고 생각해요?"라고 묻자 그녀는 무슨 그런 당연한 질문을 하느냐는 듯 나를 쳐다봤다.

　그녀는 지방에서 올라와 대학 때부터 자취를 해 오다 보니 혼자 먹고, 혼자 물건을 사고, 어떤 일이든 혼자 결정하는 것이 익숙하다고 말했다. 오히려 자기 문제인데 당연히 자기가 결정하는 게 맞지 않느냐고 반문했다. 다들 바쁜데 괜히 자기 일로 주위 사람들을 걱정하게 만들고 싶지 않다면서 말이다.

　나는 그녀에게 다시 물었다.

　"친구들이 당신에게 도와 달라고 하면 싫은가요?"

"아뇨. 제가 도움이 된다면 기꺼이 도와주고 싶죠. 친구니까."

"그런데 왜 당신은 그러지 못하나요?"

현대사회에서 가족은 일찌감치 각자 돈 버느라 뿔뿔이 흩어진 지 오래고, 회사는 우리를 보호하기는커녕 능력이 없으면 알아서 나가라고 눈치를 준다. 그래서 개인은 제각기 알아서 살길을 모색해야만 한다. 절망적인 각자도생(各自圖生)의 시대가 된 것이다. 그러다 보니 사람들은 주위 사람들에게 민폐를 끼치는 것을 극도로 혐오한다.

예전에는 여주인공이 위기에 처하면 남자 주인공이 짠 하고 나타나서 구해 주었고 그때마다 관객들은 환호했다. 그런데 요즘은 여주인공이 괜히 나서서 사고를 치고 뒷감당을 남주인공에게 미루면 '민폐 여주'라고 욕을 한다. 남자 주인공에게 의존하는 여주인공을 싫어하는 것이다. 대신 사람들은 매사에 씩씩하고 독립적이며 주체적으로 위기를 타개해 나가는 캐릭터에 열광한다. 이러한 선호에는 의존을 상당히 나쁘게 보는 시선이 깔려 있다.

사람들은 왜 의존을 나쁘다고 생각할까? 왜 독립적이고 자립적인 사람을 건강하고 바람직한 모델이라고 생각하는 걸까? 남에게 도움을 청하는 것은 자기 능력으로 문제를 해결하는 데 실패했음을 뜻한다. 즉 도움을 구하기에 앞서 자신의 능력이 부족하다는 사실을 인정해야 하기 때문에 수치스러운 것이다. 도움을 구할 때 사람들이 "자존심이 상한다"고 말하는 데는 이런 의미가 숨어 있다. 그리고 그들은 괜히 약점을 드러냈다가 나중에 상대에게 휘둘릴 수도 있다고 생각한다. 그래서 도움을 줄지언정 도움을 받고 싶지는 않다고 말한다.

그러나 리더들을 생각해 보라. 그들은 모든 일을 자기가 해야 한다고 생각하지 않을뿐더러 그것을 부끄러워하지 않는다. 그들에게 중요한 것은 자신이 못하는 부분을 빨리 처리해 줄 뛰어난 사람을 찾아내는 것이다. 그들은 다른 사람들에게 도움을 요청할 때 부끄러워하지 않는다. 그에 대한 적절한 보상을 지급하면 된다고 생각하기 때문이다. 리더가 모든 걸 자기가 하겠다고 나서면 오히려 일을 그르치기 십상이다. 모든 일을 잘하는 사람은 이 세상에 없기 때문이다.

인간은 생존을 위해 서로를 필요로 할 수밖에 없다. 자기가 살기 위해서라도 어느 정도의 의존성은 불가피하다. 즉 의존 그 자체가 나쁜 것은 아니다. 의존성이 심하거나 의존하기를 두려워하는 것이 문제일 뿐이다.

의존에 대한 두려움이 심한 사람들이 있다. 그들은 누군가에게 의존하게 되면 상대방이 하라는 대로 해야만 하고 결국은 자기 자신을 잃어버릴지도 모른다고 생각하기에 다른 사람에게 의존하는 것을 못 견딘다. 그들은 대부분 자존감이 낮다.

자존감은 어떤 상황에서든 내가 나 스스로를 지킬 수 있다는 확신에서 나오는 감정이다. 즉 어떤 상황에서도 내 인생의 주인은 나이고 내가 이 상황을 꾸려 나가고 있다는 사실을 잊지 않는 것이다. 그래서 자존감이 높은 사람은 힘들 때 다른 사람에게 의존하기를 두려워하지 않는다. 자기 자신에 대한 확신이 있기 때문이다. 반면 자존감이 낮은 사람은 자기 자신을 잃을지도 모른다는 두려움 때문에 의존하고 싶어도 할 수가 없다.

그러므로 진정으로 독립적이고 강한 사람은 다른 사람에게 기대지 않고 모든 일을 혼자 해내는 사람이 아니다. 오히려 자신의 약한 부분을 타인에게 기꺼이 내보일 수 있는 사람이고, 타인의 도움이 필요하다고 인정할 수 있는 사람이다.

그런데 약점을 내보이기를 두려워하는 사람들은 절대로 도와달라는 말을 하지 못한다. 오히려 그들은 "도와줄까?"라는 말에 발끈하며 "제 문제는 제가 알아서 할게요"라면서 타인의 도움을 일체 거절하고는 혼자 문제를 풀려고 애쓴다. 그러나 이때 독립과 고립을 혼동해서는 안 된다. 독립은 다른 사람들이 필요 없다고 말하는 게 아니다. 관계를 모두 끊는 것은 독립이 아니라 고립일 뿐이다.

독립은 관계를 끊는 것이 아니라 관계 속에서 홀로 있는 것이다. 물론 자기 문제는 스스로 해결하는 것이 맞다. 하지만 모든 문제를 혼자 풀려고 하는 것은 미련한 짓이다. 그야말로 시간 낭비, 에너지 낭비다. 애썼는데도 뭔가 해결책이 보이지 않을 때는 빨리 주위에 도움을 구하는 것이 좋다. 그래야 문제 해결에 걸리는 시간을 단축하고, 미처 보지 못해 저지를 수 있는 실수들도 미연에 방지할 수 있다. 그럼으로써 내가 진정 원하는 성공과 발전에 한 발 가까워질 수도 있다.

고민이 있어 멘토를 찾아간다고 해 보자. '멘토'라고 불리는 것은 그만큼 사람들에게 능력을 인정받았다는 뜻이기에 그들은 기꺼이 도움을 주곤 한다. 새로운 일을 시작할 때도 그 분야의 선배들을 많이 만나 보는 게 중요하다. 실패했든 성공했든 유경험자들의 말을 들으면서 정보를 취합해 결론을 내리면 훨씬 똑똑한 선택을 할 수 있다. 멘토를 직접 찾아가는 게 부담스러운 사람들은 관련 책들을 읽는 것도 좋은 방법이다. 분야별로 전문가들이 그동안 쌓아 온 노하우를 몇 시간 만에 습득할 수 있으니 얼마나 좋은가.

사람들은 때때로 혼자라고 느끼지만 실은 혼자가 아니다. 조금만 시선을 돌리면 당신의 손을 잡아 줄 사람들이 분명 있다. 물론 늘 혼자 문제를 해결하다가 "도와 달라"는 말을 하기가 쉽지는 않을 것이다. 그럴 때는 누군가 당신에게 도와 달라고 했을 때 어떤 느낌이 들었는지를 떠올려 보라. 아마도 당신은 '도움을 줄 수 있는 존재'가 되어서 뿌듯하다고 느꼈을 것이다. 그리고 도움이라고 하면 거창한 것을 떠올리기 쉽지만 사람들이 바라는 것은 따뜻한 말 한마디, 따뜻한 시선, 말 없는 포옹처럼 소박한 것일 확률이 높다. 그리고 그 소박함을 주고받으며 기대어 살아가는 것이 인생이다. 그러니 더 이상 독립과 고립을 혼동하지 말았으면 좋겠다. 누군가의 어깨에 기대어 잠시 쉬고 나면 당신은 충분히 힘을 낼 수 있을 테고, 나중에 누군가가 어깨를 빌려 달라고 하면 흔쾌히 빌려줄 수 있는 사람이 되면 될 일이다.

경청이야말로
가장 좋은 대화법이다

40여 년 전, 내가 아는 한 선배가 미국에서 레지던트 과정을 밟을 때의 이야기이다. 레지던트마다 담당 환자가 있는데, 다른 백인 스태프들에게는 예후(豫後, 병의 경과 및 결말을 미리 아는 것)가 좋은 환자들이 배정되었지만 선배에게는 유독 예후가 나쁜 환자들만 배정되었다. 한국이라는 이름도 모르는 낯선 나라에서 온 동양인 의사라는 이유만으로…. 선배는 말도 안 되는 인종 차별에 분노했지만 레지던트 과정을 그곳에서 마치기로 한 이상 일단 최선을 다할 수밖에 없었다.

6개월 뒤 모든 스태프들이 모여 환자들의 치료 경과를 평가하는 자리가 열렸는데, 결과는 놀라웠다. 상태가 안 좋았던 선배의 환자들이 가장 많이 호전된 것이다. 사람들은 그 사실을 믿을 수가 없었다. 영어도 유창하지 못하고 문화적 배경도 다른 동양인 의사가 어떻게 정신 치료를 잘할 수 있었는지 이해가 되지 않았던 것이다. 그때 미국인 과장이 책상을 치면서 이렇게 말했다.

"굿 리스닝(Good Listening)!"

선배는 영어가 유창하지 못했기 때문에 환자가 하는 말을 한 마디도 놓치지 않으려고 더 집중해서 들었고, 모르는 단어는 사전을 일일이 찾아 가면서까지 환자가 한 말의 정확한 의미를 이해하려고 애썼다. 동양인 의사의 정성에 감동한 환자들은 치료를 열심히 받았다. 결국 경청의 힘이 환자들의 상태를 호전시킨 것이다.

레지던트 시절, 나에게도 비슷한 일이 있었다. 치료자의 신분으로는 처음 환자를 만났을 때, 나는 환자의 말을 들으며 그가 가진 문제를 이해하려고 애썼다. 그런데 막상 환자에게 무슨 말이든 해야 할 타이밍이 오면 어떤 말을 해 주어야 할지 몰라 쩔쩔맸다. 초보 치료자로서의 무력감과 부족함이 쌓여 가던 어느 날이었다. 나는 지도 감독을 맡고 있는 전문의 선생님에게 솔직하게 마음을 털어놓았다.

"환자에게 무슨 말을 해 줘야 할지 모르겠어요. 해 주는 것 하나 없이 그냥 이야기만 듣고 있으려니까 차라리 이 환자가 경험 많고 실력 있는 다른 치료자를 만났더라면 좋았을 텐데, 이런 생각만 하게 되고….'

그러자 선생님은 빙그레 웃으면서 나에게 이렇게 말했다.

"김 선생은 아무것도 안 해 주고 있는 게 아니야. 그 환자의 말을 열심히 들어 주고 있잖아. 그 환자가 지금까지 김 선생처럼 자신의 말을 열심히 들어 주는 사람을 만난 적이 있었을까? 아무리 친한 친구를 만나도 내 얘기만 집중해서 들어 주지는 않잖아. 비슷한 고민이든 다른 고민이든 자기 고민도 털어놓지. 그러니까 김 선생이 환자의 말을 듣고 이해해 주는 것만으로도 그 환자에게는 큰 도움이 될 거야."

선생님의 말대로 내 첫 환자는 초보 치료자를 만났음에도 불구하고 상태가 많이 좋아졌다. 내 노력 때문만은 아니었겠지만 나는 그때 비로소 경청의 힘을 실감했다. 잘 들어 주었을 뿐인데, 그것이 환자의 병든 마음을 낫게 하는 데 도움이 될 줄이야.

복잡한 문제일수록 머릿속으로만 생각하는 것보다 다른 사람에게 말로 풀어놓는 게 좋다. 말을 하는 가운데 무엇이 문제인지 정리할 수 있고, 발전적 결론에 도달할 수 있기 때문이다. 정신분석학의 관점으로 보면 자신의 감정이나 생각을 말로 표현한다는 것은 무의식에 흐트러져 있는 여러 가지 욕망과 갈등을 언어라는 이차적 사고 과정으로 정리함을 의미한다. 누군가 내 이야기를 잘 들어 주면 그것만으로도 내 마음이 정리되고 평온해지는 느낌을 받는 것은 바로 그 때문이다.

그러나 막상 해 보면 남의 이야기를 잘 들어 준다는 것이 결코 쉬운 일이 아님을 알 수 있다. 어떻게 듣는 것이 잘 듣는 것일까? 과연 우리는 상대의 말을 집중해서 듣고 그의 말을 진심으로 이해해 줄 수 있을까? 이와 관련된 재미있는 유머가 하나 있다.

한 정신건강의학 병원에 의욕이 넘치는 한 젊은 의사가 취직을 하게 되었다. 그는 열심히 환자들의 이야기를 들으며 그들의 문제를 이해하려고 최선을 다했다. 그러다 보니 퇴근 시간만 되면 파김치가 되었다. 하지만 같은 병원에 근무하는 정년을 앞둔 의사는 퇴근 시간에도 늘 멀쩡한 모습이었다. 젊은 의사는 '역시 고수는 달라' 하며 감탄했다. 그러던 어느 날 젊은 의사가 나이 든 의사에게 물었다.

"선생님은 어쩌면 그렇게 쌩쌩하십니까?"

나이 든 의사가 대답했다.

"자넨 그 이야기를 다 듣나?"

어찌 보면 정신건강의학과 의사들을 깎아내리는 유머일 수도 있지만 그 안에는 경청에 대해 생각해 볼 것들이 많다.

우선 '듣는 것(hearing)'과 '귀 기울여 듣는 것(listening)'의 차이이다. 나이 든 의사는 환자의 이야기를 그냥 듣는다. 소리는 고막을 통해 뇌로 전달되는데, 나이 든 의사의 뇌에서는 소리에 대한 의미 파악 외에는 아무런 활동도 일어나지 않는다. 따라서 그의 에너지 소모는 미미하다. 반면 젊은 의사는 환자의 말을 다 듣고 이해하려고 노력한다. 그는 매 순간 집중해서 환자의 마음을 파악하고 공감해야 하며, 자신의 감정을 컨트롤해야 한다. 그리고 자신이 이해한 바를 환자에게 비춰 주는 복잡하고 능동적인 작업을 수행해야 한다. 그러다 보니 그의 뇌는 바쁘게 움직여 쉬이 지칠 수밖에 없고, 시간이 흐를수록 상대방의 말을 공감하고 이해하는 능력이 저하되게 된다.

누구도 다른 사람의 말을 100퍼센트 다 들을 수는 없다. 그러다가는 우리의 뇌가 금방 탈진해 버릴 것이다. 경청이란 모든 말을 다 듣는 것이 아니라 다른 사람의 말을 주의 깊게 듣는 것을 말한다. 즉 상대방이 지금 말하고 있는 것이 아니라 상대방의 말에 들어 있는 마음을 이해하는 작업이다. 그렇기 때문에 경청을 하기 위해서 우리가 먼저 알아 두어야 할 것들이 있다.

1. '쿨링 오프 존'을 만들어라

강의를 할 때마다 느끼는 것이지만 잠시 농담을 하면서 숨을 고를 시간을 주어야 학생들은 강의 내용을 훨씬 더 빠르게 이해한다. 책을 읽다 보면 어떤 페이지에서 잠시 멈추어 멍해지는 때가 있는데, 그때 우리의 뇌는 읽은 내용과 느낌을 정리한다. 다른 사람의 말을 들을 때도 마찬가지다. 이야기를 듣다가 "아, 그랬군요" 하면서 서로가 호흡을 가다듬는 시간이 필요하다. 그래야 들은 것들을 머릿속에 메모해 놓을 수 있는데, 이를 잠시 식히는 시기라는 뜻의 '쿨링 오프 존(Cooling off Zone)'이라고 한다. 그러니 경청을 하되 중간중간 숨을 고를 수 있는 시간을 꼭 만들어라.

2. 상대방이 말하는 도중에 비판하려 하지 마라

다른 사람의 말을 듣다 보면 나도 모르게 끼어들고 싶어질 때가 있다. 특히 이야기 도중 생각이 다른 부분이 있으면 그다음 이야기로 쉽게 넘어가지 못한다. 아까 그 생각이 틀렸다고 말해 주고 싶고, 왜 틀렸는지 가르쳐 주고 싶고, 더 나아가 이렇게 생각하는 게 맞다고 충고를 해 주고 싶어 상대방의 말에 더 이상 집중하지 못하는 것이다. 그러나 그럴수록 자신의 도덕적 잣대나 가치 기준을 잠시 접어 두어야 한다. 그리고 상대방의 말을 있는 그대로 수용하도록 노력해야 한다.

다른 사람을 판단하고 평가하기는 쉽다. 하지만 그 평가는 오직 내 기준에 따른 것일 뿐이며 나 역시 완벽한 사람은 아니다. 그러므로 겸손해야 하며 상대방을 존중해야만 한다. 또 상대방은 이미 마음속에 답을 가지고 있고, 지금 그 답을 스스로 찾아가고 있다는 사실을 기억해 둘 필요가 있다.

3. 때때로 상대방의 입장이 되어 보라

'내가 저 입장이라면 어땠을까'라며 입장을 바꾸어 놓고 생각해 보면 상대방의 이야기뿐 아니라 감정도 더 잘 이해할 수 있게 된다.

아내가 남편에게 "요즘 통 얼굴 볼 시간이 없네"라고 말했다고 치자. 남편이 "다음 주에는 집에 일찍 들어올 수 있을 거야"라고 말하면 문제는 해결되지만 대화가 잘 풀렸다고 볼 수는 없다. 아내는 남편에게 느낀 서운함을 풀기 위해 말을 걸었는데 남편이 그 감정을 이해해 주지 못했기 때문이다. 즉 남편이 "그러게 많이 서운했지? 아이들 때문에 힘들지는 않았어?"라는 말을 먼저 해 주었더라면 더 좋았을 것이다. 그러므로 상대방의 입장이 되어 말 속에 감춰진 감정을 헤아려 보는 것이 중요하다. 그렇다고 상대방의 말이나 감정에 모두 동의해야 한다는 뜻은 아니다. 그저 최선을 다하라는 말이다.

만일 상대방의 말에 공감할 수 없는 부분이 있다고 하더라도 최선을 다해 이야기를 듣는다면 나중에 내 의견을 말할 때 상대방도 진지하게 이해하려고 노력할 것이다. 내가 보인 진심이 상대방의 마음에 가닿은 만큼 그 또한 열린 마음으로 내 이야기를 들을 것이 분명하기 때문이다.

4. 보디랭귀지에 더 주목하라

UCLA 심리학과 명예교수인 앨버트 메라비언은 전체 의사소통의 7퍼센트만이 대화의 내용을 통해 이루어지고, 38퍼센트는 음조나 억양 등 말투를 통해서, 나머지 55퍼센트는 표정과 몸짓, 자세 등 시각적 요소를 통해 전달된다고 말했다. 즉 커뮤니케이션의 93퍼센트가 보디랭귀지를 통해 전달되는 것이다. 그러므로 상대방의 말에 숨겨진 마음까지 잘 이해하려면 말하는 내용뿐만 아니라 상대방의 눈을 바라보며 그의 신체 언어에 주의를 기울여야만 한다.

5. 제대로 이해하기 위해서만 질문하라

타인을 이해한다는 것은 결코 쉬운 일이 아니다. 오랜 시간을 함께 보내 온 사이라고 할지라도 가끔 드러나는 새로운 모습에 놀랄 때가 많다. 그럼에도 우리는 상대방에 대해 모두 알고 있다고 착각한다. 그래서 우리는 대화를 나누어야 한다. 나와 다른 타인을 이해하기 위해서…. 우리는 상대방의 이야기에 귀 기울이며 그가 인간과 세상을 바라보는 틀을 이해하고, 그로부터 많은 것을 배운다. 이것이 바로 경청이 필요한 이유이자 경청의 가장 큰 힘이다.

하지만 사람들은 종종 상대방의 말을 자기 식대로 해석해 버린다. 또 상대방의 의도를 왜곡해서 받아들이는 경우도 많다. 그런 오류를 피하려면 중간중간 "그 말은 이런 뜻이죠?", "제가 이해한 바가 맞나요?"라고 물어보는 것이 좋다. 이런 노력을 통해서 상대방의 말을 정확하게 이해할 수 있다.

6. 피곤하고 지쳐 있을 때는 양해를 구하라

경청하는 동안 우리의 두뇌는 활발하게 활동한다. 그래서 많은 에너지가 소모된다. 그러니 만일 당신이 너무 지쳐서 경청할 만한 에너지가 없다면 애초부터 듣지 않는 것이 좋다. 듣는 사람이 집중하지 못하고 건성으로 들으면 말하는 사람은 힘이 빠지게 되고 상처를 입을 수도 있다. 그러므로 지쳐 있을 때는 사정을 말하고 잠시 이야기하는 걸 미루는 편이 낫다. 듣는 사람이 편안해야 말하는 사람도 편안한 법이다.

7. 듣는 것을 즐겨라

우리의 언어는 각자 고유한 리듬을 가진다. 그러므로 경청은 음악을 듣는 것과 같다. 상대방이 하는 말의 리듬에 자신의 리듬을 맞추는 것, 그래서 같이 왈츠를 추는 기분으로 대화를 하는 것이다. 좋은 음악을 들을 때처럼 듣는 것을 즐겨라. 그러면 상대가 말하고자 하는 것을 훨씬 잘 이해할 수 있을 것이다.

8. 결정적인 순간에만 말하라

정신분석에서는 정확한 해석이 가장 중요하다. 이때 정확한 해석에는 '타이밍'도 포함된다. 환자가 어떤 말이든 받아들일 준비가 되어 있을 때, 즉 결정적인 순간에 해석을 해 주어야 하기 때문이다. 대화를 할 때도 마찬가지다. 결정적인 순간에 말하는 것이 좋은데 그것은 상대방의 말을 듣다 보면 저절로 알 수 있다. 상대방의 말에 모순이 생길 때, 상대방이 자신의 말에 혼란을 느낄 때, 잘 들어 주는 것에 대해 상대가 고마움을 느낄 때 등등…. 이렇게 상대가 스스로 문제를 선명하게 보기 시작할 때 의견을 피력하면 된다. 말할 때는 상대방을 배려하는 기술이 필요하다. "그건 말이 안 되죠(No, I don't think so)" 하는 방식이 아니라 "네, 당신의 말에도 일리가 있다고 생각합니다. 그러나 제 생각에는(Yes, but~)" 식의 화법을 쓰는 것이다. 그러면 상대방이 기분 나쁘다거나 창피하다는 생각을 하지 않고, 말하는 사람의 의견을 존중하고 이해하려고 노력할 것이다.

경청은 우리가 생각하는 것보다 훨씬 더 큰 힘을 가지고 있다. 그것은 진실함이다. 진실로 궁금해하고, 진실로 걱정하는 마음은 듣는 행위를 통해 말하는 사람에게 전달되게 마련이다. 그래서 경청은 상대방의 마음을 울려 진심을 털어놓게 만든다. 듣는 사람은 말하는 사람을 통해 배우고, 말하는 사람은 듣는 사람을 통해 치유된다. 그러므로 경청이야말로 가장 좋은 대화법이라 할 수 있다.

어설픈 용서는
서로를 망칠 뿐이다

    셰익스피어의 4대 비극 중에서도 가장 비극적인 결말로 막을 내리는 《리어왕》. 극 중에서 리어왕은 자신이 내친 딸 코델리아에게 이렇게 절규한다.

    "애원하노니 이제 제발 잊어라. 그리고 용서해라. 나는 늙었고 어리석기 그지없다."

    '늙었고 어리석기 그지없다'는 것이 용서의 이유가 될 수 있을까? 만약 가장 친한 친구가 내 애인을 빼앗아 갔다면 어떨까? 그녀를 용서할 수 있을까? 가까운 친척으로부터 사기를 당해 하루아침에 파산하고 말았다. 그를 용서할 수 있을까? 강도가 휘두른 칼에 찔려 하루아침에 남편을 잃고 말았다. 그를 용서한다는 것이 가능할까? 우리는 때로 아주 쉽게 '용서해라'라는 말을 하지만 누군가에게 받은 고통으로 인해 밤낮없이 괴로워하고 일상생활까지 황폐해져 버린 사람에게 용서란 결코 쉬운 일이 아니다.

서연 씨도 마찬가지였다. 그녀는 엄마가 자신에게 가한 폭력에 대해 말할 때마다 무척 고통스러워했다. 엄마는 병적이라 할 수 있을 정도로 감정 기복이 심했다. 가끔씩 딸이 예쁘다며 안아줄 때는 너무 꽉 안아 숨이 막힐 정도였다. 괴로워하며 그녀가 품을 빠져나오려고 하면 엄마는 갑자기 태도를 바꾸어 감히 자신을 무시한다며 고함을 지르고 심하게 때렸다. 또 밥을 다 먹으면 돼지 같다며 욕설을 퍼부었고, 밥을 남기면 정성을 무시한다며 때렸다.

그러나 그녀가 가장 무서워했던 것은 매질이나 욕설이 아니었다. 엄마가 자신을 버리고 떠날지도 모른다는 공포가 그녀를 매일 떨게 만들었다.

나는 그녀가 오랫동안 엄마와 함께 살면서 죽지도, 미치지도 않고 지금까지 버틴 것 자체가 대단한 일이라고 생각했다. 하지만 상처의 깊이만큼 치료는 순탄하지 않았다. 그녀는 참 많은 시간을 방황했다. 치료를 받으면서도 계속 악몽에 시달렸고, 엄마에 대한 분노와 연민 그리고 갈망 사이에서 어쩔 줄 몰라 했다. 그러나 엄마에 대한 복잡한 감정들이 한 올 한 올 풀리면서 차츰 그녀의 얼굴에 웃음이 돌기 시작했다. 그 뒤 그녀는 엄마와 떨어져 살아야겠다며 집에서 나와 혼자 살기 시작했다. 그녀가 엄마를 용서한 것은 그 후로도 한참이 지난 어느 날이었다.

"이제는 엄마를 조금은 이해할 수 있을 것 같아요. 한편으로는 엄마가 불쌍하기도 해요. 하지만 다시는 엄마 곁으로 돌아가지 않을 거예요. 엄마는 변하지 않았기 때문에 또 나를 파괴하려 들 테니까요. 솔직히 거기에 맞설 자신은 없어요. 그렇지만 이제 그만 엄마를 용서해야겠어요. 그래야만 내 마음이 편해질 것 같아요. 더 이상 엄마에 대한 원망과 두려움으로 나 자신을 갉아먹으며 살진 않을 거예요. 그동안 너무 엄마에 대한 생각에 파묻혀서 나 자신과 세상을 못 보고 살았어요."

사실 우리는 매일매일 크고 작은 충격을 받지만 이에 적응하면서 앞으로 나아간다. 그런데 고통이 너무 크거나 자존감에 심한 상처를 입은 경우, 분노에 휩싸여 앞으로 한 발자국도 나아가지 못하게 된다. 그처럼 분노라는 감정에 집착하게 되면 인생은 그 자리에 멈추어 버린다. 반면 서연 씨처럼 용서를 하게 되면 얽매인 감정을 풀고 그 사건을 떠나보낸 뒤 다시 앞으로 나아갈 수 있게 된다.

그런데 우리가 '용서'를 하기 위해서는 준비 과정이 필요하다. 최소한 분노와 원한이 어느 정도 가라앉아 더 이상 스스로를 괴롭히지 말아야 한다. 이때 준비가 안 된 상태에서 섣불리 용서를 하는 경우가 종종 있다. 말 그대로 '거짓 용서'를 해 버리는 것이다.

이처럼 거짓으로 용서를 하는 까닭은 우선 버림받는 것에 대한 공포 때문이다. 자학적인 성향이 강한 사람은 자신이 화를 내면 상대가 질려서 떠나 버릴까 봐 서둘러 용서를 해 버린다. 그러고는 상대가 원하는 쪽으로 자신을 맞춰 나가며 그에게 매달린다. 이를테면 바람을 피운 남편이 '나니까 너랑 살아 주는 거야'라고 했을 때 아내가 화를 내기는커녕 그의 바짓가랑이를 붙잡는 것이 이에 속한다.

한편 도덕적 우월감에 사로잡혀 있는 사람은 분노의 감정쯤은 가뿐히 다스린다는 것을 보여 주기 위해, 그리고 자신이 상대보다 도덕적으로 우월하다는 것을 증명하기 위해 서둘러 상대를 용서한다. 마치 성인인 척 행동하는 것이다.

그 외에도 주변 사람들의 강요로 마지못해 용서하는 경우도 있다. "아무리 그래도 부모인데, 관계를 끊어? 자식이 그러면 쓰나", "너 너무 옹졸한 거 아냐? 너 그렇게 이기적이고 속 좁은 애였어?", "우리가 한두 번 보고 말 사이도 아닌데 그 정도 했으면 됐어. 이제 그만 화 풀어", "아이들 봐서라도 한 번만 봐 줘. 이러다 아이들이 다 알아차리겠어", "니네 사이가 불편하니까 우리까지 관계가 어색하잖아. 제발 우리를 봐서라도 화해하면 안 돼?" 등등….

그런데 보통 상처를 준 사람은 자신의 과오를 쉽게 지우는 반면, 상처받은 사람은 오랫동안 상대를 미워하다 결국 다른 인간관계마저 기피하는 모습을 보인다. 그래서 거짓 용서를 할 경우 겉으로는 편안한 관계를 유지할지 몰라도 아직 해결되지 않은 채 남아 있는 분노로 인해 상대를 원망하게 되고, 나중에는 서로를 파괴하는 병적인 관계로까지 나아가게 된다. 그리고 이런 방법으로도 해결되지 않는 분노는 결국 자신에게로 방향을 틀어 우울증의 원인이 되기도 한다.

상처가 너무 깊어 상대를 용서할 수 없을 때는 어떻게 해야 할까? 용서를 하자니 화가 덜 풀렸고, 그렇다고 화를 계속 내자니 관계가 완전히 끝나 버릴까 봐 두려울 때 우리는 어떻게 해야 할까? 아니, 꼭 용서를 해야만 할까?

흔히들 용서를 하면 상처를 준 사람과 다시 잘 지내야 한다고 생각한다. 하지만 용서는 화해와 다르다. 용서는 상처 준 사람을 고통으로부터 풀어 주는 것이 아니다. 내 발목을 붙잡고 있는 과거의 분노로부터 나 자신을 자유롭게 하기 위해서 용서하는 것이다. 그 때문에 용서란 떠나보냄이다.

좀 더 구체적으로 말하자면 용서는 상처를 없었던 일처럼 덮는 것이 아니라, 에너지를 쏟아부을 가치가 없는 사람에게 몰두했던 내 소중한 에너지를 거두어들이는 행위이다. 더 이상 그를 미워하는 데 내 귀중한 시간을 쓰지 않을 것이며, 그에 대한 관심을 끔으로써 그와 상관없이 내 인생을 살겠다는 선언이다. 내 마음이 더 이상 분노와 증오로 요동치지 않고 고요와 평안을 되찾을 수 있도록 과거를 떠나보내는 것이다.

그러려면 인생의 불가사의하고 불합리한 면을 인정하고 받아들일 수 있는 마음의 여유가 필요하다. 그런데 이러한 깊은 이해 없이 그저 용서하기 위해 노력하다 보면 말로는 용서했지만 가슴속의 분노는 활화산처럼 그대로 끓고 있는 경우가 많다. 이럴 때 우리는 웃으면서 상대방에게 비수를 꽂는 행위를 반복하게 된다. 서로를 서서히 파괴해 가는 것이다.

그러니 만일 당신이 누군가에게 분노하고 있다면 왜 분노하고 있는가를 잘 들여다보라. 이때 감당하지 못할 정도로 분노가 크다면 잠시 숨을 돌려 보아라. 친구를 찾아가 분노를 털어놓는 것도 한 방법이다. 그래서 분노가 조금 누그러졌다 싶으면 곰곰이 생각해 보라. 그 사람에 대한 분노로 당신의 현재와 미래를 저당 잡히는 것이 과연 좋은 일인지 말이다.

복수는 달콤하고 강렬하다. 그러나 복수는 당신과 상대방 모두를 파괴한다. 그러므로 이제 그만 가치 없는 사람에 대한 분노로 당신 자신을 좀먹는 일을 멈추어라. 어차피 상대방은 절대 변하지 않을 것이다. 심지어 당신에게 상처 준 사실을 잊고 더 이상 미안해하지 않을 수도 있다. 그러니 지금부터 상대방에게 쏟았던 에너지를 거두어들이고, 그 에너지를 당신 자신을 사랑하고 삶을 행복하게 만드는 데 쏟아 보아라. 어쩌면 그와 상관없이 당신이 행복하게 잘 사는 것, 그것이 최상의 복수일지도 모른다.
하지만 절대 준비되지 않은 상태에서는 어설프게 용서하려 들지 마라. 어설픈 용서는 서로를 망칠 뿐이다.

내가 당신에게
못된 딸이 되라고 권하는 까닭

예린 씨는 요즘 엄마를 보면 마음이 복잡해진다. 빠듯한 집안 살림을 꾸리느라 힘겨워할 때도 있었지만 매사에 정확하고 생활력도 강한 엄마였다. 그런데 요즘은 건망증이 심해졌는지 물건을 어디에 두었는지 몰라 한참 찾기도 하고, 불면증으로 잠을 설쳐 아침마다 짜증을 낸다. 그뿐이 아니다. 조금만 투덜대도 "이제 다 컸다고 엄마 무시하는 거니?"라며 서운해하고, 조금만 늦어도 "지금 몇 신데 아직도 안 들어오는 거니?"라며 수시로 전화를 한다. 출근 준비로 정신없이 바쁜 아침에 "옷이 그게 뭐니?"하며 태클을 걸고, 퇴근 후엔 회사에서 있었던 일을 꼬치꼬치 캐묻기도 한다. 또 휴일에 외출이라도 할라치면 누구를 만나는지, 어디에 가는지 일일이 물어본다. 참다못해 "제발 좀 내버려 둬요. 내가 한두 살 먹은 어린애도 아닌데"라고 하면 어김없이 엄마의 잔소리 18번이 나온다.

"어쩜 네가 그런 말을 할 수 있니? 내가 그 고생을 해서 키웠더니 자기 혼자 큰 줄 알지. 애지중지 키워 놓으면 뭐 해. 인생 헛살았어."

결국 오늘 아침에는 욱하는 마음에 해서는 안 될 말을 하고 말았다.

"그럼 낳지를 말지, 왜 낳았대?"

그러고는 문을 쾅 닫고 나오는데 후회가 밀려들었다.

'엄마가 나를 어떻게 키웠는데, 엄마한테 내가 그러면 안 되는데, 내가 조금만 더 참을걸, 왜 그랬지?'

엄마는 스물일곱 살 때 그녀를 낳았다. 그리고 올해 그녀는 서른, 엄마는 쉰일곱이 되었다. 엄마는 학교에 적응하지 못해 유학을 간 오빠보다 딸인 그녀에게 더 많은 기대를 걸었다. 그래서 어린 시절부터 그녀에게 "여자가 능력 있으면 혼자 살아도 돼"라는 말을 입버릇처럼 해 왔다.

게다가 '세월 앞에 장사 없다'라는 옛말처럼 자존심 세고 생활력 강한 엄마의 얼굴에도 주름살이 하나둘 늘어 가고, 부쩍 우울해하고 짜증도 심해졌다. 조금만 무리해도 '여기 아프다, 저기 아프다' 약한 모습을 보이며 그녀에게 기대고 싶어 했다.

하지만 그럴수록 그녀는 엄마에게 구속당하는 느낌이 들어 숨이 막혔다. 그렇다고 힘들어하는 엄마를 모른 척할 수도 없었다. 엄마한테 잘해야지 다짐하며 다정하게 대하려고 하면 더 많은 걸 바라는 엄마 때문에 화가 치밀어 오르곤 했다. 그때마다 엄마에게 잘해 주지 못했다는 죄책감에 시달려야만 했다.

그녀의 엄마도 요즘 우울하긴 마찬가지다. 목숨보다 더 아끼면서 애지중지 키운 딸이 늙었다고 자신을 멀리하고 무시하는 것 같아 서러웠다. 부모의 뜻에 따라 남편을 만나 결혼하면서 하고 싶은 일을 접어야 했지만, 딸을 낳고부터 다시 삶의 의미를 찾게 되었다.

'그래, 이 아이는 나처럼 키우지 말아야지. 원하는 모든 걸 하게 해 줘야지.'

엄마는 먹고 싶고 입고 싶은 것도 참아 가며 딸을 키우는 데 전념했다. 다행히 딸은 총명해서 기대를 저버리지 않았다. 제법 어른스러워서 자신이 아프고 힘들 때면 옆에서 위로해 주기도 했다.

그러던 딸이 점점 자신을 귀찮아하고 멀리하는 것 같더니 얼마 전부터는 가슴에 못을 박는 말도 서슴지 않았다. 한편으론 괘씸하고 한편으론 억울했다. 지나온 세월을 누가 보상해 준단 말인가. 자식들에게 열중하느라 남편과도 소원해져서 대화다운 대화를 안 하고 산 지도 한참 되었다. 게다가 요즘엔 기억력도 시원찮고, 얼굴엔 주름살과 검버섯이 자꾸만 늘어 거울 보기가 무서울 정도다. 그런데 가족들 중 누구도 늙어 가는 자신에게 관심이 없고 그저 엄마 역할만 계속 요구할 뿐이다. 엄마는 인생이 너무 허무하고 처량해서 화가 났다. 또 이렇게 초라하게 늙어 갈 생각을 하면 끔찍해서 견딜 수가 없었다.

왜 딸은 딸대로, 엄마는 엄마대로 아플 수밖에 없는 것일까? 왜 이렇게까지 관계가 꼬여 버린 걸까?

모든 어린아이는 부모의 보호를 필요로 한다. 하지만 아이가 자라 어른이 되면 부모는 응당 자녀를 품에서 떠나보내야 한다. 만약 부모가 어른이 된 자녀를 계속해서 자신의 울타리에 가둬 두려고 하면 자녀는 자신의 자율성과 독립성을 지킬 수 없어 괴로움을 느끼게 된다. 엄마 때문에 힘들다는 딸들의 경우, "어깨 위에 무거운 돌이 얹혀 있는 것 같은 기분이다", "목구멍에 가시가 박힌 듯 답답하다"며 구체적으로 통증을 호소하는 사례도 적지 않다. 충격적인 것은 어린 시절 폭력이나 학대를 당한 것이 아니라 애지중지 사랑받으며 커 온 딸들이 그런 괴로움을 느낀다는 사실이다.

예린 씨의 엄마처럼 꿈이 있었지만 가족을 위해 희생한 경우, 딸을 자신의 분신처럼 느끼기 쉽다. 같은 여자로서 딸이 자신의 마음을 잘 이해해 줄 것이고, 못다 이룬 꿈을 대신 이뤄 줄 것이라고 기대하는 것이다. 그래서 엄마는 자신의 욕망을 딸에게 쏟아부으면서 딸의 모든 것을 간섭하기 시작한다. 이때 딸은 엄마의 사랑을 얻고자 자신이 원하는 사람이 아닌 엄마가 원하는 사람이 되려고 애쓴다. 그러면서 동시에 자율성과 자아를 침범당해 엄마에게 깊은 분노를 느낀다.

게다가 서른 살 안팎이 된 딸은 실질적인 독립을 하고 싶어 하지만, 갱년기를 넘어 노년기에 접어든 엄마는 딸에게 더욱 기대고 싶어 하기 때문에 둘 사이의 갈등은 더욱 커지게 된다.

어떤 관계든 각자의 독립성이 온전히 지켜질 때 그 관계가 건강할 수 있다. 특히 가족은 가장 가까이에서 모든 것을 공유하는 관계이므로 개인의 독립성을 지켜 주는 것이 매우 중요하다. 이 것은 단지 함께 사느냐 마느냐의 문제가 아니라 정신적으로 얼마나 분리되어 있느냐의 문제이다.

만약 딸인데 엄마한테 받는 스트레스가 심하고 엄마를 미워한다는 자책감에 시달리고 있다면 무엇보다 '착한 아이 콤플렉스'에서 벗어날 필요가 있다. 착하게 말을 잘 들어야만 사랑받을 수 있는 것은 아니다. 만약 그렇게 가르친 부모가 있다면 그들이 틀린 것이다. 누구나 있는 그대로 사랑받을 권리를 가지고 있다. 그러니 엄마 말이니까 무조건 들어야 한다는 생각을 가질 필요가 없다. 그리고 딸이 엄마로부터 독립하는 것은 자신을 위한 선택일 뿐 아니라 엄마를 위한 선택이기도 하다. 엄마에게 자신의 인생을 살아갈 자유를 주는 것이기 때문이다.

또한 그동안 엄마가 자신을 위해 희생했다는 부채감도 버려야 한다. 엄밀히 말해 엄마가 자식을 키운 것은 엄마의 선택이고 즐거움이었다. 딸은 잘 자라 줌으로써 엄마에게 충분히 보답했다. 그것으로 된 것이다.

그럼에도 자신을 키우느라 접을 수밖에 없었던 엄마의 꿈과 이젠 늙어 버린 엄마의 모습을 보면 부채감을 버리기가 쉽지 않을 것이다. 그러나 딸이 제대로 독립하지 않으면 엄마와 딸 모두 죄책감과 서운함에서 영영 벗어날 수 없다. 각자의 자아를 존중해야만 진정으로 서로를 지지하고 배려해 줄 수 있다. 그러므로 만약 엄마를 사랑하지만 함께하기가 너무 힘들다면 당장은 엄마에게 못된 딸이라는 소리를 들을지라도 '거리 두기'부터 해 보라.

세상에 태어난 순간부터 함께했던 부모와 거리를 둔다는 것은 매우 어렵고 두려운 일이다. 또 엄마와 거리 두기를 할 수 없었던 것은 어쩌면 당신이 독립해서 모든 것을 혼자 책임져야 하는 것이 두렵기 때문일지도 모른다. 하지만 당신은 이제 엄마로부터 바통을 이어받아 세대교체를 이루어야 한다. 당신의 삶을 살며 앞으로 나아가야 하는 때인 것이다.

그러니 당신이 먼저 행복하고 씩씩하게 살면서 엄마의 든든한 조력자가 되어 주어라. 그러면 엄마 역시 당신을 떠나 자신만의 인생을 찾아갈 것이다. 엄마는 당신이 없어도 충분히 잘 살 수 있다. 아니, 오히려 지금까지 당신을 키우느라 할 수 없었던 많은 일들을 경험하며 또 다른 행복을 느끼게 될 수도 있다.

엄마와 딸이 서로 부족한 부분을 채워 주는 인생의 선후배이자 동반자 같은 관계가 된다면 참으로 멋지지 않겠는가. 그리고 여자로서, 먼저 삶을 산 인생 선배로서 엄마의 이야기를 귀담아 듣는다면 당신의 인생을 보다 풍요롭게 만들 수 있을 것이다.

남이 나를 함부로
대하지 못하게 만드는 법

주위를 둘러보면 책임감이 강하고 주위 사람들을 배려하고 항상 친절하려고 애쓰는 사람들이 있다. 그들은 거의 대부분 다른 사람의 부탁을 거절하지 못한다. '거절하면 실망하겠지', '이번 한 번만 그냥 넘어가자', '내가 참는 게 모두를 위해 낫지 않을까'라는 생각으로 무리한 부탁도 들어준다. 혹시나 부탁을 거절했다가 상대방과의 관계가 틀어질까 봐 두렵기 때문이다. 그처럼 싫어도 좋은 척, 힘들어도 괜찮은 척, 화가 나도 아닌 척 애쓰는 사람들은 항상 남의 기분을 신경 쓰느라 자기 마음이 곪아 터지는 것은 보지 못한다.

심지어 잘못한 것도 없이 일단 덮어놓고 사과부터 하기도 한다. 그들은 다른 사람과 대립하는 것을 극도로 꺼린다. 그래서 서둘러 사과를 해 버림으로써 마찰을 피하려고 한다. 자신의 의견을 내세우기보다 차라리 다른 사람의 의견을 따르는 게 속 편하다고 스스로를 위로하면서 말이다.

그러나 지나친 사과는 아니 하는 만 못한 법이다. "제가 잘못했어요"라고 말하면 서로가 얼굴 붉힐 상황을 피할 수 있을지 모른다. 그래서 당장은 마음이 편할지 모른다. 하지만 단지 불편한 상황을 모면하고자 사과를 하는 것은 매우 어리석은 일이다. 왜 잘못한 것도 없으면서 스스로를 깎아내리려 하는가. 다른 사람은 존중하면서 정작 당신 자신은 시궁창에 처박아 버리는 꼴이다.

당신을 지키는 것은 그 누구도 아닌 바로 당신 자신이다. 그러므로 잘못한 것도 없으면서 사과를 하는 것은 스스로를 욕되게 만드는 행위이다. 당신 자신을 함부로 대하지 마라. 그래서는 안 된다. 사람들로부터 부당한 대우를 받을 때도 마찬가지다. 그냥 참고 넘어가면 그들은 당신을 함부로 대해도 된다고 여기고 다음부터는 별다른 죄책감조차 갖지 않을 수 있다. 그러니 부당하면 부당하다고 말할 수 있어야 한다. 그래야 사람들이 비로소 당신에게 예의를 갖출 것이기 때문이다.

일에서든 인간관계에서든 참고 견디는 데는 한계가 있다. 그래서 무리한 부탁을 받으면 나만 손해 보는 느낌이 들고, 상대가 미안해하기는커녕 뻔뻔하게 나올 경우 결국 분노는 내 안에서 곪게 된다. 그리고 그 분노는 자신도 모르는 사이 어느 순간 폭발하고 만다. 참으면서까지 관계를 지키고자 애썼지만 결국 한순간에 관계가 무너지는 결과를 낳고 마는 것이다.

그래서 나는 결혼하는 딸에게 "굳이 착한 며느리가 되려고 애쓰지 마라"라는 말부터 했다. 평소 딸의 성품으로 보자면 시부모에게 잘하려고 무진 애를 쓸 텐데 그러면 시부모의 기대가 너무 높아져 나중에는 딸이 힘들겠다는 생각이 들었기 때문이다. 대신 나는 딸에게 "편한 며느리가 되는 게 너한테도 시부모한테도 좋아"라고 말했다.

어떤 관계든 무조건 상대방에게 맞추는 게 아니라 서로 양보하고 타협하는 과정을 거쳐야 한다. 그래야 어느 한쪽만 희생하는 비극을 막을 수 있게 된다. 또 서로 못하는 게 뭔지, 무엇을 하기 싫어하는지 알아야 서로 편하게 볼 수 있다.

그런 의미에서 나는 오래도록 좋은 관계를 지속하는 힘은 무한한 친절과 배려가 아닌 명확하게 선을 긋는 데서 나온다고 생각한다. 선을 긋는다는 것은 상대와 나 사이에 넘을 수 없는 벽을 쌓고 접촉을 끊겠다는 것이 아니다. 내가 할 수 있는 한계를 설정하고 거기까지는 최선을 다해 배려하되 그 이상은 못 하겠다고 말하는 것이다. 그래야만 남의 감정이 상할까 봐 신경 쓰다가 능력 밖의 일까지 떠맡아 괴로워하지 않을 수 있다.

이처럼 한계 설정은 나를 함부로 대하는 사람들로부터 나를 지키기 위해 꼭 해야만 하는 일이다. 어떤 사람들은 선을 긋는 것이 이기적이라고 비난하지만 그것은 결코 이기적인 게 아니다. 이기적이라는 말은 다른 사람이 어떻게 되든 말든 내 이익을 먼저 챙기겠다는 태도를 뜻한다. 하지만 한계를 설정하는 것은 내 처지와 능력이 여기까지밖에 안 된다고 상대방에게 명확하게 밝히는 것이다. 그래서 내가 할 수 없는 일, 내가 바꿀 수 없는 관계에 매달리는 대신 내가 할 수 있는 일과 나를 존중해 주는 소중한 사람들에게 집중하겠다고 말하는 것이다. 그러므로 남이 나를 함부로 대할 때는 선을 그어 나를 지키고 보호하는 것이 먼저다.

그럼에도 사람들은 대개 분명한 한계를 설정하는 것을 두려워한다. 상대방이 나를 싫어하거나 관계가 틀어질까 봐 두려워 선을 긋지 못하는 것이다. 자존감이 낮은 사람일수록 그 두려움이 더 크다. 물론 내 마음을 솔직하게 밝힘으로써 잠시 주변 사람들을 섭섭하게 만들 수도 있을 것이다. 하지만 크게 걱정할 필요는 없다.

독일의 관계 심리 전문가인 롤프 젤린은 《나는 단호해지기로 결심했다》에서 자신의 경험과 자신이 치유한 수십만 명의 사람들의 진료 기록을 바탕으로 단호하게 선을 그었을 때 기적과 같은 변화가 일어났다고 밝혔다. 한계를 설정하자 관계가 깨지는 게 아니라 오히려 단단해졌고, 내 감정을 억누르지 않고 솔직하게 표현하자 비로소 내 생각과 취향을 존중받을 수 있는 관계로 발전하게 되었다는 것이다. 그러므로 선을 긋는 것에 대해 두려워할 필요가 없다. 선을 그어서 더 발전하는 관계야말로 당신이 원하는 관계일 것이기 때문이다.

대신 선을 그을 때는 부드러우면서 단호해야 한다. 그런데 남이 나를 함부로 대한다는 느낌이 들거나, 무리한 부탁을 해 오면 일단 감정이 상하기 때문에 흥분을 하게 마련이다. 그럴 때는 곧바로 대응하기보다 잠시 모든 것을 멈추고 흥분을 가라앉히는 것이 우선이다. 그런 다음 상대에게 내 의견을 제대로 전달해야 한다. 이때 두루뭉술하게 표현하면 상대방이 못 알아들을 수 있다. 그리고 아무리 불쾌한 대우를 받았더라도 상대방을 비난하지 말고 내가 무엇을 할 수 없는지에 대해서만 말하는 게 좋다. 그래야만 상대방이 내 의사를 존중하게 만들 수 있다.

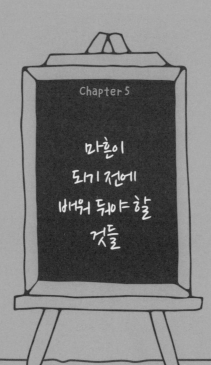

Chapter 5

마흔이
되기 전에
버려 둬야 할
것들

인생을 살면서
풀어야 할 가장 큰 숙제

열 달 동안 나를 품어 주고 보호해 준 엄마의 자궁과 이별하기. 그것이 우리 삶의 시작이다. 엄마의 몸에서 탯줄을 끊고 이 세상에 나오는 순간 우리는 이미 되돌아갈 수 없는 상실의 강을 건너는 것이다. 그 사실은 아기에게 이루 말할 수 없는 고통을 주게 되는데 정신분석학자 오토 랭크는 이때의 충격을 '출생의 충격'이라고까지 말한다.

아기 입장에서 보면 엄마의 배 속은 포근하고 안전하다. 자신이 뭐라 말하지 않아도 엄마가 알아서 모든 것을 척척 해 준다. 그런데 어느 순간 말도 없이 엄마가 자신을 세상 밖으로 보내 버린다. 그런데 막상 세상을 보니 신기한 것투성이다. 그래서 혼자 기어다니며 세상을 탐험하기 시작하는데 자꾸만 넘어지고 다치

고 피가 난다. 세상에 위험하고 무서운 것들이 이토록 많을 줄이
야. 생각보다 하지 말아야 할 일들이 너무 많다. 게다가 배 속에
있을 때는 자신이 원하는 걸 다 해 주었던 엄마가 이제는 자신
이 어떤 상태인지를 모른다. 그래서 배가 고픈지, 기저귀가 축축
해서 싫은지, 졸린지를 하나하나 엄마한테 알려줘야만 한다. 그
제야 아기는 엄마가 자신과 한 몸이 아닌, 분리된 다른 존재이며
그것이 얼마나 슬픈 일인지를 깨닫게 된다. 이것이 바로 인간이
태어나 경험하게 되는 최초의 슬픔이다.

좀 더 크면 힘이 세질 테니까 슬프지 않을 수 있을까. 아이는
부지런히 어른이 되기 위해 많은 것들을 견딘다. 그런데 웬걸, 어
른이 되면 하고 싶은 건 뭐든 할 수 있을 것이라 생각했는데 오
히려 할 수 없는 일만 더 많아진 느낌이다. 열심히 노력하면 다
이룰 수 있다더니 모두 거짓이었다. 그래도 사랑하고 결혼하면
행복하리라 생각했는데, 더 이상 외롭지 않을 것 같았는데, 오히
려 혼자일 때보다 더 깊은 외로움이 나를 집어삼킨다. 때로 나를
짓누르는 의무와 책임에 숨이 막히고, 미래에 대한 걱정으로 잠
을 뒤척이게 된다.

게다가 세상은 불공평한 것투성이다. 태어날 때부터 많은 것
을 갖추고 태어난 사람이 있고 그렇지 못한 사람이 있다. 착하게
산다고 병에 안 걸리고, 사고를 안 당하는 게 아니다. 사랑하는
사람을 먼저 저세상으로 보내는 슬픔도 감당해야 한다. 믿었던
사람에게 배신당하는 일도 생긴다. 그런데 이런 불합리한 세상
과 싸워 이기기엔 내가 너무나 작고 미미하다는 생각이 든다.

어른이 된다는 것은 이런 슬픈 현실과 나의 한계를 깨달아 간다는 걸까? 그런데 우리를 더욱 슬프게 만드는 것은 나이를 먹고 언젠가 죽는다는 사실이다. 하루를 더 살면 그만큼 죽음이 하루 더 내 앞으로 다가온다. 인류학자인 어니스트 베커는 이에 대해 다음과 같이 말했다.

"사람들은 그들에게 주어진 시간을 사용한다. 자신만의 재능을 살리고, 남들과 다른 존재로서의 자신을 만들고, 자신의 기호를 넓히고 발달시키며, 삶의 실망스러운 것들을 견디는 법을 배우고, 성숙하고 단련되어, 마침내는 동물의 상태를 초월하여 위엄과 존엄성을 지닌 자연의 유일한 존재로서 우뚝 선다. 이처럼 고귀한 개인이 되기 위해 60여 년 동안 믿을 수 없는 고난과 노력을 다한 뒤에는, 죽을 수밖에 없다."

그러므로 살아간다는 것 자체가 슬픈 일이다. 더 이상 잃어버릴 것이 없다고 생각하는 순간에도 우리는 또 무언가를 잃는다. 그러면 인생이라는 상실의 강을 건너면서 우리는 무엇을 할 수 있을까? 세상이 슬프다고 그냥 주저앉아 버려야 할까? 아무리 세상이 불가능한 것과 금지된 것들로 가득 차 있다 해도, 미래가 불안과 고통으로만 이어지는 것은 아니다.

상실은 슬프지만, 때로 그것은 새로운 만남과 출발을 의미하기도 한다. 우리는 완벽한 보호처였던 어머니의 자궁과 젖가슴을 포기함으로써 비로소 독립된 개체로서의 내가 될 수 있고, 세상의 아름다움과 다양성을 만나게 되며, 시의 한 구절처럼 '내 운명의 지배자요, 내 영혼의 선장'이 될 수 있다.

그러므로 우리가 인생이란 상실의 강을 건너며 풀어야 할 가장 큰 숙제는 바로 이것이다. 살면서 잃어버리는 무수한 것들을 어떻게 잘 떠나보내고, 어떻게 그 경험을 변화와 성장으로 이끌 것인가?

'안녕'이라는
작별 인사가 중요한 이유

내 앞에 닥칠 불행을 미리 예감할 수 있다면 얼마나 좋을까. 하지만 애석하게도 우리에게는 그런 능력이 없다. 그래서 갑자기 예상치 못한 큰일을 겪게 되면 우리의 정신은 그 상황에 압도당해 마비되고 만다. 단 한 번도 이별을 생각해 본 적도 없는데 느닷없이 이별을 맞이해야 할 때는 더욱 그렇다.

사실 아무런 작별 인사도 없이 헤어지는 것은 헤어지는 것이 아니다. 작별 인사를 한다는 것은 헤어짐을 구체화함으로써, 상대가 떠났다는 사실을 인정하고 마음으로 받아들이는 작업이기 때문이다.

장례식을 떠들썩하게 하는 것도 바로 이 이별 예식을 위한 것이라고 말할 수 있다. 한바탕 크게 목 놓아 울고, 주위 사람들과 함께 이별 예식을 준비하고, 그리고 비로소 그의 주검을 마주하며 그를 가슴에 묻는 작업. 이 시간을 통해 떠나는 사람은 떠나는 사람대로, 남은 사람은 남은 사람대로 서로에게 작별을 고하며, 그동안 함께했던 시간을 정리하게 된다.

"어느 날 갑자기 나한테 한마디 말도 남기지 않은 채 엄마가 없어졌어요. 그런데 다른 가족들이 엄마가 미국에 갔다고, 곧 돌아올 거라고 했어요. 난 엄마가 죽었다는 것을 어렴풋이 눈치채고 있었는데 말이에요."

어릴 때 엄마를 잃어버린 한 환자의 말이다. 가족들은 어린 그녀가 충격을 받을까 봐 엄마의 죽음을 쉬쉬했다. 그래서 그녀는 엄마가 죽었다는 사실을 큰 비밀로 받아들이고, 이 일을 절대 입 밖에 내어서는 안 된다고 생각했고, 그래서인지 늘 가슴속에 있는 큰 돌덩이에 짓눌린 듯 살아왔다. 그녀를 무엇보다도 힘들게 만든 것은 엄마에게 마지막 작별 인사를 할 수 없었다는 사실이다. 이 경우 그녀에게 엄마는 죽지도 살아 있지도 않은 사람이 된다.

이처럼 '임종을 지키지 못했다', '작별 인사를 못 한 채 헤어졌다'라는 사실은 큰 한으로 남는다. 그러기에 병원에서는 가족이 와서 임종을 지킬 때까지 이미 끊어진 숨을 인공적으로 연장시키기도 한다.

한편 전쟁이나 지진, 삼풍백화점 붕괴 사고나 9·11 테러처럼 대재앙이 덮친 뒤에 우리는 실종된 가족이나 친구를 찾아 헤매는 사람들을 보게 된다. 이때 주검이라도 찾을 수 있다면 다행이지만 남은 가족을 가장 힘들게 하는 건 사랑하는 사람의 주검을 찾지 못해 생사를 확인할 길이 없을 때다. 그가 어딘가에 살아 있을지도 모른다는 한 가닥 희망은 살아 있는 사람들을 평생 괴롭힌다. 왜냐하면 이 경우 죽음도 같이 실종되어 버리기 때문이다. 실종된 죽음은 묻을 수 없게 된다.

그래서 남은 사람들은 그가 죽었다는 것을 뻔히 알면서도 그를 기다려야 하는 고통스러운 상황에 놓이게 된다. 끝나지 않는 슬픔의 한가운데에 남겨지는 것이다.

우리는 헤어진 사람과의 마지막 작별 인사에 대한 기억을 두고두고 회상한다. 이별을 아쉬워하던 그의 눈빛이나 힘없이 돌아서는 쓸쓸한 뒷모습 등…. 그러한 장면을 반복해서 회상하는 것은 받아들이기 힘든 헤어짐을 현실로 받아들이기 위한 노력의 하나다.

그런 의미에서 보자면 작별 인사를 하는 것은 서로 헤어져야 할 수밖에 없는 상황임을 받아들이는 작업이며, 서로가 이별을 애달파하고 슬퍼한다는 것을 확인하는 작업이다. 또 내가 상대에게 얼마나 중요한 사람이었는가를 확인하는 작업이기도 하다. 이런 믿음이 있다면 우리는 과거를 소중히 간직하고 각자의 길을 떠날 수 있게 된다. 그러므로 작별이란 그동안의 만남에 종지부를 찍는 작업이면서 한편으로는 그동안의 만남에 의미를 부여하는 작업이기도 하다. 시인 정일근은 〈가을 억새〉라는 시에서 요즘의 이별을 다음과 같이 스케치한다.

사랑 없는 시대의 이별이란

코끝이 찡해 오는 작별의 악수도 없이

작별의 축축한 별사도 없이

주머니에 손을 넣고 총총총

제 갈 길로 바쁘게 돌아서는 사람들

이처럼 작별 인사도 없이 가 버리면 남은 사람은 거절당하고 버림받았다는 고통을 느끼게 된다.

민정 씨는 아빠에 대한 기억이 거의 없다. 어릴 적 부모의 이혼으로 엄마와 함께 살게 된 이후 아빠를 본 적이 없기 때문이다. 그러던 어느 날 엄마는 그녀를 외할머니 집에 데리고 갔고, 다음 날 일어나 보니 엄마는 곁에 없었다. 할머니 말로는 돈을 벌러 갔다는데 스물 다섯 살이 넘은 지금까지 아무 소식이 없다. 엄마와 아빠 모두 살았는지 죽었는지 모르는 그녀는 슬픔의 한가운데에 버려지고 말았다. 작별 인사도 없이 혼자 남겨진 그녀는 누구에게도 마음을 열지 못하고 있다. 또 다시 버림받을까 봐 두렵기 때문이다.

지원 씨의 경우는 달랐다. 그녀의 부모는 떠나면서 그녀에게 작별 인사를 했다. "너에게 엄마 아빠가 있고, 너를 사랑한다는 사실을 기억하렴"이라고 말하며 언제나 용기를 잃지 말 것을 당부했다. 그리고 이 말은 살아가는 데 그녀를 지탱해 주는 큰 힘이 되었다.

사랑받고 있을 때 우리는 살아 있다고 느낀다. 작별의 말은 아이가 살아가는 데 친구가 되어 준다. 그것은 부모의 사랑이 남기고 간 유산이자 아이가 살아남길 바라는 소망으로서 아이의 초자아에 큰 영향을 끼치게 된다.

그래서 '안녕이라 말하기', '잘 가라고 말하기'는 모든 헤어짐에서 매우 중요하다. 설령 갑작스러운 이별이나 상실로 작별 인사를 할 만한 시간적 여유가 없거나, 일방적인 이별을 겪는 경우, 나중에라도 내 마음속에서 상대를 떠나보내며 그를 향해 이제는 안녕이라고 말할 수 있어야 한다. 그렇게 상대에게 안녕이라고 말한다는 것은 떠난 사람과 나를 묶어 놓았던 끈을 푸는 마지막 작업이다. 서로가 서로에게서 자유로워지는 작업인 것이다.

안녕이라고 말하는 작별 인사는 떠나가는 사람과 남아 있는 사람 사이에만 필요한 것은 결코 아니다. 이제는 과거가 되어 버린 어제의 나에게도 안녕이라고 말할 수 있어야 한다. 그래야 우리는 과거를 소중히 간직한 채 오늘을 살고 내일을 맞이할 수 있게 된다. 한때는 내 소유였지만 지금은 내 곁에 없는 사라져 버린 것들에 대해서도 우리는 '안녕' 하며 손을 흔들 수 있어야 한다. 그리고 생의 마지막 날에는 이 세상을 살아왔던 나 자신에게도 작별을 고할 수 있어야 한다.

그래서 어쩌면 안녕이라고 말하는 건 인간으로 태어났다면 누구나 매일같이 해야 하는 숙명의 과제인지도 모른다.

더 늦기 전에 꼭 해야 할 일

'또 지겨운 하루가 시작되는구나.'

서른네 살의 주원 씨는 학원에서 영어 강사로 일한다. 하루 종일 빈둥거리다 다른 직장인들이 다 퇴근할 무렵에야 그의 일과는 시작된다. 가르치는 일 자체도 재미가 없는데, 시건방지고 다루기 힘든 아이들이 지겨움을 더해 준다. 그래도 먹고살기 위해서는 이 일을 할 수밖에 없다. 가끔 미래를 생각하면 그저 암담할 뿐이다. 이제 몇 년만 있으면 마흔인데, 언제까지 이 일을 할수 있을까. 더 나이 들면 체력도 떨어지고, 젊은 사람들에게 밀려 설 자리도 좁아질 텐데 말이다. 그는 어릴 때부터 딱히 하고 싶은 일이 없었다. 세상에 대한 호기심과 흥미도 많지 않았다. 그는 그저 부모가 시키는 대로 따르는 착실한 학생이었다. 성적도 웬만큼 나왔고, 운도 따라 줘 턱걸이지만 명문 대학에 들어갈 수 있었다. 졸업을 한 후에도 딱히 하고 싶은 일이 없었던 그는 대기업에 몇 번 원서를 넣었다가 떨어진 다음 그냥 집에서 놀았다. 그러다가 부모의 등쌀에 못 이겨 영어 연수 삼아 외국에 1년 나갔다 와서 간신히 구한 것이 지금의 학원 강사 자리였다.

맥없는 아들을 보다 못한 아버지가 "남자 놈이 패기가 없다"고 야단이라도 치면 그는 "내가 이렇게 된 게 다 누구 때문인데"라고 혼자 중얼거리며 방으로 들어가곤 했다.

그는 어릴 때만 해도 천재 소리를 들을 정도로 똑똑했다. 아들의 총명함에 한껏 고무된 부모는 그를 끌고 다니면서 좋다는 것은 죄다 가르쳤다. 덕분에 그는 한꺼번에 학원을 열 군데까지 다닌 적도 있었다. 그러다 한번은 학원 가기 싫다고 떼를 쓰다가 아버지로부터 호되게 매를 맞고 한겨울에 속옷만 입은 채 집 밖으로 쫓겨났다. 1시간 동안 추위와 창피함 속에 떨었던 그는 이후 반항이라는 것을 하지 않았다. 그저 묵묵히 부모가 시키는 대로만 했다. 그렇게 자율성을 잃어버린 그의 내부는 텅 비었다. 그리고 내적으로 공허해진 그의 자아는 외부 세계에 대한 모든 흥미를 잃어버리고 말았다.

어른이 되기 위해 이별해야만 하는 것들

아이들은 빨리 어른이 되고 싶어 한다. 그러나 어른이 되기까지 많은 시간을 기다려야만 한다. 이때 아이들은 그 시간이 상실의 시간임을 알지 못한다. 많은 것이 손가락 사이로 빠져나가고 그 빈자리에 차가운 현실감이 스며들어 오는 시간임을 미처 알지 못하는 것이다.

어른이 된다는 것에는 과거와의 이별이란 슬픔이 내포되어 있다. 새로운 출발은 항상 과거에 친숙했던 것들과의 이별에서 시작되기 때문이다. 그렇다면 우리는 어른이 되면서 무엇을 잃어버리는 것일까?

첫째, 어른이 되기 위해서는 먼저 나를 보호해 주고 사랑해 주던 따뜻한 부모의 품과 이별해야만 한다. 언제까지나 나와 함께하면서 든든한 보호막이 되어 줄 것만 같았던 부모와 헤어진다는 것은 슬프고도 불안한 일이다.

어렸을 때는 어려운 일이 있으면 곧장 부모에게 달려가 의논하고 도움을 받았다. 따라서 큰 잘못이나 실수를 해도 부모가 대신 책임져 주겠지 하는 생각에 마음이 든든했다. 그러나 어른이 되면 어떤 일을 하든 그에 대한 책임은 내 몫이 된다. 부모와 의논할 수는 있어도 예전처럼 부모에게 전적으로 의지할 수는 없다. 부모는 나의 보호자에서 보증인이 되고, 이제부터는 내가 부모에게 받은 것들을 나의 아이들에게 돌려주어야 하는, 즉 내가 부모가 되는 시기로 진입하게 된다. 따뜻하고 안전한 부모 품을 뒤로하고 나는 떠나야 하는 것이다. 따라서 어른이 되는 것은 슬픔과 불안을 동반할 수밖에 없다.

둘째, 어른이 되고 난 뒤 어느 순간 거울에 비친 내 모습을 보고 놀라는 때가 있다. 어릴 적 꿈꿔 온 내 모습과 너무 다르기 때문에 당황하는 것이다. 그런데 그때가 바로 또 하나의 이별을 준비해야 하는 시기이다. 무엇이든지 가능할 것만 같았던 어린 시절의 거대한 꿈과의 이별.

청소년 시절에는 되고 싶은 것이 참 많다. 사회적으로 큰 성공을 거두어서 사람들의 관심을 한몸에 받는 화려한 모습을 상상하기도 하고, 때론 모든 것을 희생하며 헌신하는 성자 같은 모습을 꿈꾸기도 한다. 무한한 가능성이 내 앞에 펼쳐져 있으므로 내가 바라고 원하기만 하면 무엇이든 다 이룰 수 있다고 생각하는 것이다.

그러나 어른이 되면 거울에 비친 내 모습이 그동안 꿈꿔 온 나와 많이 다름을 알게 된다. 또한 거울을 깨 버린다고 내 모습이 변하는 것이 아님을 알게 되면서, 체념의 고통을 감내해야만 한다. 그것은 어떤 잘못을 해도 용서받을 수 있으며, 어떤 나쁜 일이 일어나면 누군가 틀림없이 나타나 상황을 바꿔 줄 것이라는 어릴 적의 기대를 포기하는 것이다. 그리고 이제부터는 모든 것을 내가 결정하고 책임져야 하는, 가진 권리만큼 의무도 커진 시절이 왔음을 인정하는 것이다. 또한 나의 힘은 그다지 크지 않고, 누릴 수 있는 자유 또한 제한적이며, 사랑하는 사람들과의 관계조차 불완전한 현실을 받아들이는 것이다.

한계를 깨닫는 것, 이젠 더 이상 선택할 수 없게 된 것들을 인식하는 것, 이루지 못한 꿈과 현실의 간극을 깨닫는 것 등은 인간으로서 필연적인 과정이다. 그러므로 어른이 된다는 것은 '내가 세상이고, 내 소망은 명령이다'라는 전지전능했던 유아기의 나르시시즘을 포기하고 그와 이별하는 과정이라고 할 수 있다.

그에게 세상이 지루하고 우울하게만 비친 까닭

삶에서 권태로운 시간은 있을 수밖에 없다. 그러나 바쁘게 일하다가 잠시 빈둥거리며 지루해하는 것과, 모든 것에서 의미를 찾지 못하고 세상으로부터 한 걸음 뒤로 물러나 빈둥거리는 것에는 큰 차이가 있다. 철학자 버트런드 러셀의 말을 빌리자면 전자는 건설적 권태이고, 후자는 파괴적 권태이다. 정신분석에서는 파괴적 권태를 '이상적인 것의 질병'이라 부른다.

아무런 꿈도 없이 모든 것에 흥미를 잃고 지루함 속에서 살고 있는 주원 씨는 실은 부모의 기대처럼 멋지게 성공해서 사람들의 박수갈채 속에서 살고 싶다는 높은 '자아이상(ego-ideal)'을 갖고 있다. 그러나 어른이 되면 내 마음대로 되지 않는 현실이라는 땅에서 한계를 인정하고 꿈을 현실에 맞춰 수정해 나갈 수 있어야 한다. 즉 높은 자아이상을 떠나보내고 이를 애도하는 과정이 필요한 것이다. 하지만 부모의 인정과 사랑을 절실히 바라는 그는 높은 자아이상을 포기하지 못했다. 자아이상이란 '나는 이렇게 되어야 한다'라는 자신에 대한 요구를 의미한다. 자아이상은 성장 과정에서 부모로부터 받은 칭찬이나 부모가 추구하는 가치를 내재화시키는 가운데 형성되는 것으로, 양심과 함께 초

자아를 구성한다.

그런데 자아이상이 너무 높으면 이상적인 자신의 모습과는 거리가 먼 초라한 자신과 현실에 실망하고 우울해지기 쉽다. 따라서 그는 점차 나이 들어 갈수록 꿈과 그에 미치지 못하는 자기 자신 사이의 괴리감이 더 커지면서 좌절할 수밖에 없었다. 그러자 자아이상에 도달하지 못하기 때문에 사랑받고 싶은 부모로부터 거절당할 수밖에 없다는 무력감이 몰려왔다.

그의 인생은 이제 의미가 없어져 버렸다. 이러한 좌절감은 그의 분노를 자극했고, 자신이 한없이 초라하다고 느낀 그는 무력감에 빠져 항상 피곤하다고 말할 수밖에 없었다. 그런 의미에서 그의 권태는 '고통스러운 고독'이자 '자신에 대한 환멸'이라고도 볼 수 있다.

그가 주로 사용하는 방어 기제는 퇴행과 투사, 그리고 회피이다. 그는 자아이상에 도달하지 못하는 자신에게 좌절과 분노를 느꼈고, 이 두려운 감정을 방어하기 위해 부모가 모든 것을 해 주고 자신은 가만히 있으면 되었던 어린 시절로 퇴행해 버린다. 또한 외부 현실에서 아무런 자극을 받을 수 없는 것은 자신의 내부가 공허하기 때문이 아니라 외부의 자극이 형편없기 때문이고, 부모가 자신을 잘못 키웠기 때문이라며 그 탓을 외부로 투사한다. 그리고 자신에게 좌절만을 안겨 주는 현실을 애써 모른 척 회피하려고만 한다. 그런데 그는 미숙한 방어 기제들을 쓰느라 에너지를 낭비하면서도 결국 망가지고 있는 것은 자신임을 모르고 있었다.

더 이상 애도를 미루지 말 것

주원 씨처럼 과거와 이별하지 못하는 사람들이 있다. 따스했던 엄마의 품과 어린 시절을 떠나보내기 싫어서 과거 속으로 숨은 사람들, 언제까지 자라지 않는 어린아이로 남고 싶어 하는 사람들…. 우리는 그들을 피터 팬이라고 부른다.

그러나 어른이 되기 위해서는 과거와 이별할 수 있어야 한다. 그 이별이 아무리 슬프고 싫어도 말이다. 이 떠나보냄의 작업이 바로 '애도'이다.

모든 상실에는 애도가 필요하다. 이때 애도는 한순간에 일어나지 않고 일련의 과정을 밟는다. 상실을 맞이하면 처음에는 그 상실을 부정하게 된다. "아냐, 그럴 리가 없어"라며 고개를 젓고 그것이 내 곁에서 멀어졌음을 부인하는 것이다. 시간이 흐르면 차츰 그것이 없는 현실이 반복적으로 펼쳐지면서 분노가 치밀어 오른다. 말하자면 "왜 나에게 이런 일이 일어났느냔 말이야!"라고 외치는 것과 같다. 상실에 분노한다는 것은 그것이 없다는 것을 인정하기 시작했음을 의미한다. 그러면서 점차 그것을 영원히 잃어버렸음을 인정하고 슬픔에 잠기게 된다. 이 슬픔의 기간에 우리는 인생에 대한 깊은 통찰과 이해를 얻게 된다. 프랑스 작가 마르셀 프루스트는 이 과정을 다음과 같이 정리했다.

'슬픔을 이겨 낸 후에는 관념이 찾아온다. 슬픔이 관념으로 바뀔 때 우리의 심장을 후벼 파는 슬픔은 그 힘의 일부를 상실한다. 그리고 이러한 변화 자체는 비록 순간적이라 해도 약간의 즐

거움을 내뿜게 된다.'

이 과정이 끝나면 우리는 비로소 잃어버린 것에 대한 추억을 내면에 깊이 간직한 채 새로운 만남을 향해 출발할 수 있게 된다. 그러므로 애도란 충분히 슬퍼함이고 받아들임이다. 그리고 떠나보냄이고, 새로운 출발이다. 또한 잃어버림이고, 그 잃은 것을 내 안에 영원히 간직하는 작업이기도 하다.

애도를 못 하면 과거를 떠나보내지 못하고 그 안에 사로잡혀 과거 속을 헤매는 망령처럼 살게 된다. 주원 씨처럼 현재에 있으나 현재를 살지 못하게 되는 것이다. 그러나 다시는 그 시절이 돌아올 수 없음을 인정한다고 해서 과거의 추억이 완전히 사라져 버리는 것은 아니다. 그 추억은 나의 정신 구조의 일부를 형성한다. 영원히 내 마음 안에 살아 있게 되는 것이다.

그리고 변화와 성장은 우리가 상실을 삶의 불가피한 요소로 받아들이고, 잃어버린 것을 슬퍼하며 애도하는 과정을 거쳐야만 비로소 이루어질 수 있다. 그래서 우리는 어른이 될 때까지 크고 작은 애도의 과정을 거치며, 죽을 때까지도 계속 떠나보냄과 맞아들임을 반복하게 된다. 성장한다는 것은 사실 슬픈 일이다. 그러나 이 모든 것을 인정한다면 나의 필요에 따라서 선택할 수 있는 자유를 얻게 된다. 그러므로 이제까지 부모의 말을 잘 듣고 시키는 대로만 열심히 해 왔다면, 지금부터 해야 할 일은 부모와 이별하고 어린 시절과 이별하는 것이다. 과도한 이상이라는 쇠사슬에 꽁꽁 묶여 고통당하지 말고, 이제 그만 그것들을 훌훌 떠나보내고 새로운 인생을 두 팔 벌려 맞이하라.

이별을 견딜 수 없는
사람들의 심리

'이제 그를 따라갑니다. 그가 없는 이 세상은 저에게 아무런 의미가 없기 때문입니다⋯.'

이런 유서를 남기고 사랑하는 사람을 따라 스스로 목숨을 끊는 사람들이 있다. 줄리엣이 죽은 줄 알고 독약을 마신 로미오와 그를 따라 스스로 목숨을 끊은 줄리엣을 보라. 우리는 그 이야기를 들으며 안타까운 사랑에 애달파한다. 어떤 사람들은 죽음마저 갈라놓지 못한 그들의 사랑에 감동하고, 이승에서 이루지 못한 사랑을 저승에서나마 이룰 수 있기를 기원한다.

언뜻 보기에 이들의 사랑은 죽음을 뛰어넘은 것처럼 보인다. 이때 죽음은 이들의 사랑을 증명하는 하나의 증표이며, 그들이 얼마나 슬퍼하는지를 보여 주는 증거가 된다. 하지만 이처럼 사랑하는 사람을 잃고 그 슬픔을 견디지 못해 따라 죽은 이들은 실은 진정한 애도를 못 한 사람들이다. 사랑하는 사람이 남긴 자취를 내 가슴에 간직하고 슬픔을 승화시킨 뒤 다시 내 길을 떠나야 하는데, 그들은 그러지 못한 것이기 때문이다.

사랑하는 이를 잃고 인생의 모든 즐거움을 의식적으로 거부해 버리는 사람들, 살아 있으되 마치 죽은 것처럼 아무것도 하지 않으며 은둔 생활을 하는 사람들 역시 애도를 못 한 사람들이다. 떠나보내지 못하는 사람들이다. 하지만 자세히 보면 그들이 잃어버린 것은 떠나간 그 사람이 아니라 혼자서는 존재 이유를 찾을 수 없었던 자기 자신인 경우가 많다.

누군가 자신을 사랑해 주고 인정해 주어야만 자신이 괜찮은 사람이라고 느끼는 이는 그런 대상이 사라지면 자아 역시 힘을 잃고 고갈되어 버린다. 자아가 고갈되면 혼자서는 아무것도 할 수 없다는 극심한 무력감에 빠지고, 자신을 떠나간 이에 대한 그리움과 분노를 제어할 힘을 잃어버려 큰 혼란에 빠지게 되며, 우울 상태가 만성적으로 이어진다. 즉 그들이 상실한 것은 인생을 이끌고 나갈 주인으로서의 자기 자신인 것이다.

채원 씨는 오늘도 그에게 전화를 했다. 휴대폰 저편에서 짜증 난 듯한 그의 목소리가 들려왔다. 바쁜 시간에 전화하지 말라며 대뜸 전화를 툭 끊어 버리는 그. 그녀는 끊어진 휴대폰을 들고 한동안 참담한 기분을 어쩌지 못해 망연자실 앉아 있었다. 그리고는 그가 바쁘기 때문에 그럴 거라고 스스로를 위로했다.

그녀는 소개팅 어플을 통해서 그를 처음 만났다. 어쩐지 그와는 이야기가 잘 통했다. 그는 어두운 사람이었다. 힘들고 복잡한 집안 환경 때문에 과거에 죽으려고 한 적도 있었다. 늘 냉소적이고 비관적인 태도로 일관하는 그는 세상의 그 무엇도 믿지 않는다고 했다. 그녀는 그라면 자신의 아픔을 이해하고 어루만져 줄 수 있을 거라고 확신했다. 그녀 자신 또한 그의 상처를 이해하고 보듬어 줄 수 있을 것 같았다.

그들은 몇 번 더 연락을 주고받다가 만났고, 처음 만난 날 둘은 함께 밤을 보냈다. 그 후 그는 냉담한 목소리로 가끔 자고 싶을 때만 연락하자고 했다. 하지만 그녀는 그를 잊을 수가 없었다. 너무 보고 싶어 하루에도 수차례 메시지를 보냈다. 그러나 그는 그녀의 메시지를 무시하기 일쑤였고, 자신이 내킬 때만 그에 응답했다. 그녀는 자신이 왜 이런 비참한 대우를 받으면서까지 그에게 매달리는지 그 이유를 알 수 없었다. 그냥 그를 안 보면 죽을 것만 같았다. 친구들이 "너 미쳤니?" 하며 말리는 소리도 귀에 들어오지 않았다.

사실 이런 경험이 그녀에게 처음은 아니었다. 이전에 만났던 몇 명의 남자들도 하나같이 그녀를 똑같은 방식으로 대했다. 때로는 견딜 수 없는 모욕감을 느끼면서도 그녀는 그런 남자들에게만 끌리는 자신을 이해할 수가 없었다.

그녀의 아버지는 살아생전 무뚝뚝하고 가족들에게 무관심했다. 어머니는 신경질적인 목소리로 그런 아버지에게 불만을 터뜨릴 때가 많았다. 그래서 어릴 적부터 집안은 늘 부부 싸움하는 소리로 조용할 날이 없었다. 심지어 아버지는 화가 나면 자식들에게 심한 벌을 주곤 했다. 그녀는 그런 아버지가 차라리 없었으면 좋겠다고 생각한 적이 많았다. 그러다 중학교 때 아버지가 암에 걸려 1년 정도 투병을 하다 돌아가셨다. 아버지 장례식 날 그녀는 눈물을 흘리지 않았다. 병상에 누워 있는 아버지를 지극정성으로 간호하며 온갖 궂은일을 도맡아 하던 그녀였기에 주위 사람들은 의외라고 생각했다. 그 뒤 10여 년이 지난 지금까지 그녀가 아버지 산소를 찾아간 건 딱 두 번뿐이다. 가족들은 그녀에게 인정머리가 없다고 비난하곤 했다. 그녀도 그런 자신을 냉정한 사람이라고 생각해 죄책감에 시달렸다.

그녀의 문제는 죽은 아버지를 떠나보내지 못하는 데 있었다. 그녀가 아버지의 죽음 앞에서 눈물을 흘리지 않았던 것은 아버지의 죽음을 인정하고 받아들일 수 없었기 때문이다. 그래서 그녀는 차마 아버지의 죽음을 마주할 수 없었고, 아버지 산소에도 갈 수 없었던 것이다.

아버지는 그녀에게 사랑과 미움의 대상이었다. 가족에게 무관심하고 무서운 아버지였지만 막내인 그녀만큼은 귀여워해 주었다. 그래서 술만 먹고 들어오면 그녀의 볼에 뽀뽀를 하고 쓰다듬어 주었다. 그녀는 아버지가 볼을 비빌 때 까칠한 그 느낌이 너무 싫었다. 그럼에도 언제나 아버지를 그리워했다. 이렇듯 그녀는 늘 아버지에 대해 사랑과 미움이라는 양극단의 감정에 휘말려 괴로워했다. 그런데 아버지는 그녀가 그런 감정을 채 해결하기 전에 세상을 떠나 버렸다.

우리가 누군가를 떠나보낼 때는 그 대상을 마음속에 간직한 뒤에야 비로소 그를 완전히 떠나보낼 수 있게 된다. 그러나 그녀처럼 그 대상에 대한 사랑과 미움이라는 양가감정이 심할 때는 그를 마음속에 담아 둘 수 없게 된다. 더구나 그녀는 자신의 미움이 아버지를 죽음으로 몰고 갔다는 죄책감에 시달렸다. 그 결과 더욱더 아버지의 죽음을 받아들일 수 없었던 것이다.

사람들은 상처가 있을 경우 무의식중에 과거로 돌아가 그 상황을 반복하되 다르게 재현함으로써 고통에서 벗어나고자 한다. 그녀가 반복해서 자신을 가혹하게 대하는 남성들에게 이끌리고 매달리는 이유는 바로 그것이다. 아버지에 대해 채 해결하지 못한 감정을 그 남성들에게 대입시켜 반복하고 있었던 것이다. 그럼으로써 그녀는 아버지의 죽음을 부인하고 아버지가 아직도 곁에 있음을 확인하려고 했다. 그러나 그들은 그녀의 아버지가 아니기 때문에 그녀의 집착은 정작 자신을 파괴할 뿐이었다.

채원 씨의 치료는 쉽지 않았다. 그녀는 치료를 시작하고 한참 동안 아버지의 죽음을 인정하지 못했다. 그러던 어느 날 그녀가 울음을 터트렸다. 장례식장에서 흘렸어야 할 눈물을 10년 뒤에야 흘린 것이다. 그녀는 그렇게 뒤늦게 아버지를 떠나보냈다.

슬픔을 느끼고 슬퍼할 수 있는 능력은 우리가 성장하는 데 반드시 필요한 능력 중 하나다. 왜냐하면 우리네 삶의 곳곳에는 슬퍼할 수밖에 없는 일들이 산재해 있는데, 이를 부정하거나 외면해 버리면 결국 삶 자체를 있는 그대로 보지 못하고 허구의 이미

지에 갇혀 살게 되기 때문이다. 정신분석을 통한 치유 과정에서도 환자들은 이제껏 살면서 쫓기듯 추구해 왔던 그들의 허상과 직면한 뒤 그네들이 잃어버린 것들을 재발견하고, 이를 슬퍼하는 과정을 거친다.

즉 고통과 슬픔을 피하거나 외면하지 않고, 그것이 있다는 사실 자체를 인정하고, 있는 그대로 받아들임으로써 좌절을 극복할 새로운 힘을 얻는 것이다. 그런 의미에서 보자면 슬픔은 이겨야 할 감정이 아니라 우리가 온몸으로 감당하면서 흘러가게 해야 할 삶의 조건 중 하나인 셈이다.

슬픔은 계속 머물지 않는다. 영원히 사라지지 않을 것만 같을 때조차 슬픔은 조금씩 흘러가고 있다. 어쩌면 머무는 것은 슬픔이 아니라 우리 자신이다. 떠나보내야 할 것들을 떠나보내지 못하고 붙잡고 있을 때 우리는 계속해서 슬픔 속에 머물 수밖에 없다. 그것은 잃어버린 것을 인정하느니 차라리 슬픔 속에서 살겠다고 말하는 것이나 다름없다. 왜냐하면 슬픔 속에서는 적어도 투정하고 울고 그가 되돌아오리라는 기대를 할 수 있기 때문이다. 그러나 비가 온 뒤 하늘이 더 맑고 세상이 투명해지듯, 슬픔을 흘려보내고 나면 우리는 인생에 대한 깊은 이해와 평온을 얻게 된다.

그러므로 사랑하는 사람의 죽음을, 혹은 그 어떤 과거를 떠나보내지 못한 사람들이여, 행복해지고 싶다면 이제 그만 떠나보내라. 과거의 끈을 놓지 않으려 안간힘을 쓰는 한 당신은 계속 고통스러울 수밖에 없기 때문이다.

언니의 갑작스러운 죽음이
나에게 남긴 것들

소중한 누군가를 잃어버린다는 것은 참으로 슬픈 일이다. 나의 존재를 지탱해 주던 사람이 어디론가 홀연히 사라져 버리고 나면 다시는 그를 볼 수 없다는 사실이, 다시는 서로 만나 따뜻한 체온과 눈빛을 교환할 수 없다는 사실이 우리를 아득한 슬픔으로 이끈다. 그리고 더 이상 혼자 설 수도, 버텨 낼 수도 없을 것만 같은 외로움과 두려움이 우리를 동굴 속으로 꼭꼭 숨어들게 한다.

그뿐인가. 아직 작별 인사도 못 했는데, 아직 풀어야 할 감정의 응어리가 많이 남아 있는데, 작별의 시간도, 서로 용서하고 용서받을 화해의 시간도 허락하지 않은 채 갑작스레 내 곁을 떠난 그 사람이 너무도 원망스럽고 그리워 도저히 그를 떠나보내지 못하기도 한다. 나 또한 그랬다.

고등학교 2학년 마지막 시험이 끝나고 봄방학에 들어가는 날, 언니는 대학 예비 소집일이라며 아침 일찍 집을 나섰다. 잠결에 잘 갔다 오라고 말하는데 얼핏 본 언니의 얼굴이 흙빛이었다. 내가 잠이 덜 깨서 잘못 봤겠지 싶었다. 그런데 그게 언니와 나눈 마지막 인사가 될 줄이야. 언니는 대학교 앞에서 친구를 만나러 길을 건너다 브레이크가 고장 난 버스에 치여 세상을 떠나고 말았다.

이후 나의 고등학교 3학년 시절은 지옥이나 다름없었다. 언니의 갑작스러운 죽음 앞에서 나는 아무것도 할 수 없었다. 하지만 나는 대학 입시 시험을 앞두고 있는 고3 수험생이었다. 게다가 온 가족의 자랑거리였던 언니를 대신해서 부모님의 슬픔을 덜어 줘야 한다는 책임감은 나로 하여금 마음 놓고 슬퍼하지도 못하게 만들었다. 그러다 불쑥 나의 시기와 질투가 언니의 죽음을 부른 건 아닐까 하는 생각이 들면 내가 살아 있다는 사실이 끔찍해서 견딜 수가 없었다. 하지만 나는 그럴 때마다 연습장에 '앞으로 두 사람의 인생을 살아야 한다'라는 다짐을 빼곡히 적어 놓으며 스스로를 채찍질하곤 했다.

슬픔을 느끼는 것조차 스스로에게 허락하지 못했던 그 시절, 나는 시도 때도 없이 가위에 눌렸고 악몽에 시달렸다. 언니는 자주 꿈에 나타나서는 나에게 많은 것들을 이야기해 주었다. 어느 날은 너무 외롭다고 했고, 어느 날은 자기가 있는 곳에서도 이승처럼 사람들이 부대껴 살면서 서로 미워하고 사랑한다고도 했다. 하루는 언니가 슬픈 얼굴로 너무 외롭다며 나더러 같이 가자고 했다. 언니를 따라 한참을 가니 지하로 내려가는 어두운 계단이 있었다.

그런데 갑자기 그 계단 앞에서 걸음이 멈춰졌다. '나마저 죽으면 우리 어머니, 아버지는 어떻게 하나'라는 생각이 들었다. 그러자 언니가 어둡고 쓸쓸한 얼굴로 가만히 내 얼굴을 쳐다보더니 '그렇다면 다시 돌아가'라고 말했고, 그 순간 잠에서 깼다. 만일 그때 내가 언니를 따라 그 문으로 들어갔다면 과연 어떤 일이 벌어졌을까. 이 모든 꿈이 단지 내 무의식의 투영이었을까, 아니면 내가 모르는 다른 세상의 일들을 잠시 본 것이었을까. 한 가지 확실한 것은 살아 있을 때 하지 못한 언니와의 이별 의식을 꿈이 대신해 주었다는 것이다.

대학 입시를 앞둔 한 달 전부터 나는 시름시름 앓기 시작했다. 먹지도 못하고 이유도 없이 온몸에 기운이 빠져 아무것도 할 수 없었다. 지금 생각하면 아마도 모든 것이 두려웠던 것 같다. 세상과 나 자신에 대해서 그리고 당신들의 슬픔 때문에 고3인 나를 혼자 놔둔 부모님에게도 화가 났던 것 같다.

우여곡절 끝에 의대에 진학했고, 이때부터 나는 비로소 뒤늦게 언니를 떠나보내는 일을 시작했다. 대학교 1~2학년 시절은 그야말로 방황과 혼돈의 시기였다. 내가 믿었던 가치가 모두 무너져 내렸다. 과연 세상은 살 가치가 있는 걸까, 세상과 무책임한 신에 대한 회의와 분노가 나를 압도하면서 극심한 허무주의에 빠졌다. 종교를 찾아다니기도 하고, 책 속에서 답을 구해 보려고도 하고, 나를 혼란 속에서 구해 줄 사람을 찾아다니기도 했다. 견디기 힘든 슬픔과 분노가 희석되어 그 색채가 옅어질 무렵, 한 가지 결론을 얻었다. 그것은 기다림이었다.

'그래 기다리자. 내가 내 방황의 끝을 알 수 있게 될 때까지, 왜 살아야 하는지에 대한 답을 구하게 될 때까지…. 만일 죽는 순간 까지도 답을 알 수 없다면 그게 바로 답이 되겠지. 그동안은 이 세상에서 내가 인식할 수 있는 것들을 가능한 한 다 인식해 보자. 그러면 뭔가가 나오겠지.'

나는 아직도 기다린다. 아마도 지금 이렇게 글을 쓰며 내 생각을 정리하는 작업도 그 기다림의 일종인지 모른다. 이제 언니는 내 꿈에 나타나지 않는다. 언니에 대한 기억은 빛바랜 앨범 속의 사진처럼 아주 가끔 내 가슴에 떠올랐다 사라진다. 그리고 난 이만큼 걸어왔다. 기억 속의 언니는 아직도 교복을 입은 소녀인데, 나는 세월의 흔적이 온몸에 역력한, 머리가 희끗거리는 할머니가 되었다.

일찍 세상을 떠난 언니를 내 마음속에서 떠나보내는 과정은 굉장히 고통스러웠다. 아마 생전에 언니와 나눈 약속들이 없었다면 나 자신을 지탱하기 힘들었을지도 모른다. 소녀 시절 우리는 손가락을 걸고 약속하곤 했다.

'열심히 살자. 그래서 세상에 꼭 필요한 사람이 되자. 만일 누군가가 나태해지거나 약속을 잊어버리면 서로 채찍질해 주자.'

그 약속들이 지금도 순간순간 약해지려는 나를 일으켜 세운다. 언니와 함께했던 과거의 시간들은 나에게 그 무엇과도 바꿀 수 없는 보석이요, 힘이 되었다.

이별과 상실은 우리의 의지와 상관없이 불쑥 다가오기도 하지만, 그 상실의 슬픔을 이겨 낼 수 있는 힘은 바로 그 사람과의 추억으로부터 나온다. 그리고 추억을 소중히 간직하고 추억으로부터 무언가를 배우기 위해선 우리는 그 사람을 떠나보낼 수 있어야 한다. 길이 갈라지는 교차로에서 아쉬운 이별을 나누면서 말이다.

사랑하는 사람을 잃은 이에게
함부로 하면 안 되는 말

오랜만에 동창들을 만나면 우리는 지나간 옛 시절에 대한 이야기로 밤을 지새운다. 회상은 시간의 흐름을 거슬러 올라가 그리웠던 그때로 되돌아가게 만든다. 이미 사라져 버린 줄만 알았던 그 모든 것이 내 마음속에 고스란히 살아 숨 쉬고 있는 것이다. 그래서 우리는 잠깐의 시간 여행을 통해 우리 자신을 확인하게 된다.

'그래, 이런 일이 있었지. 그땐 내가 이랬고 우리는 이랬지.'

회상은 과거에 내가 살아 있었음을 증명해 줌으로써 역설적으로 현재 내가 살아 있음을 확인시켜 준다. 그리고 그러한 긴 여정을 거쳐 현재의 내가 누구임을 보여 준다. 즉 회상은 내가 살아온 시간과 나와 함께했던 사람들 그리고 내가 어떤 사람인지에 대한 생생한 증거가 된다.

영국의 소설가인 서머싯 몸은 '노년을 견디기 힘들게 만드는 것은 그의 정신적이고 신체적인 능력의 감퇴가 아니라 그의 기억의 짐이다'라고 말했다. 나이가 들어갈수록 쌓이는 것은 주름살과 함께 점점 더 쌓여 가는 추억들뿐이다. '내가 젊었을 때', '옛날엔'으로 시작해서 '그땐 그랬지'로 끝나는 할아버지 할머니의 이야기 앞에서 나이 어린 손주들은 몸을 비비 꼬며 지루한 하품을 한다. '또 그 소리'라며….

그러나 추억마저 없다면 우리는 노년을 어떻게 견딜 수 있을까. 서머싯 몸의 말과는 달리 추억을 간직하고 기억한다는 것은 특히 나이 든 사람들에게는 매우 중요하다. 과거의 추억에 대해 말하는 것은 나이 들어 힘이 없어지고 할 일이 없어지며 살아온 세월이 점차 무의미해지는 것만 같은 노인들에게 자신이 누구였는지 상기시키는 작업이다. 이처럼 과거의 추억을 말하면서 스스로 치유하고, 과거와는 달라진 변화된 환경에 적응할 수 있게 된다.

이러한 회상은 상실에 대한 애도에서도 중요하다. 사랑하는 사람을 잃었을 때 그가 없는 세상을 받아들이는 것은 결코 쉬운 일이 아니다. 그래서 우리는 그에 대한 추억들을 떠올리며 그가 분명 이 세상에 존재했고, 지금도 기억은 남아 있음을 확인하면서 그를 천천히 떠나 보내게 된다. 그런데 추억을 서둘러 지워버리려고 하면 오히려 역효과가 날 수 있다. 나영 씨의 경우도 그랬다.

그녀는 늘 자신이 환영받지 못한 아이라고 생각했다. 왜냐하면 어려서부터 엄마가 자꾸만 그녀에게 "너를 임신하는 바람에 하기 싫은 결혼을 억지로 한 거야"라고 푸념을 늘어놓았기 때문이다.

그녀는 초등학교 시절부터 동생을 도맡아 키우다시피 했다. 부모님이 맞벌이하느라 밤늦게 돌아왔기 때문에 어쩔 수가 없었다. 하지만 막상 그녀가 필요할 때는 도와주는 사람이 아무도 없었다. 그녀는 일찍 집에서 독립해 먼 곳에 있는 직장에 다니고 있었지만, 항상 집안일이 걱정됐다. 그렇다고 집에 자주 가지도 않았다.

늘 뭔가 불안해하는 그녀는 어린 시절을 잘 기억하지 못했다. 그저 단편적으로 몇 가지 일들만 기억했고, 그것도 진짜 있었던 일인지 아니면 자신의 상상인지 구분하지 못했다. 그녀의 어린 시절은 마치 뿌연 안개 속에 있는 것 같았다. 그녀는 이제껏 살아오면서 자신의 발이 땅 위를 밟고 있다는 느낌을 받지 못했다고 털어놓았다. 그저 자신은 굴러다니는 낙엽이나 바람에 따라 이리저리 떠다니는 풍선 같았단다.

그녀의 문제는 부모에 대한 기억을 있는 그대로 마음속에 간직하지 못한 데 있었다. 그녀는 엄마와 아빠가 자신을 사랑하고 보호해 주기를 바랐지만 현실은 그러지 못했다. 그녀 앞에는 신경질적이고 그녀를 귀찮아하는 부모만이 존재할 뿐이었다. 그러자 그녀는 나쁜 부모의 모습을 간직하기 싫어 아예 스스로 어릴 적 힘들었던 기억을 모두 억압해 버렸다. 어린 시절의 기억이

별로 없는 것은 그 때문이었다. 추억할 기억도 없이 가슴속이 텅 비어 버린 그녀는 결국 허공에 둥둥 떠 있는 느낌으로 살아올 수밖에 없었다.

하지만 어린 시절 자신이 원했지만 가질 수 없었던 좋은 부모 상을 떠나보내고 부모의 모습을 있는 그대로 받아들이게 된 그녀는 그제야 비로소 자신이 땅을 밟고 서 있다는 느낌을 가질 수 있었다. 그녀는 미소 지으며 말했다.

"이제 제 마음속에도 어머니와 아버지의 모습이 싹트기 시작했어요. 완전히 자라려면 아직 한참 더 걸리겠지만요."

잃어버린 것에 대해 충분히 슬퍼하고 떠나보낸다면 우리는 그것을 가슴에 소중히 간직한 채 새로운 것을 향해 시선을 돌릴 수 있게 된다. 기억과 추억이 소중한 이유는 그 때문이다. 하지만 나영 씨처럼 억지로 잊어버리려 하거나 기억을 지워 버리려고 하면 되레 역효과가 날 뿐이다. 추억이 없는 그녀는 허공에 붕 뜬 느낌으로 늘 불안에 시달려야만 했다.

우리는 때로 사랑하는 사람을 잃은 이에게 '그만 잊어버려라'는 위로를 건넨다. 물론 그 말도 맞지만 잊고 싶어도 잘 잊히지 않는 게 있다. 그럴 때는 억지로 잊으려 애쓰기보다 오히려 잃어버린 사람에 대해 회상하는 게 더 좋다. 사진이나 낙서, 일기장 등을 펼쳐 보면서 떠나가 버린 그에 대해 이야기하는 것, 그것은 우리에게 그가 실제로 살아 있었음을 확인시켜 준다. 그리고 실제로 그가 있었다는 사실은 우리를 위로하고 안심시킨다. 그러므로 떠나간 그에 대해, 우리가 잃어버린 것에 대해 이야기하는 것을 두려워하지 말아야 한다.

고등학교 3학년 때 우리 집안에서는 언니의 죽음에 대해 입 밖에 내는 것이 암묵적인 금기가 되어 버렸다. 나는 그때 언니 친구들을 자주 만났는데 부모님은 그러지 말라고 했다. 혹시나 죽은 언니 생각을 자꾸 하면 내가 더 혼란스러워하고 방황할까 봐 염려한 탓이다.

하지만 나는 언니 친구들과 만나 언니 이야기를 나누며 함께 많이 울었다. 그럼으로써 언니가 지금은 이 세상에서 형체도 없이 사라졌지만 실제로 존재했으며, 지금도 많은 사람들의 마음속에 살아 있음을 확인하고 안심할 수 있었다. 어쩌면 내가 언니의 죽음을 이겨 낸 것은 바로 이 회상 작업을 거쳤기 때문인지도 모른다.

그러니 억지로 잊어버리려 애쓰지 말았으면 좋겠다. 잃어버린 사람을, 잃어버린 무엇을 잘 떠나보내는 게 더 중요하다. 그러면 굳이 애쓰지 않아도 이별한 대상에 대한 기억들이 당신의 마음속에 켜켜이 쌓이게 될 테고 나중에는 가끔씩 추억들을 떠올리며 당신의 오늘을 돌아보게 될 것이다.

실연에 대처하는
가장 현명한 방법

"우리 헤어지자."

"내가 잘할게."

"아니, 우리 헤어지자."

"왜?"

"더 이상 너를 사랑하지 않으니까."

얼마 전부터 남자는 눈치채고 있었다. 여자가 더 이상 자신에게 아무런 관심이 없다는 것을. 종종 권태로운 눈빛으로 자신을 쳐다본다는 것을. 그렇지만 막상 여자가 이별을 말하자 가슴이 쿵 내려앉았다. 그리고 아무것도 할 수 없었다.

실연은 죽음이다. 그것은 사랑하는 사람의 죽음이며, 사랑받던 자신의 죽음이며, 그토록 꿈꾸던 이상적인 사랑의 죽음이다.

그렇기 때문에 실연은 때로 '죽음과도 같은 고통'으로 다가온다. 그래서 베르테르가 실연당한 후 권총 자살로 생을 마감하고, 카미유 클로델이 로댕과 결별한 후 정신병에 걸려 비참한 생을 보낸 것이다. 이처럼 극단적인 경험까지는 아니더라도 실연은 우리가 살면서 겪는 가장 큰 고통 중 하나로, 많은 사람을 고통과 눈물, 잠 못 이루는 밤으로 내몰아 간다.

실연은 언제든 올 수 있다. 사랑하기 시작한 지 얼마 안 돼 오기도 하고, 오랜 기간이 지난 후에, 혹은 결혼 후에도 올 수 있다. 사랑이 식는 것의 단서는 아주 사소한 것에서 시작된다. 일반적으로 연인들은 그들만의 대화법과 신호를 가진다. 그러나 사랑이 식기 시작하면 이러한 것에서부터 변화가 오기 시작한다. 목소리 톤이 바뀌고 애칭 대신 이름이나 공식적인 명칭을 부른다.

초기에 실연의 징조는 어떤 행동을 한다기보다는 기존에 해오던 것을 안 하는 것으로 나타난다. 뭔가 변화를 눈치챈 한쪽이 이야기를 하자고 하면, 귀찮은 듯 "다음에 하자"며 말을 돌리고, 점점 상대에 대한 관심을 보이지 않는다.

변화를 눈치챈 사람은 불안하지만 그 사실을 애써 부인하면서 거짓 희망이라도 붙잡으려 한다. 자신이 불필요하게 과민하다고 생각하며, 이별을 알리는 명백한 신호도 읽지 않으려 한다. 그리고 오히려 그들의 사랑이 회복될 수 있다고 생각되는 모든 신호에 집착한다. 심지어 실연당했음이 확실해진 후에도 자신의 지각을 완전히 왜곡하여, 사랑이 끝나지 않았다는 착각 속에서 살려고 한다. 왜냐하면 그 사랑은 그의 희망이요, 존재 이유이기 때문이다. 그러나 점점 연인의 마음이 자신에게서 멀어지고 있음을 느끼고, 그걸 자신이 어떻게 할 수 없음을 깨닫게 된다. 그리고 마침내 상대가 '더 이상 당신을 사랑하지 않는다'며 헤어질 것을 요구할 때가 되어서야 비로소 현실과 맞닥뜨리게 된다.

사랑할 때 자아가 확장되는 것을 경험하는 것처럼, 사랑을 잃어버릴 때 우리는 자아가 수축하는 것을 느낀다. 사랑할 때 맛보던 합치감의 희열과 힘은, 실연당했을 때의 외로운 자아를 더욱 상처받게 만든다.

이제 연인들이 만들던 '우리'라는 세계는 '나'라는 원소로 환원된다. 자신만이 그의 유일한 사랑이라고 여기던 행복감이 사라지고, 그 자리에는 고갈되고 무가치하고 무의미한 자신만이 남게 된다. 또한 사랑하는 동안 받은 보살핌과 돌봄이 사라지면서 자신이 어린애처럼 굴던 것이 창피하고 모욕적으로 느껴진다. 상대방에 대한 의존성이 심했던 사람은 이제 모든 것을 혼자서 헤쳐 나가야 한다는 사실에 절망한다. 그 사람 없이는 아무것도 할 수 없는 자신을 발견할 때마다 목놓아 울기도 한다.

그러나 실연의 과정에서 가장 근본적이고 보편적인 고통은 아무에게도 보여 주지 않았던 내 깊은 내면을 상대에게 보여 준 데서 온다. 특히나 자존감이 낮은 사람들의 경우 실연의 고통은 심한 자기 비하로 나타난다. 자신의 내면 깊숙한 곳을 들여다본 상대방이 보잘것없고 못난 자신에게 실망해 떠나갔다고 생각하는 것이다. 사랑받을 가치가 없는 사람이라서 실연을 당했다는 생각은 우리를 얼어붙게 만든다. 발가벗겨진 채로 버려진 듯한 느낌과도 같아 너무나 고통스럽기 때문이다.

일반적인 사랑의 종말은 상처받은 쪽에서 계속 견디다가 결국 상대방이 다시 돌아올지도 모른다는 헛된 희망을 멈추고 무감각과 우울을 번갈아 경험하다가 서서히 회복되는 과정을 밟는다.

이 과정에서 실연당한 이는 오랫동안 스스로 매우 수치스러워할 행동에 몰입하기도 한다. 상대방에게 수십 수백 통의 전화를 걸거나, 인사불성이 된 채로 무작정 상대방 집 앞에 찾아가는 것이다. 귀찮게 안 할 테니까 제발 한 번만 만나 달라고 애걸복걸하기도 하고, 더 잘할 테니까 그냥 곁에만 있게 해 달라고 울며불며 매달리기도 한다. 또 상대방의 SNS를 계속 염탐하며 누구와 같이 있는지 확인하려 하고, 우연한 만남을 가장해 불쑥 상대방 앞에 나타나기도 한다. 문제는 이러한 행동들을 수치스럽게 생각하지만 자신의 행동을 제어하지 못한다는 데 있다.

물론 대부분의 사람들은 이런 실연의 고통을 잘 이겨 낸다. 한바탕 감정의 회오리를 겪고 난 후 이제 그 사랑의 환상이나 기억을 마음속의 비디오 테이프에 담아 놓는 것이다. 그리고 어떤 사건이 그것의 반복 재생을 멈추게 할 때까지 그 테이프는 희미하고 몽롱하게나마 계속 돌아간다.

이처럼 실연을 맞이하고, 그것을 극복해 내는 과정은 우리가 사랑하는 사람의 죽음 앞에서 보이는 애도 과정과 비슷하다. 심리학자인 보울비는 애도 과정을 네 단계로 구분했다. 첫 번째 단계에서 우리는 절망에 빠지면서 무감각해지는데, 이때 죽음을 부정하기도 한다. 두 번째 단계는 죽은 사람을 매우 그리워하고 찾는 과정으로, 안절부절못하고 죽은 사람에게 집착하게 된다. 세 번째 단계는 와해와 절망의 단계다. 인생의 의미를 잃은 것 같고, 사회적 관계를 끊고 고립되며, 무감각해지고 불면증과 체중 감소에 시달리게 된다. 끊임없이 떠나 버린 사람에 대한 기억을 반추하며 그것이 단지 기억일 뿐이라는 사실에 실망하게 되는 것도 이 시기다. 마지막 단계는 회복의 단계다. 이제 상실의 통증은 줄어들고 현실로 복귀하게 된다. 떠나간 그 사람이 내재화돼 가슴속에 살아 있으면서 그에 대한 기억은 기쁨과 슬픔을 동반한다.

어쩌면 실연 역시 가장 사랑하던 사람의 죽음이며, 그에게서 사랑받던 자신의 죽음이기도 하기 때문에 죽음을 애도하는 과정과 비슷한 것인지도 모른다. 이때 애도를 못 하는 사람은 불같은 사랑에 빠졌다가, 그 열정이 식으면 곧 다른 사랑을 찾아 떠난다. 상처받기 전에 상대방에게 헤어지자고 말하고 쿨한 척 뒤돌아서지만 곧 후회를 하는 꼴이다. 그런 사람에게 모든 사랑은 똑같은 방식으로 반복되며, 마지막은 불행으로 끝난다.

하지만 실연을 당하고 나서 애도 과정을 잘 거친 사람들은 자신이 사랑받을 만한 가치가 없는 사람이라고 생각하지 않는다. 내가 사랑하는 사람이 나를 사랑해 주면 좋겠지만 그것이 너무나 어려운 일임을 잘 알고 있기 때문이다. 그래서 그들은 시간이 지나 어느 정도 회복되면 자연스럽게 또 다른 사랑을 찾아 떠난다. 상처받을지라도 기꺼이 사랑하고 사랑받는 삶을 선택하는 것이다.

한편 이번 사랑이 이루어지지 않았다고 해서, 그 효과가 전적으로 부정적인 것만은 아니다. 종종 성공적이지 못한 사랑은 성장을 촉진시켜 주고, 자아를 확장시켜 준다. 그리고 폐허가 되어 버린 마음속에서 창조적인 힘이 생겨나 예술가들의 경우 실연당한 후에 좋은 작품을 만들어 내기도 한다.

그러나 실연을 당하고 나서 오랫동안 가슴 아파하는 사람들이 있다. 그들은 자신이 사랑받을 가치가 없다고 생각하며, 끝없는 자기 비하에 시달린다. 그래서 또 다른 사랑이 다가와도 마음의 문을 열지 못한다. 떠나간 사람이 다시 돌아오기를 기다리며 예전 사랑의 그림자만 붙들고 있는 경우도 종종 있다.

하지만 아무리 사랑스럽고, 예쁘고, 잘난 사람도 실연을 당할 수 있다. 반면 남들이 보기에 뒤처진다고 평가되는 사람이 평생 실연 한 번 당하지 않고 행복하게 살기도 한다. 실연을 당하고 나서 더 좋은 사람을 만나 결혼하는 경우도 종종 보았다. 그게 인생이다. 그러니 실연을 당했다고 해서 너무 슬퍼하거나, 너무 분노하거나, 너무 자책하지 말았으면 좋겠다. 괜히 아무렇지 않은 척, 씩씩한 척할 필요도 없다. 오히려 슬퍼할 만큼 슬퍼해야 실연의 아픔을 잘 극복할 수 있다. 그리고 열렬하게 사랑했던 기억은 좋은 추억으로 남아 또 다른 사랑이 찾아왔을 때 기쁘게 맞이할 수 있게 될 것이다.

슬플 때는
굳이 강한 척하지 말 것

어떤 사람이 애지중지 키우던 강아지를 잃어버렸다. 그의 친구는 그날 사랑하는 연인에게서 이별 통보를 받았다. 과연 어떤게 더 슬픈 일이라고 단정 지어 말할 수 있을까. 나는 이 질문을 아주 엉뚱한 자리에서 떠올렸다. 어느 가수의 콘서트를 보러 갔는데, 그녀가 콘서트 도중 갑자기 눈물을 흘리기 시작하더니 쉼없이 터져 나오는 울음 때문에 더 이상 노래를 잇지 못했다. 영문을 모르는 관객들이 웅성거리자 그녀는 미안하다며 실은 키우던 강아지가 어제 죽었는데, 가슴이 너무 아프다고 털어놓았다. 그때 바로 내 뒤에서 이런 소리가 들려왔다.

"세상에, 진짜 강아지를 좋아했나 보다. 그런데 강아지 죽은일이 저렇게까지 슬플 일이야?"

"그럼, 얼마나 슬픈데…. 맞다, 너 강아지 싫어하지?"

둘의 대화에서도 드러나듯, 다른 사람이 내 슬픔을 100퍼센트 공감하기란 무척 어려운 일이다. 강아지를 싫어하는 사람이 강아지를 잃은 심정을 알 리 없고, 강아지를 얼마나 좋아하느냐에 따라서도 그 슬픔에 공감하는 정도가 다를 것이다. 실연당한 친구를 위로할 때도 마찬가지다. 실연의 상처를 겪어 보지 않은 사람은 그 고통이 얼마나 큰지 알 수 없다. 그래서 무심코 "울긴 왜 울어. 빨리 잊어버려. 다른 사람 만나면 되지 뭐"라고 말해 버릴지도 모른다.

그처럼 나의 슬픔과 고통을 100퍼센트 이해할 수 있는 사람은 없다. 스스로도 나의 감정이 어떠한지 정확히 모르는데, 어떻게 남이 나의 슬픔을 다 알 수 있겠는가! 하지만 그렇다고 아예 마음의 문을 꼭꼭 닫아걸어서는 안 된다.

왜냐하면 누군가 혹은 무엇인가와 이별했을 때 그것은 나를 존재하게 했던 대상이 사라졌음을 뜻한다. 그가 혹은 그것들이 있었던 공간은 이제 텅 빈 황량한 곳이 되어 버리고, 그러면 아무도 없는 그 공간에 혼자 팽개쳐진 듯한 두려움과 떠나가 버린 대상에 대한 그리움, 내 존재의 의미마저 사라지는 듯한 공포가 나를 엄습한다. 그래서 아주 무기력하고 길 잃은 어린아이 같은 상태가 되어 버린다. 이럴 때 혼자서만 슬픔을 감당하려고 하다가는 슬픔 안에서 허우적거리다 질식하기 쉽다.

그래서 슬플 때 우리는 더더욱 친구를 필요로 한다. 때로는 혼자 조용히 슬픔에 잠겨 내리는 비를 맞듯 슬픔을 맞이할 필요도 있지만, 그 슬픔 안에 너무 오래 머물게 되면 우리의 영혼은 병들고 생기를 잃게 된다. 혼자의 힘으로 슬픔에서 빠져나오기 힘들 때 우리는 우리의 손을 꽉 잡아 주고 등을 토닥거려 줄 친구가 절실히 필요하다.

울음은 한없는 어둠으로 우리를 잡아 끌어내리는 슬픔으로부터 벗어나기 위한 굿판이다. 가슴속 깊숙이 응어리진 것을 토하듯이 내뱉고, 눈물로 그 슬픔을 씻어 내리는 작업…. 그래서 한 판의 굿이 끝나듯 서서히 울음이 멈추면 가슴속에서 들끓던 슬픔은 거품을 걷어 내고 맑은 물이 되어 제 물줄기를 따라 흘러간다.

그래서 사실 울고 싶을 때 울 수 있다는 건 커다란 축복이다. 하지만 그보다 더 큰 축복은 나의 울음을 지켜봐 줄 누군가가 내 옆에 있을 때다. 가슴에 돌이라도 얹은 듯 답답할 때, 앞날에 아무런 희망이 없고 모든 것이 끝난 것만 같을 때, 갑자기 이 세상에 나 혼자 외톨이로 버려진 것 같을 때, 나를 이해해 주는 사람의 손을 잡고 실컷 울고 나면 아무것도 해결되지 않았을지라도 우리는 마음이 가벼워짐을 느낀다.

또, 누군가를, 무엇인가를 상실하여 혼자 버려진 듯한 두려움이 엄습해 올 때, 곁에서 누군가 나의 손을 잡고 같이 울어 주면 우리는 안도하게 된다. 나의 감정에 공감하고 나를 걱정해 주는 어떤 사람이 있다는 사실은 내가 혼자가 아님을 일깨운다.

물론 그 사람이 나의 상실을 회복시켜 주거나, 나의 슬픔을 해결해 주진 못한다. 그러나 적어도 내가 상실을 충분히 슬퍼하고 두려움 없이 받아들일 수 있도록 나를 도와준다. 그리고 그 슬픔에서 스스로 빠져나올 수 있도록 기다려 준다. 그처럼 나의 슬픔을 같이 나눠 주는 사람은 나에게 살아야 할 이유를 준다.

슬픔을 나누는 방법은 의외로 단순하다. 그저 곁에 같이 있어 주면 된다. 곁에서 손을 꼭 잡아 주면 된다. 울고 있는 사람을 가만히 안아 주고 등을 토닥여 주면 된다. 그렇게 같이 슬퍼해 주면 된다.

그러니 커다란 슬픔 앞에서 굳이 어른인 척, 강한 척하지 말자. 어릴 적에 우리가 울고 있으면 어른들은 "많이 아프니?"라는 말보다 "뚝 그치지 못해?", "울면 못써"라는 말을 먼저 했다. 슬픔은 감출 줄 알아야지 그걸 다 드러내면 나약하고 못난 사람이라고 배우며 자란 것이다. 그러다 보니 어른이 되면 남들 앞에서 눈물 흘리는 걸 창피하게 생각해 아파도 괜찮은 척, 잘 견디는 척하게 된다. 실은 괜찮지 않으면서, 많이 힘들고 아프면서 말이다.

이제부터라도 너무 힘들 때는 괜히 씩씩하게 잘 견디는 척하지 말자. 그럴수록 내 마음의 상처만 깊어질 뿐이다. 우리의 슬픔은 관계 속에서 태어난다. 슬픔과 고통을 희석시키고 덜어 낼 곳도 바로 관계 안에 있다. 그러니 슬픔 속에 혼자 머물기보다는 주변의 사람과 손잡고 같이 슬퍼하자. 같이 울고 같이 슬퍼하며 나의 마음을 짓누르고 있는 슬픔을 조금씩 덜어 내자.

마음껏 슬퍼하라.

진정 슬픈 일에서 벗어날 유일한 길이니

두려워 말고, 큰 소리로 울부짖고 눈물 흘려라.

눈물이 그대를 약하게 만들지 않을 것이다.

눈물을 쏟고, 소리쳐 울어라.

눈물은 빗물이 되어

상처를 깨끗이 씻어 줄 테니.

상실한 모든 것에 가슴 아파하라.

마음껏 슬퍼하라.

온 세상이 그대에게 등을 돌린 것처럼.

상처가 사라지면

눈물로 얼룩진 옛 시간을 되돌아보며

아픔을 이기게 해 준

눈물의 힘에 감사할 것이다.

두려워 말고, 마음껏 소리치며 울어라.

–〈마음껏 울어라〉, 메리 캐서린 디바인

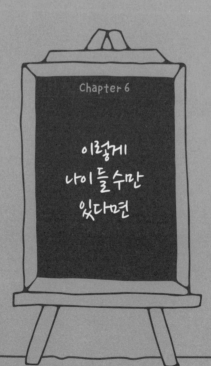

Chapter 6

이렇게
나이 들 수만
있다면

내가 삶의 흉터들을
사랑하는 이유

학생 실습을 할 때의 이야기다. 소아과에 네 살짜리 남자아이가 왔다. 아이를 안고 있는 젊은 엄마 뒤로 어른들 대여섯 명이 근심이 가득 찬 얼굴로 따라 들어왔다. 사정을 들어 보니, 아이가 말을 못 한다고 했다. 조금 발달이 늦어서 그러려니 생각했는데 네 돌이 지나도록 기본적인 단어 몇 마디 외에는 통 말을 못 한다는 것이다.

아이는 5대 독자였다. 아이의 집은 증조할머니, 할머니, 할아버지 그리고 고모 둘과 같이 사는 대가족이었다. 아이에 관해 저마다 한마디씩 하느라 외래는 시끌벅적했다. 한참 아이를 진찰하던 과장님은 아이가 말을 못 하는 게 아니라, 말할 필요성을 느끼지 못하는 상태라는 진단을 내렸다. 아닌 게 아니라 병원에서도 할머니 할아버지는 5대 독자에게 무슨 일이라도 있을까 봐 옆에서 시중드느라 정신이 없었다. 아이의 표정만 보고도 무얼 원하는지 바로 알아차리고는 그것을 대령하곤 했다. 과장님 말 대로 아이는 말할 필요성이 전혀 없는 상태였다. 가만히 있어도 주위 어른들이 자신의 표정을 읽고 척척 다 해 주는데 굳이 말하거나 소리 내어 울 이유가 없었던 것이다.

이처럼 모든 것이 충족되는 상황에서는 아이 스스로 어떤 것이든 배우고 경험할 필요가 없어진다. 만일 아이가 계속 그런 환경에서 커 나갔다면 어떻게 되었을까? 아이는 계속 말하는 법을 익히지 못했을 테고, 그러면 가족들 없이는 아무것도 할 수 없는 사람이 되고 말았을 것이다.

욕망이 좌절되었을 때 우리는 상처를 입는다. 자신이 안전하지 못하고 보호받지 못한다고 느낄 때 상처를 받는다. 자존심이 상하고 모욕감이나 수치심을 느낄 때도 상처를 입는다. 스스로 할 수 있는 게 아무것도 없다는 무력감을 느낄 때, 또 사람들로부터 사랑받지 못하고 아무도 자신을 원하지 않는다고 느낄 때 우리는 상처를 받는다.

다시 말해 우리가 무엇인가를 절실히 원하기 때문에 상처받는 것이다. 기본적인 생존의 욕구 말고도 우리는 안전하게 있고 싶고, 사랑받고 싶어 하고, 최고가 되고 싶어 하고, 또 나만의 자율성을 지키고 싶어 한다. 하지만 이러한 수많은 욕구들이 완전히 충족될 수는 없으며, 다른 사람들의 욕구와 충돌하면서 상처와 흔적을 남긴다. 그리고 그 상흔을 통해 우리의 한계를 깨닫고, 어떻게 해야 할지를 알게 되며, 세상을 배우고 인생을 이해하게 된다.

사실 상처와 상실은 우리 삶에서 하나의 조건이자 결과다. 누구나 다른 사람으로부터 상처를 받고 또 상처를 입히며 살아간다. 상처 없는 삶은 앞에서 소개한 아이처럼 우리의 사고능력을 마비시키고 성장의 필요성을 느끼지 못하게 하여 오히려 불구자로 만들 수 있다.

살아가면서 우리는 자신도 모르게 손등에 긁혀 있는 작은 상처부터 시작해서, 때론 생명을 위협할 정도의 커다란 상처까지 순간순간 상처를 입을 수 있는 위험에 처하게 된다. 하지만 우리가 견딜 수 있는 범위 안에서의 상처는 오히려 우리를 강하게 만든다. 큰 전염병을 막기 위해 그 균을 약화시켜 몸에 주입하여 면역력을 키우는 예방 주사처럼, 작은 상처나 상실은 나중에 올지도 모르는 큰 상처나 상실을 대비할 수 있게 한다.

성장한다는 것은, 어른이 된다는 것은 옛것을 보내고 새로운 것을 맞아들이는 과정이다. 친숙했던 것들과 이별하고 소중했던 것들을 떠나보내는 것은 고통스러운 일이기에 모든 성장에는 성장통이 따른다. 이러한 성장통은 우리가 자라고 성숙하기 위해 꼭 겪고 넘어야 할 산이다. 그 산을 넘은 뒤에야 우리를 기다리고 있는 새로운 것들을 맞아들일 수 있다.

우리는 살아가면서 자연스럽게 받아들여야 하는 것 말고도 종종 예기치 않았던 상실을 겪기도 한다. 갑작스럽게 이사를 간다든지, 부모와 이별을 한다든지, 사고로 사랑하는 사람을 잃는다거나 또는 질병으로 건강이나 신체의 일부를 잃는 고통과 불행을 겪기도 한다. 그뿐만 아니라 꿈과 희망을 잃거나 자존감이나 자신감, 가치관을 상실하기도 한다. 때로는 세상과 사람들에 대한 믿음이 사라지기도 하고, 자신이 뿌리박았던 문화나 세계적 지도자나 예술가, 영웅의 상실을 경험하기도 한다. 또 전쟁이나 테러로 인해 수많은 사람들이 죽어 가는 것을 보면서 인간성의 상실을 경험할 때도 있다.

예측하지 못한 크고 작은 상실을 겪고 상처를 받을 때마다 우리의 몸과 마음은 피눈물을 흘린다. 그러나 얼마 안 있어 피와 눈물이 멎으면서 찢어진 상처 위로 새살이 돋아나기 시작한다. 그 새살은 이전보다 더욱 단단해져서 우리의 힘을 키우는 데 도움을 주기도 한다.

우리 모두는 '자연 치유력'을 갖고 있다. 모든 상처나 병을 이겨 내는 것은 바로 자신이다. 자신에게 그러한 힘이 있다는 것을 모르고 있을 뿐이다. 사실 모든 의학적인 치료는 상처가 덧나지 않도록 보호하며 우리가 가진 자연 치유력이 잘 활동할 수 있도록 돕는 것에 불과하다. 우리는 상처를 극복하는 과정에서 숨겨진 자신의 힘을 발견한다. 그리고 상처를 이겨 내고 새살이 돋으면 시련을 이겨 낸 자신에 대한 기쁨과 자부심이 생긴다. 자신이 얼마나 가치 있고 소중한 존재인지를 깨닫게 되는 것이다.

그러나 모든 상처에는 흉터가 남는다. 그 흉터는 우리가 어떻게 받아들이느냐에 따라 삶의 훈장이 될 수도 있고, 숨기고 싶은 창피한 흔적이 될 수도 있다. 내 딸아이는 어릴 때 심장 수술을 받았다. 지금도 아이의 가슴에는 그때의 수술 자국이 길게 나 있다. 딸아이는 그 흉터 때문에 고민이 많았는데, 어느 날 나는 상처 때문에 우울해하는 아이를 품에 꼭 안으며 말해 주었다.

"그 흉터는 바로 네가 큰 병을 이겨 냈다는 징표란다. 어린 나이에 그 큰 수술을 견뎌 내는 건 아무나 할 수 없는 일이었어. 그래서 난 네 흉터가 오히려 자랑스럽단다."

그러나 때로는 우리의 자연 치유력이 힘을 발휘할 수 없는 크나큰 상처를 입을 수도 있다. 그럴 때 우리는 살아가는 데 다른 사람의 도움이 얼마나 필요한지를 절실히 느끼게 된다. 사람들은 서로에게 상처를 입히지만 또한 서로의 상처를 보듬어 주면서 이겨 낼 수 있도록 돕는다. 이러한 경험은 세상에 대한 긍정적인 믿음을 갖게 하고, 인생을 살아가는 힘이 된다.

상처는 치유되면서 우리 안에 숨어 있던 힘을 이끌어 내기도 한다. 소중한 것을 잃으면 한동안 고통 속을 헤매며 그것을 찾아 방황한다. 그러나 그것을 영영 잃어버렸다는 것을 인정하고 체념한 뒤에는, 마음속에서 무엇인가가 생겨나 그것이 떠난 빈 공간을 메우기 시작한다. 우리 안에 잠자고 있던 창조성이 일깨워지는 것이다.

그럴 때 예술적인 재능이 있는 사람은 심금을 울리는 멋진 예술 작품을 창작하기도 한다. 그렇지 않은 사람들도 새로운 현실적인 관계를 만들거나 삶의 즐거움과 만족을 느낄 수 있는 능력이 커지는 등 새로운 모습을 갖게 된다. 그리고 그들이 남긴 예술 작품이나 발자취는 후대의 사람들에게 아름다움은 물론, 어떤 상실도 이겨 내고 극복할 수 있다는 희망을 준다.

전쟁에서 총상을 입고 위팔에 마비가 온 세르반테스는 그 슬픔을 모험을 즐기는 용감한 소설 주인공 '돈키호테'를 만들어 냄으로써 창조적으로 승화시켰다. 또 화가 모네는 그의 대표작인 〈수련〉 연작을 그릴 때 퇴행성 백내장으로 수술을 받고 겨우 빛만 희미하게 볼 수 있을 정도로 시력을 잃은 시기였다. 이들뿐만 아니라 신체적인 결함이나 신체적 기능의 상실을 창조적 예술로 승화시킨 예술가나 천재는 무수히 많다.

물론 상처를 통해서만 창조성이 나타난다고는 말할 수 없다. 그러나 상실과 상처를 입고 무너져 버리는 것도 자신이고, 그것을 통해서 배우고 성장하는 것도 자신이라는 사실을 잊지 말아야 한다. 돌이킬 수 없는 상처를 입었다고 주저앉아 한탄만 한다면 우리는 소중한 현재와 미래를 잃게 된다.

그러므로 우리가 해야 할 일은 상처가 우리에게 말하고자 하는 것에 가만히 귀 기울이는 것이다. 그러면 많은 소리를 들을 수 있다. 그것은 바로 삶이란 무엇인지, 예측 불허하고 불공평한 삶 속에서 무엇을 해야 하는지를 알려 주는 속삭임이다. 거기에서 우리는 많은 것을 이끌어 낼 수 있다. 경험으로부터 배우는 것도 우리 자신이요, 상처를 통해 강해지는 것도 바로 자신이며, 아무것도 배우지 못하고 쓰러지는 것도 자신이다. 그리고 그 결과는 우리가 무엇을 듣고 싶어 하며 무엇을 원하는가에 달려 있다.

혼자만의 시간을 가지면
인생의 많은 문제가 해결된다

현대 사회를 산다는 것은 매우 피곤한 일이다. 배울 것도 많고 이것저것 생각해야 할 것도 많다. 들어오는 자극은 많은데 우리의 뇌가 그것을 소화해 낼 시간은 절대적으로 부족하다. 그래서 어느 순간 과부하가 걸린 컴퓨터처럼 뇌의 회전 속도가 느려지면서 머리가 잘 돌아가지 않게 된다. 이럴 때는 판단력이 급격히 저하되어 중요한 결정을 망칠 수도 있다. 그리고 아이디어도 고갈돼 그저 현상 유지에 급급하게 된다. 그러면 의자에 앉아 있을 뿐 일은 좀처럼 진도가 나가지 않으며, 결과물 또한 시원치 않게 된다. 잠을 많이 자도 여전히 피곤이 풀리지 않아 스트레스만 가중되기도 한다.

그럴 때 필요한 것이 바로 휴식이다. 수많은 자극에 둘러싸여 있는 우리는 알게 모르게 많은 것들을 보고 듣고 경험하며 영향을 받는다. 이렇게 쏟아져 들어온 자극들이 순간적인 감각이나 느낌에 그치지 않고 우리의 사고로 발전되려면 그것들을 생각하고 정리할 수 있는 혼자만의 시간이 필요하다. 음식을 먹은 뒤에는 잠시 몸을 쉬어야 음식물이 잘 소화되어 뼈와 살을 구성하는 것처럼, 우리에게 쏟아져 들어온 자극들이 이해되고 소화되어 우리의 정신 구조를 이루려면 그 자극을 소화할 수 있는 여유가 필요한 것이다.

그러므로 뇌가 과부하에 걸리는 느낌이 들면 모든 것을 멈추고 휴식을 취할 수 있어야 한다. 더 이상의 자극이 들어오는 것을 막고 뇌가 그동안 받아들인 정보를 소화해 기존의 정보와 통합할 시간을 가질 수 있게 만들어야 하는 것이다.

그래서 빌 게이츠는 1년에 두 번 미국 서북부에 있는 한 별장에 머무르면서 일주일씩 '생각 주간(Think Week)'을 가진다. 회사 직원은 물론 가족이 방문하는 것도 사절한 채 혼자만의 시간을 가지며 재충전을 하는 것이다. 마이크로소프트사의 중요한 사업 구상은 모두 이때 만들어졌다고 해도 과언이 아니다.

그런데 생각보다 일할 때 일하고, 쉴 때 잘 쉬는 사람들은 많지 않다. 어떤 이들은 쉬는 것 자체를 잘 받아들이지 못한다. 긴장을 풀고 아무것도 하지 않는 시간을 잘 견디지 못하는 것이다. 그들은 일하지 않는 시간에는 휴식을 하는 대신 좀 더 중요하고 생산적인 무언가를 해야 한다고 생각한다. 그래서 그들은 쉬는 시간에도 좀처럼 가만히 있지 못할뿐더러 끊임없이 새로운 무엇인가를 받아들인다. 외부의 모든 자극으로부터 온전한 거리 두기를 하지 못하는 것이다. 그러면 몸과 마음이 늘 긴장 상태에 있게 되고, 뇌는 과부하에 시달리다 결국 터져 버리게 된다.

긴장을 풀고 휴식을 취하는 것은 결코 시간 낭비가 아니다. 아니, 인생을 좀 더 잘 살고 싶다면 가끔씩 일부러라도 모든 자극을 차단하고 혼자만의 시간을 가질 필요가 있다. 휴대폰을 끄고 아무에게도 방해받지 않는 공간에 머무르며 모든 자극으로부터 나를 보호하고 뇌를 쉬게 하는 것이다. 지친 뇌가 생기를 되찾고, 생각이 모처럼 자유롭게 흐르도록 놔두는 것이다.

그러면 복잡하게 엉켜 있던 생각들이 단순하게 정리되고, 지쳐 있는 몸이 회복되면서 마음이 홀가분해지게 된다. 굳어 버린 생각의 족쇄에서 풀려나 평소에 생각해 보지 못한 것, 시도해 보지 못한 것을 떠올리게 되고, 좀 더 창조적인 방향으로 사고를 발전시켜 나가기도 한다.

한편 혼자 해외여행을 많이 한 사람들이 한결같이 말하는 게 하나 있다. 여행은 돌아오기 위해서 하는 것 같다고. 낯선 곳에서 낯선 사람들을 만나 새로운 경험을 하는 건 재미있지만 시간이 흐를수록 이상하게도 집이 그립고, 일상이 그립고, 늘 옆에 있던 사람들이 그리워진다. 떠날 때만 해도 그렇게 지긋지긋했던 모든 것들이 그리워지는 것이다. 그러면 늘 옆에 있던 사람이 얼마나 고마운 존재인가를 다시 한번 깨닫게 된다. 그리고 그와 함께 있었을 때 당연하게 여기던 것들에 대해서도 감사한 마음을 갖게 된다. 그래서 여행 막바지엔 집에 가고 싶고, 사람들이 보고 싶어진다.

그러니 지치고 아무도 만나고 싶지 않을 때는 내 안의 목소리에 귀 기울일 수 있어야 한다. 내 마음이 혼자 생각하고 정리할 시간이 필요하다고 신호를 보내는 것이므로. 그럴 때는 일을 멈추고, 잠시 가족이나 사랑하는 사람들도 뒤로한 채 잠깐이라도 시간을 내어 혼자 있어 보라.

깊은 상실에 직면했을 때도 마찬가지다. 동화《소공녀》에서 주인공인 세라는 태어나자마자 어머니를 잃고, 그 뒤 아버지도 잃어버린다. 공주처럼 자라던 세라는 한순간에 그녀를 못마땅하게 여기던 학교 교장에 의해 다락방으로 보내지고, 하녀 신세가 된다. 세라에게 닥친 시련은 아무리 성숙한 어른이어도 견디기 힘들 만큼 컸지만 그녀는 결코 자신의 존엄성을 잃지 않는다. 오히려 같은 처지의 주변 사람들에게 힘을 준다.

어린 나이에 부모를 여의고, 하녀 신세가 되었어도 세라가 삶을 비관하지 않고 꿈을 키울 수 있었던 원동력은 무엇이었을까? 그 원동력은 다름 아닌 그녀의 다락방이었다. 보잘것없는 다락방이지만 그녀는 자신만의 공간에서 홀로 독특한 상상의 세계를 펼쳐 나가면서 현실의 고통을 이겨 내고 슬픔을 추스를 수 있었다.

자기만의 방에서 홀로 있는 시간을 갖는 것은 커다란 상실에 직면했을 때 꼭 필요한 일이다. 우리는 혼자만의 시간을 통해 과거의 기억을 정리하고, 자신이 맞이한 상실의 의미를 파악하며,

떠나간 대상을 마음속에 영원히 담아 두는 작업을 하게 된다. 실연을 당했거나 사별한 사람들이 한동안 방 안에서 나오지 않고 폐인 같은 몰골로 누워만 있는 것도 그런 이유에서다. 그러고 나면 사람들은 대부분 그 슬픔을 잘 추스르고 일어나 더욱 성숙해진 모습으로 다시 자신의 길을 가기 시작한다.

그러나 혼자 있는 것이 두려워 슬픔을 충분히 경험하지 못하고, 금방 새로운 사람을 찾아 나서거나 재빨리 다른 일에 몰두해 버리면 오히려 슬픔은 더 길어지게 된다. 사랑은 또 다른 사랑으로 잊혀지는 거라지만 슬픔이 채 가시기도 전에 새로운 사람을 만나면 무의식중에 내면에 쌓여 있는 우울과 분노를 그에게 쏟아 냄으로써 관계를 망치게 될 수도 있다. 그러니 견디기 힘든 상실에 직면했을 때는 억지로 사람을 만나기보다 가만히 혼자 있어 보라. 슬픔을 잘 추스르고 나면 저절로 누군가를 만나고 싶어질 테고, 그러면 그의 모든 것을 온전히 받아들일 수 있게 될 것이다.

문화 심리학자 김정운은 《노는 만큼 성공한다》라는 책에서 다음과 같이 말했다.

"에스키모는 자기 내부의 슬픔, 걱정, 분노가 밀려올 때면 무작정 걷는다고 한다. 슬픔이 가라앉고 걱정과 분노가 풀릴 때까지 하염없이 걷다가 마음의 평안이 찾아오면 그때 되돌아선다고 한다. 그리고 돌아서는 바로 그 지점에 막대기를 꽂아 둔다. 살다가 또 화가 나 어쩔 줄 모르고 걷기 시작했을 때 이전에 꽂아 둔

막대기를 발견한다면 요즘 살기가 더 어려워졌다는 뜻이고 그 막대기를 볼 수 없다면 그래도 견딜 만하다는 뜻이 된다. 휴식은 내 삶의 막대기를 꽂는 일이다. 내 안의 나와 끝없는 이야기를 나누며 평화로움이 찾아올 때까지 가 보는 것이다. 그리고 그곳에 막대기를 꽂고 돌아오는 일이다."

그러므로 문득 삶이 너무 지치고 힘들 때는 잠시 모든 것을 멈추고 당신 자신에게 혼자만의 시간을 허락해 보라. 혼자만의 시간을 가지는 것만으로도 인생의 많은 문제들이 해결되는 걸 직접 경험하게 될 것이다. 그리고 깨닫게 될 것이다. 당신이 굳이 하지 않아도 되는 일과 굳이 만나지 않아도 될 사람이 누구인지를, 또 앞으로 무엇을 해야 하며 무엇을 소중히 여기며 살아야 할지를 말이다. 내가 당신에게 혼자만의 시간을 적극적으로 권하는 이유이다.

내가 치열하게 산 30대를
후회하지 않는 까닭

정신분석학에서 30대는 미지의 시기이다. 그저 20대의 연장으로, 앞으로 내달리는 시간으로만 이해되어 왔던 것이다. 나 또한 의사로서, 두 아이의 엄마로서, 아내로서, 며느리로서, 딸로서 정신없이 살았고 어느 순간 고개를 들어 보니 마흔이 되어 있었다. 그러나 이제는 알 것 같다. 지금 내 삶의 밑받침이 되어 준 것은 바로 30대에 쌓은 경험들이었다는 사실을 말이다.

20대가 앞으로 어디로 가야 할지 그 방향을 정하는 시간이라면, 30대는 선택한 방향에서 어디까지 갈 수 있을지 가늠해 보고 그 기반을 다지는 시간이다. 30대를 얼마나 치열하게 사느냐에 따라 자신이 일하는 분야에서 얼마나 능력 있는 전문가가 되는지 결정되는 것이다.

그러므로 30대에는 선택한 것이 무엇이든 아주 틀린 길이 아니라면 할 수 있는 한 최대한의 노력을 기울이는 것이 좋다. 왜냐하면 시간은 정직해서 좋은 것이든 나쁜 것이든 우리가 쏟은 열정과 에너지의 양만큼, 딱 그만큼의 결실을 돌려주기 때문이다.

생각해 보면 나의 서른 살은 참 대책이 없었다. 결혼하고 계속 일을 하는 나를 못마땅해하는 시부모님, 집안일과 육아를 도와주기는커녕 너무 바빠 얼굴도 보기 힘든 남편, 한창 나의 돌봄이 필요한 첫째…. 그런데 나는 그 와중에 둘째를 낳았다. 그럼에도 나는 꿋꿋이 레지던트 과정을 마치고 국립정신건강센터에 들어가 의사로서의 커리어를 쌓아 갔다. 덕분에 나에겐 매일매일이 전쟁이었다. 숨이 턱까지 차오른 날들의 연속이었다.

하지만 일을 포기하고 싶지 않았다. 왜냐하면 뒤늦게 정신분석 공부에 빠져들어 미쳐 있었기 때문이다. 나는 일하랴 애 키우랴 살림하랴 빠듯한 하루를 마치면 피곤한데도 밤 11시경부터 새벽까지 책을 펴들고 공부를 했다. 그만큼 사람의 마음을 이해하는 공부는 하면 할수록 너무도 흥미로웠다. 종잡을 수 없는 나의 마음을 알게 되고, 도무지 알 수 없을 것만 같았던 타인의 마음을 조금이나마 이해하게 되니 환자를 치료할 때도 좀 더 폭넓은 시각을 갖게 되었고, 어느 순간부터인가 환자들의 치료 경과가 좋아지는 것이 눈에 보이기 시작했다.

그렇게 몇 년을 꾸준히 노력하니까 의사로서의 실력이 쌓인 것인지 나를 믿고 찾아오는 환자들이 늘어 갔고, 서른 살의 나로서는 상상도 못 했던 경험들을 하며 성장하고 있음을 피부로 느끼게 되었다. 무엇보다 환자에게 도움이 되는 의사라는 자부심은 이해가 안 가는 시부모님과 남편, 그리고 내 뜻대로 안 되는 삶을 조금은 너그럽게 볼 수 있게 만들었다. 그렇게 나는 나에게 닥친 일들을 해결하며 조금 더 단단해졌고, 더 넓어졌고, 더 깊어졌다. 내가 노력한 시간들이 어떤 식으로 돌아오는가를 생생히 느끼게 된 것이다.

그러다 마흔 살이 되었을 때쯤엔 문득 그런 생각을 했던 것 같다. 10년 동안 치열하게 살면서 꾸준히 노력하니까 뭐라도 되긴 되는구나. 마흔 넘어 책을 쓰기 시작해 열 권의 책을 쓸 수 있었던 것도 30대 때 치열하게 산 덕분이었다.

사실 우리의 지식이나 기술은 기억이라는 단백질의 형태로 뇌에 저장되어 필요할 때 꺼내 쓰게 되어 있다. 이때 뇌에 얼마나 많은 정보가 저장되어 있느냐보다 더 중요한 것은 그 많은 정보들이 얼마나 유기적으로 연결되고 통합되어 있느냐 하는 점이다. 창고에 물건을 그냥 쌓아 두기만 하면 찾는 데 시간이 걸리지만 체계적으로 정리해 놓으면 쉽게 찾는 것과 같은 이치이다.

실제 기억을 보존하는 대뇌 피질에는 약 140억 개의 신경 세포가 존재하는데, 기억의 핵심은 바로 신경 세포와 신경 세포를 연결하는 '시냅스(synapse)'에 있다. 시냅스가 얼마나 촘촘히 연결되어 있느냐가 두뇌 발달에 결정적인 영향을 미치는 것이다. 이때 시냅스는 많이 사용할수록 더 많이 형성되어 활성화되지만, 쓰지 않으면 점차 약해져서 사라지게 된다. 따라서 일을 할 때 최대한의 효율을 발휘하고 탁월한 성과를 내기 위해서는 뇌를 많이 사용해서 시냅스를 계속 활성화시켜야만 한다. 즉 꾸준한 노력만이 탁월한 뇌를 만든다고 볼 수 있다. 그러면 얼마나 노력해야 한 분야의 전문가가 될 수 있을까?

신경과학자인 다니엘 레비틴은 어느 분야에서든 세계적인 수준의 전문가가 되려면 1만 시간의 연습이 필요하다는 연구 결과를 내놓았다.

"작곡가, 야구 선수, 소설가, 스케이트 선수, 피아니스트, 체스 선수, 숙달된 범죄자, 그밖에 어떤 분야에서든 연구를 거듭하면 할수록 이 수치를 확인할 수 있다. 1만 시간은 대략 하루 세 시간, 일주일에 스무 시간씩 10년간 연습한 것과 같다. 물론 이 수치는 '왜 어떤 사람은 연습을 통해 남보다 더 많은 것을 얻어 내는가'에 대해서는 아무것도 설명해 주지 못한다. 그러나 어느 분야에서든 이보다 적은 시간을 연습해 세계 수준의 전문가가 탄생한 경우를 발견하지는 못했다. 어쩌면 두뇌는 진정한 숙련자의 경지에 접어들기까지 그 정도의 시간을 요구하는지도 모른다."

1만 시간이라고 하면 입이 벌어지고 지레 겁을 먹을 수도 있다. 그러나 하루에 세 시간씩이면 도전해 볼 만하지 않은가. 그러니 마흔이 되어 후회하고 싶지 않다면 30대에는 뭐든 도전해 보고, 시행착오도 많이 겪어 보면서 있는 힘껏 치열하게 살아 보아라. 아직 늦지 않았다.

결혼한 아들과 딸에게
해 주고 싶은 유일한 당부

"할무니, 할무니."

2층 서재에 앉아 있으면 누군가 나를 그렇게 부르며 쿵쿵 계단을 뛰어오는 소리가 난다. 반가운 첫 손주의 목소리다. 이제 딸의 목소리가 들릴 차례다.

"승호야, 뛰지 마. 엄마가 뛰지 말랬지?"

나는 그 소리를 들으며 빙그레 웃는다. 5년 전 딸은 아이를 낳아 엄마가 되었고, 덕분에 나는 할머니가 되었다. 태어나자마자 많이 아파서 나의 속을 태웠던 딸이 어느새 엄마가 되어 아이를 돌보는 모습을 보고 있노라면 왠지 모르게 가슴이 뭉클해진다.

"장모님, 저희 왔어요."

둘째를 안고 오는 듬직한 사위의 목소리다. 이제 마지막 목소리가 들려올 차례다.

"어머님."

늘 고마운 며느리의 목소리. 올해 초 아들이 장가를 가서 며느리가 생겼고 덕분에 나는 시어머니가 되었다.

얼마 전 결혼 40주년을 맞아 가족들이 모두 모였다. 40년이라는 숫자 자체는 별다른 감흥이 없었는데 40년이 한 남자의 아내이자 며느리로 출발해 두 아이의 엄마를 거쳐 장모, 시어머니, 할머니라는 새로운 역할들을 부여받는 시간이었다고 생각하니 감회가 새로웠다.

솔직히 언젠가 아이들이 웨딩드레스와 턱시도를 차려입는 날이 오겠지 상상한 적은 있지만 실제 모습이 잘 그려지지 않았다. 아이들이 누군가의 배우자가 되어 내 품을 떠나는 날이 정말 올까 싶었고, 내가 아이들을 잘 떠나보낼 수 있을까 걱정도 들었다. 그런데 역시나 그것은 나의 기우에 불과했다. 아이들은 씩씩하게 자기 짝을 찾아서 잘 떠나갔고, 딸은 두 아이의 엄마가 되었으며, 아들은 이제 곧 아빠가 될 예정이다. 그래서 나는 아이들을 걱정하지 않는다. 지금껏 그래 왔듯 그저 나의 삶을 잘 살아야겠다는 생각이 들 뿐이다.

요즘 젊은이들은 결혼하면 많은 걸 희생해야 하고 결과적으로 '나'를 잃어버릴 것 같아서 결혼을 두려워한다고 한다. 그런데 나는 반대라고 생각한다. 나는 오히려 결혼을 통해 내 자아를 더 단단하게 정립할 수 있었다. 엄마로, 의사로, 아내로, 며느리로, 딸로 1인 5역을 해내느라 당시에는 힘들다 못해 억울하기까지 했지만 다른 한편으론 한계에 부딪히면서 나 자신을 제어하는 법을 배우고 더 포용력 있는 사람이 될 수 있었다. 남들과 부대끼며 사느라 하고 싶은 일을 마음껏 못 한다고 나를 잃어버리는 건 결코 아니다. 오히려 남들과 더불어 살면서 우리의 자아는 생각지 못했던 방향으로 확장되기도 하면서 성장한다.

그런 의미에서 보자면 나는 결혼이 두 사람이 만나 더욱 풍부한 인생을 만들어 가는 것이라고 생각한다. 그 과정에서 무수히 많은 갈등과 불협화음이 나올 수도 있지만 그것을 잘 관리하기만 한다면 결혼 생활은 무엇과도 바꿀 수 없는 충만함을 선물한다.

이제껏 부부 갈등 문제로 나를 찾아왔던 사람들이 가장 많이 했던 말이 있다.

"우리 남편(아내)은 결혼한 이후 지금까지 하나도 변한 게 없어요."

사람은 원래 잘 안 변한다. 그런데도 상대방이 나와 다른 사람임을 인정하지 못하고 내 뜻대로 만들겠다고 고집 피우면 행복은 흔적도 없이 사라지고 만다. 자기 성격도 쉽게 못 고치는 인간이 어떻게 남의 성격을 바꾸겠는가. 그저 상대를 있는 그대로 바라보려고 노력할 때 부부 관계가 편안해질 수 있다.

또 이 세상에 문제가 없는 사람은 없다. 다만 내가 감당할 수 있는 문제를 가진 사람이 있을 따름이다. 그러니 결혼을 했으면 상대의 문제를 어떻게든 고쳐 보겠다고 애쓰기보다 내가 그 문제를 어떻게 감당할지를 생각하는 게 맞다. 미국의 정치가 벤저

민 프랭클린의 말처럼 결혼 전에는 눈을 크게 뜨고 결혼 후에는 눈을 반쯤 감는 것이 필요하다는 말이다. 상대의 단점을 눈여겨보기 시작하면 결혼 생활이 지옥으로 변하는 건 한순간이다.

지난 40년 결혼 생활을 돌이켜 보면 나에게 결혼은 하루에도 몇 번씩 천국과 지옥을 오가는 일이었다. 그리고 날카로운 말과 행동으로 상처를 주다가도 언제 그랬냐는 듯 낄낄대는 사이가 바로 부부였다. 그 시간들을 거쳐 오면서 내가 가장 후회하는 것이 있다면 쓸데없는 책임감으로 나 자신을 괴롭혔던 것이다.

부부 관계를 해칠까 봐 혹은 힘든 사람 신경 쓰게 해서 뭐 하나 싶어 참고 넘어가는 사람들도 적잖다. 물론 참고 살아서 이득이 되는 경우도 있다. 그러나 지나칠 경우 오히려 배우자에 대한 감정적인 거리감만 만드는 꼴이 된다. 나도 그중 하나였다.

시부모님 때문에 힘들고, 두 아이를 거의 혼자 돌보면서 스트레스가 많았는데 나는 당연히 그걸 남편이 알고 있으리라 생각했다. 그리고 알면서도 모르는 척하는 거라고 생각해 남편을 참 많이 원망했다. 그런데 나중에 알고 보니 남편은 내가 그렇게까지 힘들어하는 줄 정말 몰랐단다. 말을 안 하는데 어떻게 아느냐고 볼멘소리를 하기도 했다. 순간 허탈했다. 왜 나는 남편에게 힘들다는 이야기를 하지 못했던 걸까. 어쩌면 남편이 알아서 내 마음을 알아차리고 나를 도와야 한다는 착각에 빠져 있었던 것은 아닐까. 그리고 정작 나는 남편이 어떤 걸 힘들어하는지 알고 있을까.

그래서 대화가 중요하다. 집안의 대소사와 아이 얘기 말고 서로의 이야기를 나눌 수 있어야 한다. 힘들면 힘들다고 말하고, 요구할 건 당당히 요구하고, 문제가 있으면 함께 노력해서 풀어 가야 하는 것이다. 그래야만 서로에 대한 오해로 마음 상하는 일이 없어진다.

그런데 대화를 나누지 않으면 자연스레 오해가 쌓이게 된다. 오해를 하게 되면 상대를 원망하게 되고 '나'만 노력하고 있으며, '나'만 희생하고 있다는 착각에 빠지게 된다. 모든 인간관계는 상호 관계이기 때문에 한쪽만 100퍼센트 희생하는 경우는 없다. 상대도 나름대로 양보하는 부분이 있게 마련이다. 그런데도 상대방의 입장을 들어 보기도 전에 나만 희생한다는 생각에 불평불만을 늘어놓다 보면 화가 나게 되어 있다. 그것이 부부 싸움으로 번지는 것은 순식간이다. 그러니 '나'만 희생하고 있다는 생각이 들면 일단 격한 감정부터 가라앉히는 게 좋다. 어떤 경우에도 상대방의 이야기를 들어 보는 것이 먼저다.

마지막으로, 결혼 생활은 힘든 게 당연하다. 연애는 먼 곳에서 산을 구경하는 거라면, 결혼은 그 산을 직접 오르는 것이다. 멀리서 봤을 땐 몰랐던 상대의 장단점을 속속들이 경험하는 게 결혼 생활이라는 말이다. 게다가 현실의 문제까지 겹쳐지면 더욱 골치 아플 수밖에. 그럼에도 불구하고 때론 참고 때론 싸우며 현명하게 그 산을 올랐을 때 누릴 수 있는 편안함은 남다르다. 그러니 좋은 사람을 만나 결혼하면 당연히 행복할 것이며, 힘든 건 없을 거라는 환상부터 버리는 게 맞다. 등산을 하면서 안 힘들기를 바라는 건 그저 욕심일 뿐이다.

지금껏 결혼 생활을 해 오며 나도 수많은 위기를 겪었다. 특히나 파킨슨병으로 몸이 불편해지면서 수차례 수술을 하고, 병원을 닫기까지 참 쉽지 않은 시간들을 겪었다. 그런데 "당신 괜찮아?", "오늘은 좀 어때?" 하고 물어봐 주고, 수술이 끝날 때마다 그 곁을 지켜 주는 남편이 있어 많이 든든했다. 앞으로 나이가 더 들면 거동이 더 불편해지고 곁에 있는 사람들도 하나둘 떠나갈 텐데 언제까지 우리는 서로의 곁에 있어 줄 수 있을까. 한 치 앞을 모르기에 고마움은 더욱 커질 뿐이다.

그래서 결혼한 아들과 딸이 상대방에게 좋은 배우자가 될 것을 강요하기보다 먼저 좋은 배우자가 되기 위해 애쓰면 좋겠다. 좋은 배우자가 되려면 무엇보다 '4의 법칙'을 기억해 둘 필요가 있다. 과학 저널리스트인 존 티어니에 따르면 나쁜 경험 1개를 극복하려면 좋은 경험 4개가 필요하다고 한다. 인간은 보통 좋은 일은 쉬이 잊어버리지만 나쁜 일은 오래 기억하기 때문이다. 그러므로 좋은 관계를 유지하려면 상대가 좋아하는 행동이나 말을 많이 하는 것보다 상처 주는 말을 하지 않는 게 더 중요하다. 그러니 배우자가 싫어하는 것들을 하지 않기 위해 애쓰는 삶을 살아라. 그것이 나의 유일한 당부이다.

행복한 어른은
가끔 어린아이처럼 놀 줄 안다

어릴 때 나는 소꿉놀이를 무척 좋아했다. 엄마가 다 쓰고 버린 화장품 통을 무슨 보물인 양 고이 간직하고, 이 빠진 접시나 조개껍질을 모아 살림을 마련하곤 했다. 그러고는 동네 아이들을 모아 소꿉놀이에 열중했다. '넌 엄마 하고, 넌 아빠 하고, 넌 언니, 넌 애기, 넌 선생님, 넌 가게 아저씨…' 이런 식이었다.

역할 배정이 끝나면 우리는 살림살이로 뭔가를 만들기 시작했다. 돌을 세 개 모아 아궁이를 만들고, 거기에 솥을 얹은 다음 모래에 물을 적당히 부어 밥을 짓고, 풀을 뜯어 반찬을 만들고, 진흙을 빚어 떡을 만들고…. 그렇게 놀다 보면 늘 말썽이 일게 마련이다. 도중에 역할을 바꿔 달라는 아이도 생기고, 다른 데서 놀다 와서는 중간에 자기도 끼워 달라는 아이도 있다. 때로는 너도 나도 공주, 왕자를 하겠다고 나서서 소꿉놀이가 싸움과 울음으로 끝날 때도 있었다. 그러나 기상천외한 재미있는 놀이가 되는 날도 많았다. 그렇게 한참을 놀고 있으면 "그만 놀고 와서 밥 먹어라" 하는 진짜 엄마의 목소리가 들려오고, 우리는 살림 도구를 주섬주섬 챙기며 아쉽게 소꿉놀이를 마쳤다.

소꿉놀이뿐이 아니었다. 그 시절 우리는 참 많은 놀이를 했다. 숨바꼭질과 전쟁놀이, 땅따먹기, 고무줄놀이, 줄넘기, 공기놀이, 콩주머니 던지기, 딱지치기, 구슬치기, 귀신 놀이, 병원 놀이, 인형놀이, 무궁화꽃이 피었습니다, 가위바위보, 쎄쎄쎄 등등…. 끊임없이 기발한 놀이를 만들어 내던 그때를 떠올리면 늘 웃음이 난다. 아, 한 번만이라도 그 시절로 되돌아갈 수 있다면 얼마나 좋을까. 여하튼 나는 그 수많은 놀이들을 통해 세상을 배웠다. 살아가는 법을 배우고, 규칙을 배우고, 친구를 사귀고, 양보하고, 쟁취하는 법을 배운 것이다. 때로 화가 나거나 도저히 이해가 안 되는 일이 생기면 놀이를 만들어 그것을 풀어 보기도 했다. 그리고 그 안에서 나는 조금씩 성장해 왔다.

놀이는 완전한 현실도 아니요, 단순한 판타지도 아닌 중간세계에 속한다. 그래서 우리는 현실의 어떤 부분을 떼어 놀이로 만든 다음 시치미를 뚝 떼고 마치 그것이 현실인 양 군다. 놀이를 통해서는 과거로 돌아갈 수도, 미래로 가 볼 수도 있다. 아기가 되어 보기도 엄마가 되어 보기도 하는 것이다. 현실에서는 불가능한 일도 놀이를 통해서는 마음껏 해 볼 수 있다.

그래서 우리는 놀이를 시작한 순간 어린아이로 돌아가는 것을 허락받아 그동안 꾹꾹 눌러 온 내 안의 유치하고 본능적인 욕망들을 마음껏 분출시킨다. 그러면 긴장감이나 불안감을 해소하는 동시에 해방감과 기쁨, 즐거움을 느끼게 된다.

이처럼 놀이는 기나긴 인생에서 우리가 겪어야 하는 갈등과 박탈, 상실 그리고 갈망 등을 처리하는 중요한 역할을 한다. 또 대인 관계를 맺고 유지하는 데도 중요한 틀을 제공한다. 특히 비슷한 나이대로 인생의 문제를 공유하는 사람들끼리의 모임과 놀이는 그들의 내적 갈등과 외로움을 해결해 준다.

그래서 놀이는 우리가 성장하고 살아가는 데 빼놓을 수 없는 요소다. 그것은 일과 사랑만큼이나 우리의 삶에서 중요한 위치를 차지하며, 놀이를 할 수 있는 능력은 정신건강의 중요한 지표가 된다.

그런데 우리는 어른이 되면서 차츰 노는 법을 잊어버린다. '이 나이에', '남부끄러워서' 하면서 점잔을 빼고 체면을 차리느라 마음껏 놀지 못하는 것이다. 하지만 놀 수 없는 사람은 불행하다. 인생이 주는 가장 큰 즐거움 가운데 하나를 놓치고 나중에는 웃음마저 잃어버리게 된다.

그러므로 아무리 나이가 들어도 우리는 때때로 어른의 짐을 잠시 벗어 놓고 놀 수 있어야 한다. 마치 어린아이처럼 마음껏 자신을 풀어놓고 깔깔대며 즐길 수 있어야 한다. 그래야 한바탕 신나게 놀고 난 다음 툭툭 털고 일어나 다시 현실로 되돌아와서도 재미있게 세상을 살아갈 수 있다.

나는 가끔 어린아이처럼 놀고 싶을 때는 친구들을 찾는다. 그들과 수다를 떨다 보면 그냥 별 이야기가 아닌데도 괜히 웃게 된다. 그러다 때론 친구들에게 장난을 치거나 우스갯소리를 던진다(참고로 나는 웃음 타율이 높은 쪽에 속하며 그것을 매우 자랑스럽게 생각한다). 그렇게 시시껄렁한 이야기를 나누며 한바탕 웃고 나면 기분이 좋아진다. 내가 파킨슨병 환자라는 사실을 잊고, 64세의 노인이라는 사실을 잊어버릴 만큼.

그래서 나는 "우리는 나이가 들기 때문에 놀지 않는 것이 아니라, 놀지 않기 때문에 나이가 드는 것이다"라는 작가 조지 버나드 쇼의 말에 전적으로 동의한다.

마흔 이후,
가장 필요한 건 체력이다

　예전에 사람들을 만나면 나에게 체력이 대단하다며 이런 질문을 하곤 했다.

　"따로 운동하는 게 있으세요?"

　"아뇨, 그냥 숨쉬기 운동만 하죠."

　그러면 사람들은 타고난 나의 체력을 부러워했고, 나는 어깨를 으쓱하곤 했다. 환자들에게는 몸이 건강해야 마음도 건강하다며 운동의 필요성을 역설하면서도 정작 의사인 나는 내 몸을 그냥 방치하고 있었던 것이다.

　하지만 마흔두 살에 파킨슨병 진단을 받고 나서 그야말로 정신이 번쩍 들었다. 그래서 그때부터 운동을 시작했다. 처음엔 한강에서 한두 시간씩 천천히 뛰었다. 처음엔 10분만 뛰어도 얼굴이 벌게지고 숨이 차서 견딜 수 없었지만 매일 조금씩 달리다 보니 어느새 다리가 튼튼해졌다. 파킨슨병이 더 진행되면서 달릴 수 없게 되자 열심히 걸었다. 지금은 파킨슨병 환자로 살아온 지 22년이 되다 보니 누군가에게 의지하지 않고선 한 발을 내딛는 것조차 쉽지 않지만 그래도 운동을 거른 날은 없다. 지금도 매일 하루에 한 시간씩은 운동을 하고 있다.

몸을 움직이면 움직임 자체에 집중하게 되면서 머릿속이 맑아진다. 자세와 호흡에 집중하고, 땀을 흘리고, 팔과 다리와 어깨를 움직이기 위해 애쓰고 있으면 내가 살아 있다는 사실을 온몸으로 느끼게 된다. 물론 손가락도 내 마음대로 움직일 수 없는 탓에 휴대폰으로 '좋습니다'라는 네 글자를 치기까지 10분 넘게 걸릴 때도 있지만 그것을 해내고 나면 정말 기분이 좋아진다. 얼마 전에는 여행을 하다 들른 펜션 테라스의 한쪽 끝에서 저쪽 끝까지 60미터쯤 되었는데 누구의 도움도 받지 않고 혼자 걸었다. 물론 덕분에 땀을 비 오듯 흘리긴 했지만 나 자신이 자랑스러웠다.

나를 치료해 주는 의사들 말로는 그처럼 운동을 거르지 않고 해 온 덕분에 지금껏 내가 버틸 수 있었던 것이라고 한다. 나도 그렇게 생각한다. 그렇게 버틴 덕분에 나는 살아 있고, 두 아이가 결혼하는 모습을 지켜볼 수 있었고, 손주들의 재롱을 볼 수 있었다. 게다가 운동을 하고 나면 기분이 좋아지고, 성취감도 느끼고, 또 하루를 잘 살아 낼 에너지도 얻을 수 있다. 그래서 나는 어느새 운동 예찬론자가 되었다.

하지만 나는 알고 있다. 내가 아무리 운동의 필요성에 대해 떠들어 봤자 어떤 사람들은 콧방귀도 뀌지 않을 것이다. 나도 아마 파킨슨병 진단을 받지 않았다면 여전히 운동과 거리가 먼 삶을 살고 있을지도 모른다.

그런데 특별히 병에 걸리지 않았다 하더라도 마흔이 넘으면 체력이 급격히 떨어지기 시작하는 것을 피부로 느끼게 될 것이다. 술을 마신 다음 날 회복되는 속도가 예전과 같지 않고, 흰머리는 늘고 피부가 처지는 게 느껴지고, 뱃살은 하루가 다르게 늘어간다. 일을 조금만 무리해서 하면 쉬이 피곤을 느끼고, 모든 것이 귀찮고 힘들다는 생각부터 하게 된다.

그러면 새로운 일에 도전하는 것을 꺼리게 될뿐더러 주어진 일들을 처리하는 것도 벅차게 된다. 그만큼 사람들에게 짜증을 내는 일도 많아질 수밖에 없다. 안 그래도 마음은 조급하고 할 일은 잔뜩 쌓여 있는데 따라 주지 않는 몸 때문에 일도 인간관계도 자꾸만 꼬이게 되는 것이다. 그러면 무력감이 밀려오면서 삶에 회의가 들게 마련이다.

그래서 마흔 이후 인생을 잘 살고 싶다면 체력 관리가 필수다. 타고난 체력으로 버텨 왔던 시간이 끝났음을 인정하고, 떨어지는 체력을 보강하기 위해 적극적으로 나서야 한다는 말이다. 그러니 몸이 예전 같지 않다고 느껴지면 더 이상 그 신호를 무시하지 않았으면 좋겠다.

더 늦기 전에 몸이 보내는 신호에 귀를 기울이고, 에너지가 부족하다 싶으면 그 모든 것을 뒤로하고 당신 자신부터 챙겨라. 이 세상에서 가장 소중한 사람은 바로 당신 자신이니 더 이상 그런 당신을 방치하지 말라는 얘기다. 예전에 누군가 나한테 "선생님은 자신을 위해 뭘 해 주세요?"라고 물었을 때 아무 말도 할 수 없었다. 하지만 지금은 자신있게 말할 수 있다. "나는 나를 위해 운동합니다"라고.

우리가 서로에게 상처를
가장 적게 줄 수 있는 방법

내 기억 창고 안에는 지금까지 받아 왔던 상처들이 차곡차곡 쌓여 있다. 아주 어릴 적 빛바랜 영화의 한 장면처럼 희미하게 떠오르는 가슴 아픈 기억부터 여기저기 흩어져 있는 도저히 잊을 수 없을 것 같은 분하고 억울했던 기억, 나에게 씻을 수 없는 아픔을 주고 떠난 사람들에 대한 기억, 아무것도 아닌 일로 흥분하고 상처받았던 기억…. 이런 기억들을 떠올리다 보면 마치 내 몸 전체가 흉터투성이인 듯한 착각이 든다.

왜 우리는 좋은 일보다 나쁜 일을 잘 기억하는 걸까? 곰곰이 생각해 보면 분명 살면서 좋은 일이 훨씬 더 많았는데 말이다. 게다가 우리는 내가 받은 상처는 잘 기억하면서 내가 남에게 준 상처는 보지 못한다.

'내가 남들에게 상처를 주었다고? 그들이 과민 반응을 보이는 거겠지. 난 전혀 그럴 의도가 없었어. 그리고 상처를 받은 건 그들이 아니라 바로 나란 말이야.'

그러나 어쩌면 남들이 나에게 준 상처보다 내가 남에게 입힌 상처가 더 많을지도 모른다. 우리는 나약한 인간이기에 때로 환경의 영향을 받을 수밖에 없다. 버텨 내기 힘들 정도로 어려운 상황에 맞닥뜨리면 아무리 어른이라도 두려움과 불안에 압도당한다. 그리고 자신을 추스르기조차 힘든 상황에서는 남을 배려할 마음의 여유가 없어지기 때문에 나도 모르게 곁에 있는 사람에게 상처를 입히게 된다. 나 역시 이런 면에서 자유롭지 못하다.

나는 유독 큰아이에게 미안한 점이 참 많다. 둘째를 낳고 그 아이가 심장병을 앓으며 고생하는 동안 나는 걱정과 수면 부족 그리고 만성 피로가 겹쳐 극도로 지치고 예민해져 있었다. 그러다 보니 갑자기 아픈 동생이 태어나 당황해하는 큰아이를 다독거릴 마음의 여유가 없었다. 그래서 큰아이에게 짜증을 많이 냈고, 알게 모르게 상처도 꽤 주었다. 지금도 그때 큰아이가 받았을 상처를 생각하면 가슴이 아프다. 어디 그뿐인가. 나의 욕심과 어리석음으로 인해 가족과 주위 사람들에게 얼마나 많은 상처를 입혔던가.

때로는 우리가 상대를 위해 최선을 다한다는 것이 오히려 상대에게 상처가 되기도 한다. 내 딴에는 사랑으로 한 말과 행동이 배우자나 가족, 친구들에게 상처가 될 수도 있는 것이다.

인간은 늘 불가능한 것을 꿈꾼다. 나에게 필요한 것을 달라고 끊임없이 보채는 어린아이처럼 우리의 욕망은 만족을 모르며 항상 더 많은 것을 요구한다. 그러다 보니 인간관계에서 끊임없이 긴장과 다툼이 생긴다. 프랑스의 한 사회학자는 이렇게 말했다.

'사람은 어떠한 증오나 분노 혹은 상처를 주려는 의도가 없이 단지 자신의 존재를 표현하는 것만으로도 다른 사람에게 상처를 줄 수 있다.'

이를테면 낯선 사람과 처음 만나 이야기를 나누는데 딴엔 분위기를 풀어 보고자 속 썩이는 아이 얘기를 꺼내며 "무자식이 상팔자라니까요"라는 말을 했다고 해 보자. 그런데 상대방이 만약 아이를 너무 갖고 싶었지만 5년째 아이가 없는 상황이라면 어떨까. 그러면 상처를 주려는 의도는 없었지만 상대방의 표정은 굳을 수밖에 없다.

단칸방에서 월세를 내며 근근이 살고 있는 사람에게 유명한 강남 아파트에 사는 사람은 그 자체로 위화감을 안겨 줄 수 있다. 불행한 어린 시절을 보낸 사람은 부모와 사이가 좋은 친구가 푸념처럼 늘어놓는 말들이 그저 부럽고 한편으로는 가슴 아플 수 있다.

이런 어쩔 수 없는 상처로부터 서로를 보호하려면 타인의 감정을 공감하고 배려할 줄 알아야 한다. 이때 공감한다는 것은 다른 사람의 슬픔이나 기쁨을 같이 느끼고 그 감정을 통해 상대를 이해하게 된다는 뜻이다.

그런데 공감은 동정과 엄연히 다르다. 동정이 이차원적인 감정이라면 공감은 삼차원적인 감정이다. 동정은 상대의 슬픔과 불행 등의 감정을 마치 내 감정처럼 느끼며 같이 슬퍼하고 같이 분노하는 것이다. 그래서 내가 상대가 된 듯한 느낌을 갖게 하지만 거기에서 그친다.

하지만 공감은 감정이 같아지는 것에서 끝나지 않는다. 상대의 감정을 같이 느낀 뒤에 다시 자신의 마음으로 되돌아와 상대의 마음을 헤아린다. 그래서 상대가 왜 그런 처지에 놓이게 되었는지 그 상황을 깊이 이해하고 상대에게 필요한 것이 무엇인지 알게 된다.

이처럼 다른 사람에게 공감할 수 있는 사람은 나와는 다른 상대를 있는 그대로 인정하고, 그 역시 나처럼 상처받기 쉬운 사람임을 이해하며 상처 주지 않기 위해 애쓴다. 그리고 내가 상처를 주어도 계속 내 곁에 머물며 나를 사랑해 주는 상대에게 깊은 감사를 보낸다. 이러한 관계는 어쩌면 우리가 맺을 수 있는 가장 최고의 관계일지도 모른다. 그러나 우리 마음에서는 상대와 더 이상 분리되지 않고 영원히 하나가 되고 싶은 욕망, 상대가 나의 모든 투정을 받아 주기를 바라는 어린아이 같은 이기적인 마음이 끊임없이 작용한다. 그렇기 때문에 서로 갈등을 일으키고 상처를 주고받게 되는 것이다.

그러므로 남이 나에게 상처를 주었듯, 나도 남에게 상처를 줄 수 있다는 사실을 기억해야만 한다. 내 상처가 너무 아파서 힘들었듯이, 그도 내가 준 상처 때문에 많이 힘들 수 있다는 사실을 잊지 말아야 한다. 그래서 나와 다른 상대의 감정을 최대한 공감하고 배려하며 상처 주지 않도록 노력해야 한다. 마지막으로 우리는 서로에게 끊임없이 상처를 주고받을 수밖에 없는 지극히 인간적인 존재임을 인정해야만 한다. 이것이 바로 우리가 서로에게 상처를 최소한으로 줄 수 있는 방법이다.

나는 이렇게
나이 들어 가고 싶다

　나이가 들어갈수록 우리는 잃는 것이 더 많을까, 아니면 얻는 것이 더 많을까? 나이가 들면서 사라지는 것을 생각해 보자. 젊음, 탄력, 검은 머리, 체력, 건강, 열정, 성 기능, 기억력, 친구나 배우자와의 사별, 남아 있는 시간…. 그렇다면 나이가 들수록 우리에게 많아지는 것은 어떤 것일까? 나이, 자손, 주름살, 뱃살, 검버섯, 고집, 잔소리, 걱정, 회한, 버려야 할 가구나 옷가지, 외로움…. 나이가 들수록 얻는 것도 많지만 그 가운데 좋아지는 것을 꼽으려니 얼마 되지 않아 보인다.

　이전 시대에는 연륜으로 다져진 연장자들의 지혜가 후세대의 삶에 매우 중요한 지침이 되었다. 그래서 어려운 일에 부닥치면 젊은 사람들은 으레 그 마을의 가장 연장자인 어른을 찾아가 자문을 구했고, 연장자들은 평소에도 대접을 받을 수 있었다.

우리가 죽음을 알고도 이 세상을 살아갈 수 있는 것은 우리가 죽더라도 후대들의 삶을 통해 우리의 삶도 이어질 수 있다는 믿음 때문이다. 내 인생에서 쌓은 지혜가 다음 세대로 전수될 수 있으리라는 믿음은 내 삶에 더욱 깊은 책임감을 주기도 한다. 그만큼 내가 과거로부터 나와 미래로 뻗어 가는 연속된 세대에 속해 있다는 역사적 연속감은 중요하다.

그러나 현대처럼 빠르게 변화하는 시대에서 이전의 지식은 금방 쓸모가 없어진다. 과학 기술의 빠른 발전이 전 세대의 지식을 쓸모없는 것으로 만들어 버리기 때문이다. 그러다 보니 나이 든 사람들의 생각은 고리타분한 낡은 것이 되어 버려 아무도 그들의 소리에 귀를 기울이려 하지 않는다.

그처럼 역사적인 연속감을 상실해 버린 사람들에게 나이 드는 것은 젊음과 아름다움, 명성 그리고 매력을 잃어버리고 그로 인해 쓸모없는 사람이 되어 버림을 뜻한다. 그래서 인류학자 마거릿 미드는 30대 이후의 사람들에게 종종 이렇게 말했다고 한다.

"우리 모두는 젊은이들의 세상으로 이주해 온 이민자들이야."

이민자들이 본토인들 틈에 끼어 나름대로 살아남으려면 혼신의 힘을 기울여야 한다. 그런데 슬픈 것은 나이가 들수록 새로운 기술을 습득하고 따라 하기가 어려워진다는 것이다. 그러면 어느 순간 한참 뒤처진 채 따라가기를 포기하고 살게 된다. 그 결과 나이 듦은 어느새 죽음보다 더 두려운 것이 되어 버린다. 사회의 부정적인 시각에 저항할 에너지도 낙천성도 없는 상태에서 좋은 시절은 다 지나갔고, 이제 나쁜 일만 기다리고 있다고 느끼는 것이다. 그래서 사람들은 오래 살고 싶어 하지만 늙고 싶어 하지는 않는다.

그러나 과연 그럴까? 노년기의 인생은 우리에게 여분으로 남아 있는 시간, 말 그대로 여생일 뿐일까? 그래서 철저히 외면하고 싶은 두려운 현실일 수밖에 없는 것일까?

하루는 시인 롱펠로에게 그의 친구가 이렇게 물었다.

"이보게, 친구! 오랜만이야. 그런데 자네는 여전하군. 그 비결이 뭔가?"

이 말을 들은 롱펠로는 정원에 있는 커다란 나무를 가리키며 말했다.

"저 나무를 보게나! 이제는 늙은 나무지. 그러나 저렇게 꽃을 피우고 열매도 맺는다네. 그것이 가능한 건 저래 봬도 저 나무가 날마다 조금이라도 꾸준히 성장하고 있기 때문이야. 나도 마찬가지라네. 나이가 들었어도 하루하루 성장한다는 마음가짐으로 살아가고 있다네!"

이렇듯 노인은 결코 '끝나 버린 존재'가 아니다. 살아가는 동안 우리는 순간순간 성장하기 위한 새로운 과제를 부여받는다. 그래서 인간은 죽을 때까지 끊임없이 다듬어지고 재배열되며 새롭게 교정된다. 그러므로 우리는 늙어서도 성장하고 발전할 수 있다. 인생의 각 단계는 우리에게 새로운 변화의 기회를 제공하기 때문이다. 인격도 마찬가지다. 일흔, 여든, 아흔 살이 지나서도 꾸준히 변화한다. 이때 나이 듦을 어떻게 바라보느냐에 따라 그의 삶은 '비참하고 삶의 회한만 가득한 인생'이 아니라 '여전히 욕망하고 변화하는 능동적인 인생'이 될 수도 있다.

미국의 하버드대 심리학과 교수 엘렌 랭어는 1979년 어느 날 오하이오주 지역 신문에 70대 후반에서 80대 초반의 남성들을 모집하는 광고를 냈다. 만약 심리적 시계를 20년 전으로 되돌리면 사람의 신체에 어떤 변화가 있을까 알아보기 위해서였다.

엘렌 랭어 교수는 한 수도원을 20년 전인 1959년과 같은 환경으로 꾸민 다음 실험 참가자들에게 일주일 동안 1959년으로 돌아가 마치 그 시간을 사는 것처럼 살게 했다. 그래서 참가자들은 〈벤허〉, 〈뜨거운 것이 좋아〉 등의 영화를 보고, 라디오에서 흘러나오는 냇 킹 콜의 노래를 듣고, 당시의 시사적인 문제를 놓고 토론을 벌였다. 단, 가족이나 간병인의 도움 없이 스스로 무엇을 먹을 것인지 결정하고, 요리를 하고, 설거지와 청소도 스스로 해야만 했다.

그런데 그렇게 산 지 일주일 만에 놀라운 일이 벌어졌다. 참가자 전원의 신체 나이가 실험 참가 전보다 최소 2~3년 젊어진 것이다. 시력과 청력, 기억력이 향상됐고 지능이 좋아지고 걷는 자세도 좋아졌다. 누군가의 부축 없이는 걸음을 내딛기도 힘들었던 한 노인은 지팡이를 집어 던지고 꼿꼿한 자세로 걷기 시작했고, 또 다른 노인은 미식축구 경기에 동참하기도 했다. '시계 거꾸로 돌리기'라 불리는 이 연구는 물리적인 시간을 되돌릴 순 없어도 마음먹기에 따라 얼마든지 젊게 살 수 있다는 사실을 입증

해 넘으로써 전 세계 심리학자와 행동 경제학자들로부터 노화와 육체의 한계에 도전하는 혁신적인 심리 실험이라는 극찬을 받았다. 이와 관련해 엘렌 랭어 교수는 다음과 같이 말했다.

"우리를 가두는 것은 신체의 한계가 아니라 그 한계를 믿는 우리들의 사고방식이다."

즉 같은 70세라도 그 나이를 어떻게 받아들이느냐에 따라 젊게 사는 것이 충분히 가능하다는 말이다. 이를테면 뭘 하든지 '나이'부터 따지고 '나이'를 의식하는 사람은 자신의 몸 상태와 상관없이 70세를 '늙어서 아무것도 할 수 없는 나이'라고 생각하기 때문에 수동적이고 의존적인 삶을 살게 된다. 그런데 같은 70세라도 정말 그 나이가 맞나 싶을 정도로 젊게 사는 사람들이 생각보다 많다. 그들은 자신의 나이를 그다지 의식하지 않는다. 그저 운동을 열심히 하고, 새로운 것을 배우고, 취미 생활을 즐기며 활기차게 살아갈 뿐이다.

그러므로 건강하게 나이 들고 싶다면 자신의 신체 나이에 너무 연연하지 않는 것이 좋다. 70세가 되든 80세가 되든 나이와 상관없이 '어제보다 오늘, 오늘보다 내일 조금씩 성장하는 나'를 염두에 두고 살아가는 것이 그 방법이다. 그래서 실제로 연세대 철학과 명예 교수인 김형석은 100년을 살아 보니 60세 전까지 자신은 미숙했으며 자신의 인생에 있어 가장 황금기는 "65세에서 75세였다"고 밝히기도 했다.

그리고 엘렌 랭어 교수의 실험에서 보듯 나이 들어서도 힘 닿는 데까지는 내 힘으로 일상을 꾸려 가는 것이 좋다. 시계 거꾸로 돌리기 연구에 참가한 노인들은 대부분 성인 자녀와 살고 있거나 요양원에 살고 있는 사람들이었다. 그들에게는 자신의 방을 꾸미거나 가구를 재배치할 결정권이 없었고, 언제부터인가 청소와 설거지 등 사소한 일까지 남의 도움을 받아 처리하는 데 익숙해져 있었다. 그들이 결정하거나 직접 하는 일들이 거의 없었던 것이다. 그처럼 수동적이고 의존적인 삶은 사람을 무기력하게 만들 수밖에 없다.

실제로 아놀드라는 참가자는 실험에 참여하기까지 기력이 없어 아무런 신체 활동도 못 한다고 답했다. 그런데 그는 일주일 동안 빨래와 설거지, 청소 등을 직접 해야만 하는 상황이 되자 그것을 기꺼이 해냈고 나중에는 무엇이든 더 찾아서 하게 되었다. 20년 전으로 마음의 시계를 돌리고 결정권을 갖게 되자 무력한 삶에서 벗어나 자발적이고 능동적으로 살게 된 것이다. 이처럼 내가 내 인생을 운전하고 있다는 느낌, 즉 내 삶의 통제권을 가지고 그를 행사하는 것은 인간에게 있어 매우 중요한 삶의 원동력으로 작용한다. 이와 관련해 엘렌 랭어 교수는《늙는다는 착각》에서 다음과 같이 얘기했다.

"동료 주디스 로딘과 나는 요양원 거주 노인들을 대상으로 스스로 더 많이 결정하도록 장려하는 실험을 했다. 방문객을 맞이할 장소라든지 요양원에서 보여 주는 영화를 볼 것인지의 여부, 본다면 언제 볼 것인지를 직접 결정하도록 하는 것이었다. 각자 돌볼 화분을 선택하고 그 화분을 방 안 어디에 둘지, 언제 얼마나 물을 줄지까지 직접 결정하게끔 했다. 대조군 집단 노인들에게는 스스로 결정하라고 하지 않았다. 화분은 똑같이 지급되었지만 요양원 직원들이 돌볼 것이라 이야기했다. (중략) 1년 6개월이 지난 뒤 우리는 실험 앞뒤로 실시한 다양한 검사 결과를 바탕으로 첫 번째 집단(실험군)이 더 쾌활하고 활동적이며 민첩해졌음을 확인했다. 사망률은 대조군의 절반도 안 될 만큼 낮아졌다."

이처럼 내 삶을 스스로 결정하고 선택하면 행복할뿐더러 건강까지 좋아진다. 그러므로 아무리 늙어서 몸이 약해진다 해도 힘이 닿는 데까지는 스스로 삶을 꾸려 나가는 것이 좋다. 내가 선택하고 결정하는 것들이 늘어날수록 삶의 행복감과 성취감과 자존감이 높아지기 때문이다.

나는 아직 예순네 살밖에 안 되었지만 파킨슨병으로 인해 몸이 점점 굳어 가고 있다. 그래서 앞으로 가려면 일단 두 발로 똑바로 설 수 있어야 하는데 그것조차 쉽지 않다. 한 발을 떼고 또 다른 발을 떼기 전에 균형을 잃고 넘어지는 경우도 많다. 두 발로 신나게 뛰어 본 게 언제인지 모르겠다. 게다가 팔과 손가락도 내 마음대로 움직이지 않다 보니 시간이 흐를수록 할 수 없는 일들이 하나둘 늘어만 간다. 요즘은 어쩔 수 없이 간병인의 도움도 많이 받고 있다. 타인에게 의존할 수밖에 없는 처지가 썩 유쾌하지는 않지만 받아들여야 할 현실이다.

하지만 그럴수록 나는 지금 이 순간에 무엇을 할 것인가 신중히 선택하고 결정한다. 오늘 누구를 만날지, 구순의 어머니와 점심으로 무엇을 먹을지, 머리를 염색할지, 어떤 영화를 볼지, 어떤 책을 읽을지, 친구에게는 어떤 문자를 보낼지 고민하고 결정한다. 너무 아파 꼼짝도 못 하고 누워 있을 때는 덜 아픈 시간에 무엇을 할지 생각해 본다. 그러고 보면 나는 아직도 많은 것을 결정하고 선택할 수 있으며 그럴 수 있어서 참 다행이라는 생각이 든다. 세상엔 아직도 내가 모르는 것들이 너무도 많아 공부할 게 많다는 것도 기쁘다. 기왕 오늘 나는 눈을 떴고 일어났으니 재미있게 살면서 좋은 추억들을 많이 만들어야겠다. 그것이 내가 오늘을 보내는 방식이고 나이 듦에 대처하는 자세이다.

생각이 너무 많은 어른들을 위한 심리학

초판 1쇄 발행 2023년 9월 25일
초판 22쇄 발행 2024년 10월 31일

지은이 | 김혜남
발행인 | 강수진
편집 | 이여경
마케팅 | 이진희
홍보 | 조예은
디자인 | design co•kkiri

표지 일러스트 | 최인호

주소 | (04075) 서울시 마포구 독막로 92 공감빌딩 6층
전화 | 마케팅 02-332-4804 편집 02-332-4809
팩스 | 02-332-4807
이메일 | mavenbook@naver.com
홈페이지 | www.mavenbook.co.kr
발행처 | 메이븐
출판등록 | 2017년 2월 1일 제2017-000064

ⓒ김혜남, 2023(저작권자와 맺은 특약에 따라 검인을 생략합니다)
ISBN 979-11-90538-60-2 (03180)